Frederic Majer

**Semantisches Informationsmodell für die Betriebsunterstützung
dienstorientierter Systeme**

Semantisches Informationsmodell für die Betriebsunterstützung dienstorientierter Systeme

von
Frederic Majer

Dissertation, Karlsruher Institut für Technologie
Fakultät für Informatik,
Tag der mündlichen Prüfung: 11.02.2010
Referenten: Prof. Dr. Wilfried Juling, Prof. Dr. Hannes Hartenstein

Impressum

Karlsruher Institut für Technologie (KIT)
KIT Scientific Publishing
Straße am Forum 2
D-76131 Karlsruhe
www.uvka.de

KIT – Universität des Landes Baden-Württemberg und nationales
Forschungszentrum in der Helmholtz-Gemeinschaft

KIT Scientific Publishing 2010
Print on Demand

ISBN 978-3-86644-507-9

Danksagung

Das Schreiben dieser Worte ist einer der letzten Schritte beim Verfassen meiner Dissertationsschrift. Es handelt sich dabei um eine sehr dankbare Aufgabe, denn sie bietet mir die Möglichkeit, mich bei all den Personen nochmals zu bedanken, ohne deren Unterstützung die Erstellung der vorliegenden Arbeit nicht möglich gewesen wäre.

Mein besonderer Dank gilt meinem Doktorvater Herrn Prof. Dr. Wilfried Juling, der mir die Möglichkeit zur Promotion in seiner Forschungsgruppe IT-Management und Web Engineering am Karlsruher Institut für Technologie eröffnet und mir viel freien Raum für meine Forschung gelassen hat. Ebenso möchte ich mich bei Herrn Prof. Dr. Hannes Hartenstein für die Übernahme des Korreferats sowie bei Herrn Prof. Dr. Sebastian Abeck und Herrn Prof. Dr. Hartmut Schmeck für die Begleitung meiner mündlichen Prüfung bedanken.

Weiterhin danke ich meinen ehemaligen und aktuellen Kollegen der Forschungsgruppe, Jan Buck, Dr. Patrick Freudenstein, Prof. Dr. Martin Gaedke, Matthias Keller, Dr. Johannes Meinecke und Dr. Martin Nussbaumer für die angenehme Arbeitsatmosphäre und stets fruchtbare Zusammenarbeit. Gleichermaßen möchte ich mich bei Frau Dvorak für die effiziente und oftmals erheiternde Unterstützung bei administrativen Fragestellungen bedanken. Bei Martin N. möchte ich mich sehr für die zahlreichen konstruktiven Gespräche und Impulse, die wesentlich zum Gelingen der Arbeit beigetragen haben, bedanken. Mein besonderer Dank gilt Patrick, der mir zu jedem Zeitpunkt motivierend und mit dem richtigen Rat zur Seite stand. Dabei sorgten vor allem die nicht fachlichen Diskussionen stets für viel Freude und gaben Mut für die unterschiedlichen Herausforderungen der Promotion.

Ferner möchte ich allen beteiligten Studierenden für ihre Begeisterung und die überaus wertvollen Beiträge meinen Dank aussprechen. Mein Dank geht dabei an Dennis Asi, Christian Au, Stefan Cyris, Vadim Golubev, Thorsten Höllrigl, Tobias Huber, Jens Küttel, Kim Metzger, Rosen Pehlivanov, Mathias Reisch, Frank Schell, Matthias Schmitt, Volker Simon, Karanjit Singh, Marcel von Quast, Jan Wittmer und Fabian Zentner.

Darüber hinaus wurde die Motivation für diese Arbeit maßgeblich durch meine Tätigkeit in den Projekten „Karlsruher Integriertes InformationsManagement" und „Einführung eines IT Service Managements am Steinbuch Centre for Computing" getrieben. In diesem Zusammenhang möchte ich mich für die gute Zusammenarbeit und den überaus regen Gedankenaustausch bei Jan Buck, Dr. Patrick Freudenstein, Achim Grindler, Thorsten Höllrigl, Sebastian Labitzke, Dr. Stefan Link, Lei Liu, Axel Maurer, André Modersitzki, Dr. Christof Momm, Daniel Ried, Frank Schell, Marek Šiller, Michael Simon und Bernd Zakel bedanken.

Nicht zuletzt gebührt ein besonderer Dank meiner Familie sowie allen Freunden und Bekannten, die mich über die Dauer der Promotion stets ermuntert und motiviert haben. Meine Eltern Dagmar und Eugen haben mit ihrer Erziehung den Grundstein für meine Entwicklung gelegt und ich danke ihnen für die bedingungslose und uneingeschränkte Unterstützung, die ich mir schon mein ganzes Leben lang sicher sein konnte. Zusammen mit meinem Bruder Patrick und seiner Familie sowie meinen Großeltern haben sie mir immer den nötigen Rückhalt gegeben und mein Leben mit ihrer Heiterkeit bereichert. Meiner Freundin Christa danke ich insbesondere für ihre unermüdliche moralische Unterstützung in schwierigen Zeiten und ihre unglaubliche Geduld.

Karlsruhe, im April 2010

Frederic Majer

Inhaltsverzeichnis

1 Einleitung

Bei der Umsetzung von Geschäftsmodellen kommt der Geschwindigkeit, mit der ein Unternehmen Veränderungen am Markt erkennt und ein innovatives Geschäftskonzept realisiert, eine große Bedeutung zu (Eisenhardt und Brown 1998; Economist Intelligence 2006). Eng damit verbunden ist die Fähigkeit eines Unternehmens seine Geschäftsprozesse und die hierdurch erbrachten Dienstleistungen flexibel an die aktuellen Rahmenbedingungen und Bedürfnisse anzupassen (Genovese, Hayward, Phifer, Plummer et al. 2005). Vor diesem Hintergrund kommt der Informationstechnologie (IT) bei der softwaretechnischen Realisierung effizienter und flexibler Geschäftsprozesse eine zentrale Rolle zu (Kossmann und Leymann 2004).

In der Realität sind die IT-Landschaften von Unternehmen allerdings oft über Jahrzehnte gewachsene und durch punktuelle Entscheidungen bzw. Anschaffungen beeinflusste Sammelsurien monolithischer Systeme (Collins, Macehiter, Vile und Ward-Dutton 2007). Um unter diesen Voraussetzungen eine schnelle Reaktion auf Änderungen und die Flexibilität bei der Neuausrichtung von Prozessen zu ermöglichen, wird verstärkt auf das Architekturkonzept der serviceorientierten Architektur (SOA) zurückgegriffen (IBM Corporation 2007). Dieses Konzept sieht vor, die geschäftsbezogene Fachfunktionalität von Anwendungssystemen in Form von wiederverwendbaren und plattformunabhängigen Diensten (*Services*) zu exponieren und über die Komposition dieser Dienste eine verminderte Komplexität bei der technischen Realisierung von bedarfsorientierten Geschäftsprozessen zu erzielen (Richter, Haller und Schrey 2005). Laut einer Umfrage von McKinsey & Company im Oktober 2006 planten 64 % der befragten IT-Manager aus dem nordamerikanischen und europäischen Raum die Implementierung einer serviceorientierten Architektur im Jahr 2007 (Akella, Kanakamedala und Roberts 2006). Jüngere Studien unter mehr als 400 Unternehmen belegen, dass die Durchdringung von SOA im Jahr 2008 bereits bei 73 % lag (Bandemer und Kuppinger 2008) und prognostizieren bis zum Jahr 2015 ein jährliches Wachstum des Investitionsvolumens für Dienstleistungen und Technologien rund um SOA von etwa 17 % (Finley und Kraus 2008; Curtis und Eustis 2009).

Im Hinblick auf den Betrieb und die Beherrschbarkeit der gesamten, dienstorientierten Systemlandschaft resultiert aufgrund der Heterogenität der eingesetzten Systeme aus jeder zusätzlichen Integrationsbeziehung ein Komplexitätszuwachs (Quantz und Wichmann 2003). In diesem Zusammenhang fühlt sich laut einer Umfrage unter 333 Unternehmen im nordamerikanischen Markt etwa jedes fünfte

Unternehmen mit einer unvorhergesehenen Komplexität und ungenügenden Mechanismen für die Betriebsunterstützung dienstorientierter Systeme konfrontiert, was auch ein Grund für eine geringe Anzahl an erfolgreich umgesetzten SOA-Projekten darstellt (Turner 2006b; Butler Group 2007; Heffner, Schwaber, Browne, Sheedy et al. 2007).

Mit dem Anspruch der Dienstgeber dem Dienstnehmer adäquate und hochwertige Dienste zur Verfügung zu stellen, gewinnen nichtfunktionale Dienstaspekte als Differenzierungsmerkmal im globalen Wettbewerb zunehmend an Bedeutung. Neben den hieraus resultierenden Implikationen für die Entwicklung dienstorientierter Lösungen ergeben sich im Besonderen Fragestellungen in Bezug auf den Betrieb der Dienste und der zugrundeliegenden diensterbringenden Systemlandschaften (Ganci, Flugrath, Manekar und Trasti 2007; Papazoglou, Traverso, Dustdar und Leymann 2007). Vor dem Hintergrund der wachsenden Komplexität beim Betrieb der dienstorientierten Systeme stellt die Gewährleistung der gegenüber den Kunden oft sogar vertraglich zugesicherten Dienstleistungsvereinbarungen (Service Level Agreement, SLA) eine zentrale Herausforderung dar. Eine Forderung, die aufgrund des komplexen Zusammenspiel und der Abhängigkeiten zwischen äußerst heterogenen und organisationsübergreifend verteilten Komponenten, Systemen und Akteuren sowie der permanenten Evolution des Gesamtsystems durch den aktuellen Stand der Technik nicht adäquat adressiert wird (Kontogiannis, Lewis und Smith 2008; Morschel 2008).

In diesem Kontext verschiebt sich der Fokus des bestehenden IT-Managements, aufgrund der zunehmenden Dienstorientierung und der damit einhergehenden Verknüpfung verschiedener, autark betriebener Ressourcen zu höherwertigen Gebilden, vom technologieorientierten zum dienstorientierten IT-Management (Keel, Orr, Hernandez, Patrocinio et al. 2007). Hierbei besteht die zentrale Herausforderung in der effektiven Zusammenführung von Informationen, Werkzeugen und Methodiken in ein übergreifendes, konsistent anwendbares Modell zur Verwaltung und Überwachung dienstorientierter Systemlandschaften. Darüber hinaus stellt die Beherrschbarkeit der Komplexität der Dienst- und Systemabhängigkeiten, die mit der Realisierung von anwendungs- und organisationsübergreifenden Diensten einhergeht, einen weiteren, wesentlichen Gesichtspunkt im Kontext der Betriebsunterstützung dienstorientierter Systeme dar (Cohen und Bartel 2006; Roch 2007).

1.1 Zentrale Fragestellungen und Beiträge

Die vorliegende Arbeit befasst sich mit der effektiven Unterstützung des Betriebs dienstorientierter Systemlandschaften. Hierbei wird, vor dem Hintergrund der Komplexität der fokussierten Systeme, das Ziel verfolgt die Erbringung qualitativ hochwertiger Dienste durch effektive und innovative Konzepte und Mechanismen adäquat zu unterstützen. Aufgrund der Weitläufigkeit des Forschungsbereichs wird im Folgenden ein Überblick über die einzelnen Fragestellungen und Lösungsbeiträge, mit denen sich diese Arbeit auseinandersetzt, gegeben. Eine detaillierte Analyse der Problemdomäne erfolgt in Kapitel 2 dieser Abhandlung.

Die erste Fragestellung dieser Arbeit setzt sich mit den Informationsbedürfnissen der verschiedenen, betriebsbeteiligten Bedarfsträger auseinander:

> **Fragestellung 1:** *Welche Informationen werden im Zuge der Dienst-erbringung gemäß garantierter Dienstgütevereinbarungen auf Seite der Dienstbetreiber benötigt?*

Die Kenntnis über die realen und betriebsrelevanten Gegebenheiten und Heraus-forderungen stellt die Grundlage für die Erarbeitung von effektiven Strategien zur Unterstützung des Betriebs dienstorientierter Systemlandschaften dar. Dies setzt ein profundes Verständnis für die existierenden Mechanismen des IT-Managements und die Aufdeckung eventueller Missstände, Optimierungspotenziale und Handlungs-bedarfe im Zusammenhang mit der Erbringung hochwertiger Dienste voraus. Unter dem Gesichtspunkt der konfigurierenden, koordinierenden und gegebenenfalls korrigierenden Funktion des Menschen im Zuge der Diensterbringung ist die Fragestellung nach seinen damit einhergehenden Informationsbedarfen von zentraler Bedeutung. Eine adäquate Versorgung mit Informationen über die Zusammenhänge und Verhältnisse der systemformenden Elemente soll ihn in die Lage versetzen, effektive und innovative Strategien für die Diensterbringung zu entwickeln und umzusetzen.

Als grundlegender Beitrag dieser Arbeit werden allgemeingültige *Rollen* und assoziierte *Aufgaben* in Bezug auf die Betriebsunterstützung dienstorientierter Systemlandschaften identifiziert und definiert (Majer, Meinecke und Freudenstein 2007). Um eine Übertragbarkeit der resultierenden Rollen und Aufgaben auf unterschiedliche Szenarien und Organisationen sicher zu stellen, wurden etablierte Konzepte aus dem traditionellen IT-Management angepasst und um neue, für die Erbringung von höherwertigen Diensten benötigte Aspekte erweitert. Darüber hinaus wurde über die Analyse der rollenspezifischen Aufgabenbereiche die zugrundeliegende Problemdomäne weiter untersucht. Die hierbei identifizierten *Informationsbedürfnisse* im Zusammenhang mit Tätigkeiten zur Entwicklung und Umsetzung adäquater Betriebsstrategien für dienstorientierte Systeme wurden mittels einer empirischen Erhebung unter im Wirkbetrieb beteiligten Personen bestätigt.

Die zweite Fragestellung befasst sich mit der Homogenisierung des Informations-raums in Bezug auf die Beschreibung der wesentlichen Eigenschaften und Zusammenhänge dienstorientierter Systemlandschaften. Im Fokus liegt hierbei die Entwicklung eines allgemeingültigen Informationsmodells, welches als gemeinsame Sprache zwischen Systemen und Akteuren in diesem von Heterogenität und Vertei-lung geprägten Umfeld fungiert:

> **Fragestellung 2:** *Wie kann eine integrierte und konsolidierte Infor-mationsbasis für die Beschreibung der betriebsrelevanten Eigenschaften eines dienstorientierten Systems realisiert werden?*

Aufgrund der Realisierung von Diensten durch die Verknüpfung verschiedener, autark betriebener Systemelemente stehen einzig organisations- und abteilungs-spezifische Datenbestände – oftmals in proprietären Datenformaten und -modellen – über die jeweiligen diensterbringenden Elemente zur Verfügung. Um einerseits ein

Verständnis über die Zusammenhänge und Verhältnisse und andererseits Aussagen über den Dienst bzw. das dienstorientierte System als Ganzes geben zu können, werden adäquate Konzepte und Mechanismen zur Zusammenführung, Aggregation und Veredlung der relevanten Informationen benötigt.

Der Forderung nach einer integrierten und konsolidierten Informationsbasis für die Beschreibung der relevanten Eigenschaften der dienstorientierten Systeme wird mit der Spezifikation eines domänenspezifischen *Informationsmodells* begegnet (Majer, Nussbaumer und Gaedke 2008). Neben der Nutzung bereits etablierter Standards und Konzepte zeichnet sich das Informationsmodell besonders durch die Möglichkeit der Modellierung von höherwertigen Diensten, komplexen Abhängigkeitsver-hältnissen und Dienstgütevereinbarungen aus. Aufgrund der anwendungs- und organisationsunabhängigen Konzeptualisierung der relevanten Charakteristika dienstorientierter Systeme stellt das resultierende Informationsmodell eine *homo-genisierende Sprache* in dem äußerst heterogenen und verteilten Informationsraum der Anwendungsdomäne zur Verfügung. Darauf aufbauend wird die konkrete, auf spezifische Szenarien zugeschnittene Realisierung einer integrierten Informations-basis über geeignete Konzepte und Mechanismen zur Abbildung proprietärer, abteilungsspezifischer Datenmodelle auf die gemeinsame Sprache demonstriert.

Eine weitere zentrale Fragestellung befasst sich mit der adäquaten Informations-versorgung der betriebsbeteiligten Akteure:

> *Fragestellung 3: Wie können Informationen über dienstorientierte Systeme adäquat für eine aufgaben- bzw. zielgruppenorientierte Betriebsunterstützung aufbereitet und eingesetzt werden?*

Die Fragestellung motiviert sich aus der gesteigerten Komplexität im Zusammenhang mit der Erbringung von höherwertigen Diensten. Diese resultiert in erster Linie aus der erhöhten Anzahl und Vielfalt an dienstbeteiligten Systemelementen und Akteuren sowie deren hochgradig dynamischen Beziehungen untereinander. Vor dem Hintergrund des dadurch stark beeinträchtigten Verständnisses über die Zusam-menhänge und den Zustand des Gesamtgefüges benötigen die betriebsbeteiligten Gruppen Unterstützung in Form einer adäquaten Informationsversorgung, um die Aufgaben in Bezug auf die Betriebserbringung effizient und effektiv durchführen zu können.

In diesem Zusammenhang werden in dieser Arbeit Konzepte, Modelle und ein technisches Rahmenwerk vorgestellt, die eine adäquate Interaktion der Betreiber-gruppen mit dem zugrundeliegenden Informationsraum ermöglichen (Majer, Freudenstein und Nussbaumer 2008). Dabei verfolgt der Ansatz die konsequente Reduzierung der betrieblichen Komplexität durch eine bedarfsgerechte Infor-mationsversorgung der verschiedenen Betreibergruppen. Hierunter fällt die Realisierung hochgradig dynamischer und interaktiver Visualisierungen (*Sichten*) der dienstorientierten Systemlandschaften. Neben der Verringerung des kognitiven Aufwands zur Erfassung des komplexen Beziehungsgeflechts zeichnen sich diese durch ihren zielgruppen- und aufgabenspezifischen Zuschnitt des Informationsraums aus. Dabei werden durch geeignete Filtermechanismen und die Segmentierung des Informationsraumes dem Anwender nur die benötigten und wesentlichen System-

und Diensteigenschaften dargestellt und bedarfsorientiert ergänzt. Darüber hinaus ermöglicht die werkzeugunterstützte Anpassung der zugrundeliegenden Visualisierungsmodelle die Realisierung von neuartigen und individuellen Sichten auf die Systemlandschaft.

Neben funktionalen Dienstaspekten stellt die Dienstqualität einen wesentlichen Aspekt bei der Diensterbringung dar. Im Zusammenhang mit der Erbringung von kundenorientierten, hochwertigen Diensten ergibt sich die folgende Fragestellung:

> *Fragestellung 4: Wie kann die Definition konsistenter Dienstgütevereinbarungen unterstützt und die vereinbarte Dienstgüte bestmöglich durchgesetzt und gegebenenfalls optimiert werden?*

Aufgrund der Realisierung höherwertiger Dienste durch die Verknüpfung verschiedener technischer Elemente und der gängigen Diensterbringung nach einem kooperativen Modell beeinflusst die Performanz und Effektivität aller beteiligten Elemente und Akteure die Dienstgüte eines höherwertigen Diensts. Bedingt durch die Komplexität des resultierenden Abhängigkeitsgeflechts können hierbei Aussagen über die Dienstgüte als Ganzes nur unzureichend getroffen werden. Gegenüber dem Kunden führt dies entweder zur Abwesenheit jeglicher Dienstgütevereinbarungen und einer nicht quantifizierbaren Diensterbringung nach dem Prinzip der „größten Bemühung" (*Best Effort-Prinzip*) oder zur Definition inkonsistenter Dienstgütevereinbarungen auf Grundlage grober Schätzungen. Darüber hinaus können aufgrund des mangelnden Wissens über Zustand der qualitätsbeeinflussenden Faktoren des gesamten Systems nur schwer korrigierende oder wertschöpfungssteigernde Strategien erarbeitet und umgesetzt werden.

Der Herausforderung der qualitativ hochwertigen Diensterbringung wird mit dedizierten Konzepten, Modellen und einem technischen Rahmenwerk zur Plausibilitätsüberprüfung und Durchsetzung von Dienstgütevereinbarungen begegnet (Majer, Nussbaumer und Freudenstein 2009). Den Ausgangspunkt für die Definition und Durchsetzung konsistenter Dienstgütevereinbarungen stellt ein System von Metriken und technischer Wertegebern in Bezug auf die Dienstgüteparameter dar. Auf dieser Basis wird die Definition plausibler Dienstgüteaussagen für höherwertige Dienste über die systematische Zusammenführung der wesentlichen und qualitätsbeeinflussenden Faktoren anhand definierter Muster und unter Einbeziehung der Informationen über die technische und organisatorische Dienststruktur erzielt. Die Durchsetzung bzw. Überwachung bestehender Dienstgütevereinbarungen auf Ebene der diensterbringenden Systemelemente erfolgt durch die erneute Anwendung der zugrundeliegenden Modelle und der Inversion der Mechanismen. Dies resultiert in einer automatisierten und effektiven Parametrisierung von Überwachungsprozessen und -werkzeugen und dient als Grundlage für lokale oder globale Fehlerkompensations- oder Optimierungsmaßnahmen.

1.2 Aufbau der Arbeit

Nachdem in diesem Kapitel in die Thematik eingeführt und die zentralen Fragestellungen sowie Lösungsbeiträge der vorliegenden Arbeit vorgestellt wurden, folgt
in Kapitel 2 eine detaillierte Analyse der Problemstellung. Diese umfasst eine kurze
Einführung in die der Arbeit zugrundeliegenden Konzepte der serviceorientierten
Architektur (SOA) und die damit verbundene Disziplin des Service-Oriented Computing (SOC). Darüber hinaus werden die spezifischen Probleme der Betriebsunterstützung dienstorientierter Systemlandschaften anhand eines Szenarios vorgestellt.
Dies stellt den Ausgangspunkt für die Definition von konsolidierten Herausforderungen in Bezug auf den Betrieb dienstorientierter Systeme und die Ableitung eines
allgemeingültigen Anforderungskatalogs dar.

In Kapitel 3 werden existierende Ansätze aus dem Bereich des IT-Managements bzw.
Service-Oriented Computing vorgestellt. Dabei werden Ansätze aus dem wissenschaftlichen und kommerziellen Umfeld gleichermaßen betrachtet und gegenüber
den in Kapitel 2 aufgestellten Anforderungen bewertet.

In den anschließenden Kapiteln werden die Hauptbeiträge und Ergebnisse der Arbeit
vorgestellt. In Kapitel 4 wird ein kurzer Überblick über den gesamten Lösungsansatz
zur betrieblichen Verwaltung und Überwachung von dienstorientierten Systemlandschaften gegeben und das Zusammenspiel der Lösungsbausteine vorgestellt. Darauf
aufbauend werden in den folgenden Kapiteln die einzelnen Lösungen detailliert
präsentiert.

Kapitel 5 befasst sich mit der Vorstellung dediziert entwickelter Konzepte und
Modelle sowie deren Zusammenspiel zur Realisierung eines homogenisierten
Informationsraums. Der Kern des Ansatzes stellt hierbei die Ontologie *i2mapCore*,
die durch die neuartige Zusammenführung und Erweiterung existierender Ontologien entwickelt wurde und die semantische Beschreibung der betriebsrelevanten
Aspekte dienstorientierter Systemlandschaften ermöglicht, dar. Mit der Kombination
des semantischen Informationsmodells mit innovativen Konzepten und Standards
aus dem IT-Management wird dessen Einsatz zur Bereitstellung einer integrierten,
aber dennoch föderiert strukturierbaren Informationsbasis demonstriert.

In Kapitel 6 werden zum einen die Informationsbedürfnisse der betriebsbeteiligten
Personen, die durch die Analyse etablierter Modelle und Standards zur Betriebsunterstützung ermittelt wurden, präsentiert. Darüber hinaus werden neuartige
Konzepte und technische Werkzeuge, die eine adäquate Interaktion der Betreibergruppen mit dem in Kapitel 5 entwickelten homogenisierten Informationsraum und
eine effiziente und effektive Unterstützung der Betriebsaufgaben ermöglichen,
vorgestellt.

In Kapitel 7 der Arbeit wird in dedizierte Konzepte und Modelle zur Plausibilitätsüberprüfung und Überwachung von Dienstgütevereinbarungen eingeführt. Dies umfasst zum einen die systematische Zusammenführung der qualitätsbeeinflussenden
Faktoren höherwertigen Dienstes, um konsistente Aussagen über deren Performanz
geben zu können. Darüber hinaus stellt die automatisierte Parametrisierung spezifi-

scher Überwachungsprozesse und -werkzeuge die Grundlage für die Durchsetzung der konsistenten Zielvorgaben dar.

Die Demonstration der Tragfähigkeit der vorgestellten Ansätze in den Projekten „Karlsruher Integriertes InformationsManagement (KIM)" und „Einführung eines IT Service Management im Steinbuch Centre for Computing (SCC)" erfolgt in Kapitel 8. Darüber hinaus werden in dem Kapitel die Ergebnisse eines umfragebasierten Experiments zur Bestimmung der verschiedenen Fehlertypen und der -häufigkeiten bei der manuellen Spezifikation von Dienstgüteaussagen im Kontext dienstorientierter Systeme präsentiert.

Abschließend werden in Kapitel 9 die Beiträge und Ergebnisse der vorliegenden Arbeit zusammengefasst und ein Ausblick auf weiterführende wissenschaftliche Fragestellungen gegeben.

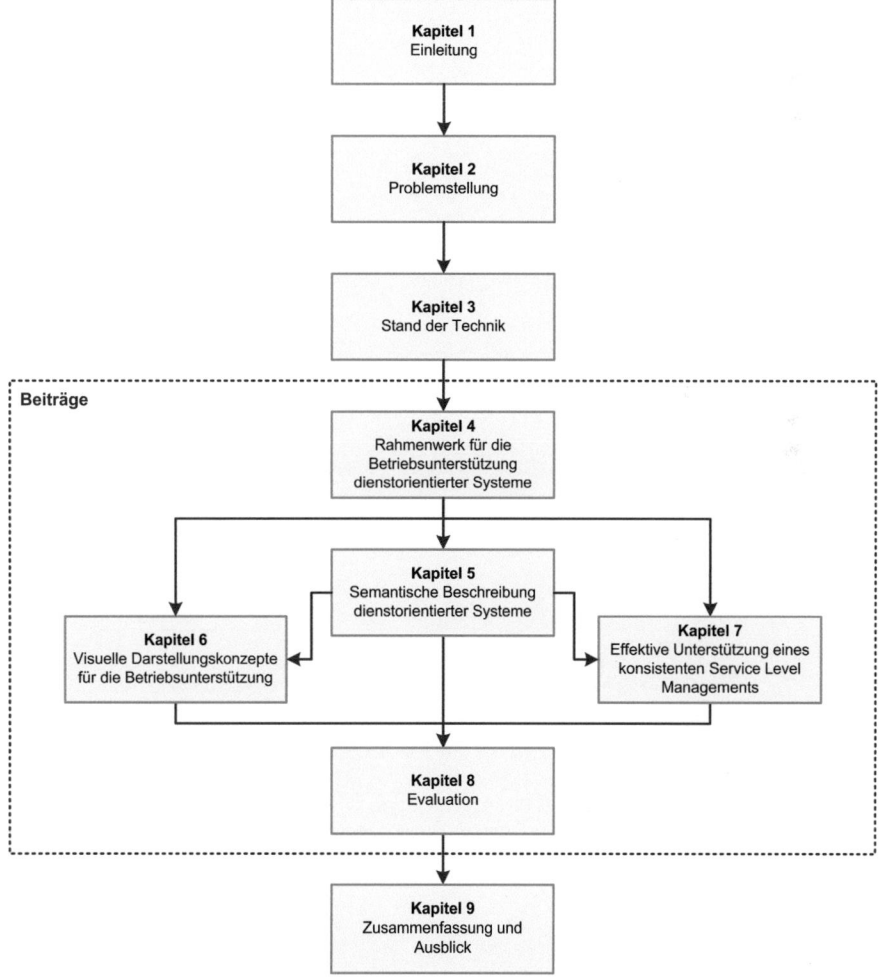

Abbildung 1-1: Aufbau der Arbeit

2 Problemstellung

Das vorliegende Kapitel befasst sich mit der systematischen und detaillierten Analyse der Problemdomäne der Betriebsunterstützung dienstorientierter Systeme. In diesem Zusammenhang wird eingangs das Paradigma der dienstorientierten Architektur (*serviceorientierte Architektur, SOA*) eingeführt und die jeweiligen Charakteristika bzw. die damit einhergehenden Probleme der Diensterbringung anhand eines repräsentativen Beispielszenarios vorgestellt. Anschließend wird durch die Analyse des Szenarios und unter besonderer Berücksichtigung der relevanten Fachliteratur im Abschnitt 2.2 allgemeingültige Herausforderungen in Bezug auf den qualitativ hochwertigen Betrieb dienstorientierter Systeme identifiziert. Diese technischen und organisatorischen Herausforderungen bilden die Grundlage für die Definition eines Anforderungskatalogs, der die Grundlage für die Bewertung des aktuellen Stands der Technik und des im Rahmen dieser Arbeit präsentierten Ansatzes darstellt.

2.1 Dienstorientierte Architekturen und Systeme

Um der Herausforderung der schnellen Adaption an Änderungen und der Flexibilität bei der Neuausrichtung von Geschäftsprozessen durch eine geeignete Strukturierung und Ausrichtung der zugrundeliegenden Informationstechnologie nachzukommen, bietet sich das Paradigma der *serviceorientierten Architektur* an (Erl 2005; Richter, Haller und Schrey 2005). Im Kern sieht das Konzept vor, Anwendungen oder Anwendungsbestandteile in Form von wiederverwendbaren und plattform-unabhängigen Diensten (*Services*), die sich beliebig verteilen und dynamisch zu Geschäftsprozessen bzw. höherwertigen Diensten verknüpfen lassen, zu exponieren. Aufgrund der verschiedenen Sichtweisen auf die Thematik der serviceorientierten Architektur – beispielsweise aus Sicht der Anwendungsintegration oder Software-entwicklung – finden sich in der Literatur zahlreiche wissenschaftliche und praxis-orientierte Definitionen. Folgende, aus (Ibrahim und Long 2007) entnommene geschäftsgetriebene Definition, unterstreicht den Aspekt der bedarfsorientierten, dynamischen Komposition von Diensten zu höherwertigen Diensten und der damit einhergehenden Realisierung neuer betrieblicher Wertschöpfung:

Definition 2.1 – Service-Oriented Architecture (dienstorientierte Architektur): […] is an enterprise-scale IT architecture for linking resources on demand. These resources are represented as business-aligned services which can participate and be composed in a value-net, enterprise, or line of business to fulfill business needs. The primary structuring element for SOA applications is a service as opposed to subsystems, systems, or components.

Hierbei können sich die wertschöpfenden Kompositionen (*Composite Services*) über mehrere Domänen hinweg erstrecken und Dienste, die durch unterschiedliche Organisationen verwaltet und betrieben werden, miteinander verknüpfen. In diesem Zusammenhang wird in (OASIS 2006b) eine serviceorientierte Architektur unter anderem als Paradigma für die Organisation und Strukturierung von verteilten Kompetenzen (*distributed capabilities*), die unter der Kontrolle und Eigentümerschaft von unterschiedlichen Organisationen stehen, verstanden.

Der Dienst als zentrales strukturierendes Element eines dienstorientierten Systems wird in (OASIS 2006a) wie folgt definiert:

Definition 2.2 – Service (Dienst): A service is a mechanism to enable access to one or more capabilities, where the access is provided using a prescribed interface and is exercised consistent with constraints and policies as specified by the service description.

Ein wesentlicher Aspekt eines Dienstes stellt die Dienstschnittstelle und die damit verbundene Dienstbeschreibung dar. Hierbei fungiert die Dienstschnittstelle als Zugangspunkt für den vom Dienstgeber (*Provider*) angebotenen Dienst und verbirgt gegenüber dem Dienstnehmer (*Consumer*) die technische Komplexität der dienstrealisierenden Anwendungslogik. Die Dienstbeschreibung umfasst eine standardisierte und für den Dienstnehmer interpretierbare Form der Beschreibung in Bezug auf die Nutzung bzw. den Umfang der angebotenen Dienstleistung. Zum einen schließt dies Aspekte wie die Spezifikation der erbrachten Funktionalität und Beschreibungen der konkreten Schnittstelle, wie Methoden, Datentypen und Vor- und Nachbedingungen, ein. Darüber hinaus stellt die Spezifikation der erbrachten Dienstgüte sowie die Definition von Abrechnungsmechanismen in Form einer Dienstgütevereinbarung (*Service Level Agreement, SLA*) eine essentielle Grundlage für die implizite oder explizite Vertragsbeziehung zwischen Dienstgeber und Dienstnehmer dar. In (Westerinen, Schnizlein, Strassner, Scherling et al. 2001) findet sich folgende Definition für ein SLA:

Definition 2.3 – Service Level Agreement (Dienstgütevereinbarung): The documented result of a negotiation between a customer/consumer and a provider of a service, that specifies the levels of availability, serviceability, performance, operation or other attributes of the service.

Somit drückt ein Service Level Agreement eine vertragliche Übereinkunft zwischen dem Dienstgeber und dem Dienstnehmer (Kunde) für wiederkehrende Dienstleistungen aus und definiert den funktionalen Leistungsumfang und im Besonderen die ausgehandelte Dienstgüte (*Quality of Service, QoS*) in messbaren Größen.

Darüber hinaus gibt eine Dienstgütevereinbarung Auskunft über die Kosten der Nutzung, die Strafen im Falle der Nichterbringung der Dienstleistung und für die Verfehlung der geforderten Dienstgüte und den Gültigkeitszeitraum der Vertragsübereinkunft (Cannon und Wheeldon 2007).

Neben dem Service Level Agreement (SLA) existiert noch das *Operational Level Agreement (OLA)*. Ein OLA stellt eine intern gerichtete Vereinbarung zwischen Abteilungen einer Organisation dar und wird oft zur Absicherung eines SLA eingesetzt. Demgegenüber dient ein *Underpinning Contract (UC)*, das extern gerichtete Äquivalent eines OLAs, als Absicherungsvertrag für eine vereinbarte Leistung zwischen einem Dienstgeber und einem für ihn tätigen externen Dienstleister.

In Bezug auf die Einhaltung einer Dienstgütevereinbarung muss aus Sicht des Dienstgeber nicht nur auf einen Verstoß eines festgelegten Qualitätsparameter reagiert, sondern das Potenzial für eine mögliche Verletzung frühzeitig erkannt und ihr entgegenwirkt werden. Damit eine Früherkennung unterstützt werden kann, müssen die diensterbringenden Elemente zur Laufzeit anhand geeigneter Metriken gemäß der im SLA definierten Dienstgüteparameter, die sich beispielsweise auf die Verfügbarkeit oder die Performanz beziehen, überwacht werden. In diesem Zusammenhang werden mit Hilfe sogenannter *Service Level Objectives (SLOs)* zulässige Wertebereiche für die Qualitätsparameter definiert.

Mit der Abstraktion der Dienstschnittstelle vom tatsächlichen Geflecht an dienstrealisierenden Komponenten und der Reduzierung der funktionalen Abhängigkeiten zwischen Provider und Consumer auf eine Beziehung des Dienstnehmers zur Dienstschnittstelle wird das Ziel der losen Kopplung der resultierenden dienstorientierten Systeme verfolgt (Haas und Brown 2004; Vogel, Arnold, Chughtai, Ihler et al. 2009). Einerseits ermöglicht dies eine flexible Diensterbringung auf Seite des Providers, indem entsprechend der Bedürfnisse und des Nutzungsverhaltens auf verschiedene diensterbringende Komponenten bzw. Ressourcen zurückgegriffen werden kann. Andererseits resultiert durch die Reduzierung der Abhängigkeitsbeziehungen zwischen Provider und Consumer auf der Seite des Dienstnehmers eine verminderte Komplexität bei der Dienstnutzung. Dies gestattet eine dynamische – im Idealfall zur Laufzeit – und bedarfsgerechte Auswahl von Diensten und befriedigt das geschäftsgetriebene Bedürfnis nach adäquater Unterstützung von Flexibilität und Adaption durch die Informationstechnologie.

Ausgehend von dem Paradigma der Dienstorientierung ergeben sich verschiedene Herausforderungen und Problemstellungen bezüglich dienstorientierter Systemlandschaften. In diesem Zusammenhang hat sich in der Wissenschaft die Disziplin des *Service-Oriented Computing (SOC)* etabliert, die sich mit Methodiken und Konzepten zur systematischen Unterstützung von Entwicklung, Betrieb und Evolution der fokussierten Systeme befasst (Papazoglou und Georgakopoulos 2003; Chesbrough und Spohrer 2006). Dabei adressiert der Forschungsbereich zum einen die Ebene der Dienste und setzt sich beispielsweise mit Fragestellungen bezüglich der Wiederverwendung und Granularität von Diensten auseinander (Sprott und Wilkes 2004; Jones 2005; Humm, Voß und Hess 2006). Zum anderen befasst sich die Disziplin mit dienstübergreifenden Herausforderungen wie beispielsweise der (automatisierten) Komposition, Koordination, Verwaltung und Überwachung von höherwertigen

Diensten sowie der Definition und Durchsetzung von Dienstgüte in den resultierenden dienstorientierten Systemen (Windley 2006; Papazoglou und Heuvel 2007; Kontogiannis, Lewis und Smith 2008; Freudenstein 2009).

Aufgrund des Potenzials der dienstorientierten Konzeption von Systemlandschaften werden bereits verschiedene Aspekte in der Praxis angewendet (Akella, Kanakamedala und Roberts 2006). Zum einen lässt sich dies auf den großen Bedarf der Integration der internen IT-Systeme und Prozesse (*Enterprise Application Integration, EAI*) und dem gesteigerten Wunsch zur IT-gestützten, organisationsübergreifenden Zusammenarbeit zurückführen (Linthicum 1999; Gartner Inc. 2001; Cherbakov, Galambos, Harishankar, Kalyana et al. 2005). Zum anderen trägt der zunehmende Reifegrad der Konzepte aus dem Bereich des Service-Oriented Computing und die damit verbundene Etablierung von Standards sowie entsprechender Technologien und Werkzeuge zu deren Entwicklung dazu bei (Gootzit, Phifer, Valdes, Drakos et al. 2008).

Mit der zunehmenden Verbreitung dienstorientierter Systeme gewinnt die adäquate Unterstützung deren effizienten und effektiven Betriebs immer mehr an Bedeutung. In diesem Zusammenhang sehen sich die Betreiber dienstorientierter Systeme zunehmend mit einer nicht beherrschbaren Komplexität konfrontiert (Turner 2006b; Butler Group 2007; Hutchinson, Kotonya, Walkerdine, Sawyer et al. 2007), was auch ein Grund für die geringe Anzahl der tatsächlich erfolgreich umgesetzten SOA-Projekte im Vergleich zu den ursprünglich geplanten Projekten darstellt (Heffner et al. 2007).

Nach (Piller 2006) definiert sich Komplexität als:

> *Definition 2.4 – Komplexität: [...] das Zusammentreffen einer struktu-*
> *rellen Vielschichtigkeit, resultierend aus der Anzahl und Diversität der*
> *Elemente eines Systems sowie deren gegenseitige Verknüpfung und der*
> *dynamischen Veränderlichkeit der gegenseitigen Beziehungen der*
> *Systemelemente.*

Bezogen auf die im Fokus dieser Arbeit stehenden dienstorientierten Systeme beruht die Komplexität zum einen auf dem für die technische und organisatorische Realisierung von höherwertigen Diensten benötigten Integration zwischen äußerst heterogenen und organisationsübergreifend verteilten Diensten, Systemen, Technologien und Akteuren (Fisher 2006; Hentrich und Zdun 2006) . Hierbei wird der Grad der Komplexität direkt durch Faktoren wie die Anzahl der Elemente und Relationen, den Grad der Element- und Relationsunterschiedlichkeit und die topologische Zusammensetzung des dienstorientierten Systems beeinflusst (Franke, Brey und Firchau 1998) . Zum anderen erhöht sich die Komplexität durch die permanente Evolution des Gesamtsystems aufgrund veränderter Bedürfnisse bzw. lokaler oder globaler Optimierungs- oder Fehlerkompensationsmaßnahmen (Mannisto, Peltonen und Sulonen 1996; Murer, Worms und Furrer 2008). Darüber hinaus wird in (Mertens 2007; Aier und Winter 2009) aufgezeigt, dass das Prinzip der verknüpfenden Integration im Gegensatz zur der vereinigenden Integration sowie die organisationsübergreifende Integrationsreichweite dienstorientierter Systeme in einer gesteigerten Komplexität resultieren

Unter Berücksichtigung dieser Aspekte und den Erfahrungen im realen Betrieb werden innovative und dedizierte Konzepte und Mechanismen für die betriebliche Unterstützung der komplexen und zugleich fragilen dienstorientierten Systemlandschaften benötigt, damit eine Diensterbringung gemäß einer definierten Dienstgüte möglich wird (Keel et al. 2007; Kontogiannis, Lewis und Smith 2008). Im Folgenden wird die Problemstellung der Betriebsunterstützung dienstorientierter Systeme anhand eines repräsentativen Beispielsszenarios – dem *KIT-Campusplan* – detailliert untersucht.

2.1.1 Szenario: Der KIT-Campusplan

Der *KIT-Campusplan* wurde im Rahmen des Integrationsprojekts *Karlsruher Integriertes InformationsManagement* (Juling 2005; Freudenstein, Liu, Majer, Maurer et al. 2006) entwickelt und dient Studierenden, Mitarbeitern und Besuchern des Karlsruher Instituts für Technologie (KIT) als Orientierungshilfe für den Universitätscampus (Karlsruher Institut für Technologie 2009). Basierend auf einem virtuellen Abbild des Campus ermöglicht der in Form einer Webanwendung zur Verfügung gestellte höherwertige Dienst den verschiedenen Benutzergruppen komfortabel die lokalen Gegebenheiten selbständig oder geführt zu erkunden und effizient zentrale Orte anhand von umfangreichen Suchmechanismen zu finden (Majer, Nussbaumer und Freudenstein 2009).

Aus technischer Sicht stellt der Informationsdienst ein *mapping mashup* (Merrill 2006) dar, da zur Erbringung der Funktionalität verschiedene (multimediale) Inhalte wie Bilder, Videos und Gebäudeinformationen einbezogen, mit geografischen Koordinaten verknüpft und dementsprechend auf einer Karte verortet bzw. visualisiert werden. Abbildung 2-1 gibt eine vereinfachte Architektursicht auf den KIT-Campusplan wieder. Die zentrale diensterbringende Komponente ist als Webpart auf Basis des Microsoft Office SharePoint Server 2007 (MOSS) realisiert und ermöglicht den Benutzern den Zugriff auf den höherwertigen Dienst (Allerding, Buck, Freudenstein, Klosek et al. 2008). Um die Aktualität der Informationen in Bezug auf die Gegebenheiten des Campus und der angrenzenden Umgebung zu gewährleisten, wird das Kartenmaterial direkt von einem externen Anbieter, in diesem Falle über die Webservice-Schnittstelle von *Google Maps* (Google Inc. 2009), bezogen. Über die Anbindung des Campusmanagementsystems *HIS-LSF* (HIS Hochschul-Informations-System GmbH 2009) der Universitätsverwaltung können Detailinformationen über Gebäude, Räume und deren Ausstattung bzw. Belegungen zur Verfügung gestellt und als Parameter für die Suche verwendet werden (Freudenstein, Majer, Maurer, Ried et al. 2007). Darüber hinaus ermöglich der Dienst das Hinzufügen von Hintergrundinformationen und Bilder sowie Videos zu signifikanten Orten des Universitätscampus.

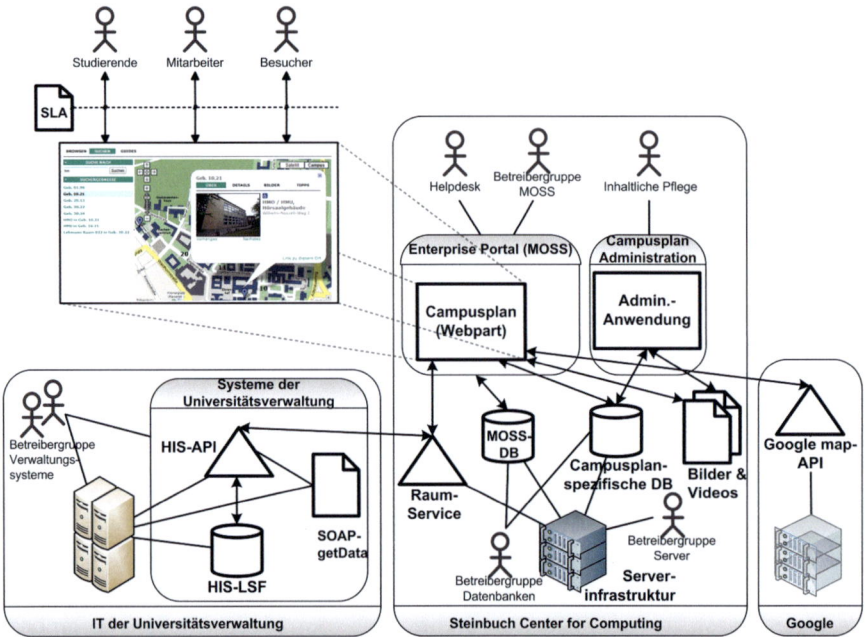

Abbildung 2-1: Architekturüberblick über den KIT-Campusplan. Entnommen aus (Majer, Nussbaumer und Freudenstein 2009).

Obgleich Abbildung 2-1 lediglich einen groben Architekturüberblick über den KIT-Campusplan wiedergibt, wird die Komplexität der Lösung aufgrund des Beziehungsgeflechts zwischen Elementen, die für die Erbringung des Dienstes notwendig sind, ersichtlich. Hierbei umfasst die Komplexität zum einen technische Aspekte, die durch die Nutzung und Verknüpfung verschiedener technischer Komponenten und Technologien (z.B. Netze, Server, Datenbanken, Web Services und Portale) entstehen. Darüber hinaus resultiert durch die Verteilung der betrieblichen und betreuenden Aufgaben (z.B. technischer Betrieb, inhaltliche Pflege, Support, Verantwortung) auf unterschiedliche Personengruppen und Abteilungen innerhalb der beteiligten Organisationseinheiten zusätzliche Komplexität unter organisatorischen Gesichtspunkten.

Die Analyse der Nutzungsstatistiken einer in Bezug auf den Leistungsumfang stark eingeschränkten Vorgängerversion des Dienstes ergab, dass etwa fünf Prozent der gesamten Nutzung der Webseiten der Universität auf den Dienst entfallen. Diese Bedeutsamkeit des Dienstes für die verschiedenen Anwendergruppen wie Studierende, Mitarbeiter und Besucher der Universität motivierte die Zusicherung bzw. Erbringung des Dienstes gemäß einer fest definierten Dienstgüte. Im Zuge der Definition und Durchsetzung der Dienstgütevereinbarungen (Service Level Agreements, SLAs) sind im Kontext der vorliegenden dienstorientierten Systemlösung folgende betriebliche Probleme aufgetreten:

- **Unzureichende Definition der Dienstgüte**: Aufgrund unzureichender Kenntnis über die technische Zusammensetzung des Dienstes sowie über die Performanz der einzelnen Dienstelemente und fehlenden Mechanismen zur

Aggregation dieser Informationen konnten Aussagen in Bezug auf die Dienstgüte für den höherwertigen Dienst als Ganzes nur unzureichend abgeschätzt werden. Somit erfolgte die Diensterbringung eher nach dem Prinzip der „größten Bemühung" (*Best Effort-Prinzip*) anstatt im Einklang mit definierten und eindeutig messbaren Service Level Agreements.

▪ **Vermeidbare Dienstausfälle**: Die technische Diversität der Lösung und die damit einhergehenden evolutionsbedingten Anpassungen einzelner Dienst-komponenten führten zu verschiedenen unvorhergesehenen und potenziell vermeidbaren Dienstausfällen. Die Ursache hierfür lag vor allem im mangelnden Überblick über das diensterbringende Komponentengeflecht bzw. im Fehlen einer Unterstützung für die Folgeeinschätzung von Konfi-gurationsänderungen einzelner Elemente auf den gesamten Dienst. Dieser Faktor wurde durch das kooperative Modell der Diensterbringung in Form von verschiedenen Betreibergruppen, Zuständigkeiten und Kompetenzen weiter verschärft.

▪ **Ineffiziente Ursachenanalyse und Problemlösung**: Das Fehlen einer detaillierten Dienstübersicht bzw. eines holistischen Überwachungsansatzes für den gesamten Dienst und die damit verbundene Ungewissheit über den Status und die Performanz einzelner, für die Diensterbringung benötigter Bausteine erschwerte die Identifikation von Dienstbeeinträchtigungen und Störungen. Darüber hinaus gestaltete sich die nachgelagerte Suche nach der Ursache für Abweichungen bzw. Störungen *(Root Cause Analysis)* aufgrund verteilter und uneinheitlicher Bestände an Konfigurations-, Performanz- und Statusinformationen und fehlenden Möglichkeiten zur Soll-Ist-Analyse basierend auf vordefinierten SLAs als äußerst aufwändig und ineffizient.

▪ **Unzureichendes Betriebskonzept und Verbindlichkeiten**: Obgleich der Betrieb des Dienstes nach einem kooperativen Modell erfolgte, um von der Expertise der einzelnen Abteilungen bezüglich einzelner Dienstelemente zu profitieren, erreichte die resultierende Dienstgüte nicht die Erwartungen. Als Ursachen wurden vor allem die unzureichende Etablierung eines organisa-tionsübergreifenden Betriebskonzept und die mangelnde Unterstützung zur Aufdeckung von Engpässen und Lücken (unklare Zuständigkeiten und Kompetenzen) bei der Umsetzung standardisierter Betriebsprozesse (bspw. für den Bereich des Problem- und Incidentmanagements) identifiziert. Darüber hinaus fehlte in den einzelnen Betreibergruppen das Verständnis über ihren jeweiligen Beitrag zur Unterstützung des Dienstes, was sich negativ auf die Dienstqualität auswirkte.

2.2 Betriebliche Herausforderungen dienstorientierter Systeme

Basierend auf den im letzten Abschnitt skizzierten Charakteristika dienstorientierter Systeme und der Beschreibung der Probleme in Bezug auf deren Betrieb werden in diesem Abschnitt allgemeingültige Herausforderungen und Anforderungen für einen Ansatz zur adäquaten Betriebsunterstützung herausgearbeitet. Hierbei lassen sich die einzelnen Fragestellungen den folgenden zentralen Problemdimensionen zuordnen:

- Heterogenität des verteilten Informationsraums
- Isolierte Betrachtungsweise
- Definition und Durchsetzung von Dienstgütevereinbarungen

Der hieraus resultierende Anforderungskatalog stellt die Grundlage für die Bewertung der existierenden wissenschaftlichen und kommerziellen Ansätze in Kapitel 3 dar.

2.2.1 Dimension: Heterogenität des verteilten Informationsraums

Im Zuge des traditionellen IT-Management haben sich in den IT-Abteilungen ressourcen- bzw. fachspezifische Organisationsstrukturen herausgebildet (Keel et al. 2007). Hierbei unterliegt die Verwaltung und der Betrieb spezifischer IT-Ressourcen einer dedizierten Betreibergruppe, die hierfür meist hochspezialisierte, ressourcenorientierte Werkzeuge, Technologien und Prozesse einsetzt. Mit der zunehmenden Dienstorientierung und der damit einhergehenden Verknüpfung verschiedener, autark betriebener Ressourcen zu höherwertigen Gebilden verschiebt sich der Fokus vom technologieorientierten zum dienstorientierten IT-Management (Turner 2006b; IBM Corporation 2007). Dieser Wandel wirkt sich auf die Betriebsprozesse, die betriebsbeteiligten Personen, die Methodiken und Werkzeuge zur Diensterbringung sowie die betriebsrelevanten Daten aus (Iqbal und Nieves 2007).

In Bezug auf die Daten über die dienstorientierten Systeme gewinnt für die effektive und bedarfsgerechte Erbringung der Dienste die systematische Strukturierung des IT-Servicekatalog zunehmend an Bedeutung (Kopperger, Kunsmann und Weisbecker 2007). Dieser bildet dabei das vollständige Leistungsangebot der Organisation in einer dem Dienstnehmer und Dienstgeber transparenten und verständlichen Form ab (Rudolph, Böhmann und Krcmar 2008). Dies umfasst einerseits eine kundenorientierte Vertriebssicht, die Aufschluss über den Leistungsumfang, Qualitätsparameter und deren Ausprägung (Dienstgütevereinbarung) gibt. Andererseits ist die direkte Verknüpfung des IT-Servicekatalogs mit der Produktionssicht, die die standardisierte Beschreibung der betriebsrelevanten Aspekte und im Besonderen das Abhängigkeitsgeflecht eines Dienstes adressiert, für den effektiven Betrieb der Dienste als Ganzes von zentraler Bedeutung (Uebernickel, Bravo-Sànchez, Zarnekow und Brenner 2006).

Im Zuge der Realisierung eines umfassenden und im Idealfall vollständigen IT-Servicekatalogs müssen, entsprechend den Bedürfnissen der einzelnen Zielgruppen, verschiedenste Informationen über die wesentlichen Eigenschaften, das Verhalten und den Status der Dienste, Ressourcen sowie deren Beziehungen untereinander zusammengeführt werden (Friedman 2005). Die Grundlage für die datenintegrieren-den Mechanismen stellt ein Informationsmodell, welches die relevanten Charakteris-tika dienstorientierter Systeme adäquat konzeptualisiert und zur Beschreibung eingesetzt werden kann, dar (Westerinen et al. 2001). Bei dessen Entwicklung besteht eine zentrale Herausforderung in der dedizierten Abbildung der relevanten Sachverhalte dienstorientierter Systeme. Dies umfasst zum einen die ausgeprägte Heterogenität der systemformenden Bestandteile. Im Gegensatz zur proprietären, auf spezifische Szenarien zugeschnittenen Syntax und Semantik einzelner Abtei-lungen oder Organisationen zur Beschreibung der Elemente (Westerinen 2004; IBM Corporation 2008), muss das Informationsmodell dem Anspruch einer plattform-unabhängigen Repräsentation der Sachverhalte gerecht werden. In diesem Zusam-menhang stellt die Orientierung an etablierten Standards und die Offenheit des resultierenden Informationsmodells für spätere Anpassungen im Zuge der Evolution der Systemlandschaften und der individuellen Ausprägung des Modells ein wichtiges Kriterium dar. Neben der Beschreibung der verschiedenen Elemente kommt der Abbildung der Komplexität des Systems bzw. des Abhängigkeitsgeflechts als Ganzes sowie die dedizierte Behandlung der Dienstgüteaspekte eine wesentliche Bedeutung zu. Ersteres stellt die Grundlage für ein profundes Verständnis für die übergreifenden Zusammenhänge und das Zusammenspiel der einzelnen Elemente dar und ermög-licht die effektive Unterstützung von betriebsunterstützenden Aktivitäten wie die Ursachenanalyse in Falle von Fehlersituationen oder die Abschätzung der Tragweite von Änderungen (Basu, Casati und Daniel 2008). Die Möglichkeit zur Beschreibung der Dienstgüteaspekte stellt die Grundlage für deren Erfassung und nachgelagerte Gewährleistung über entsprechende (automatisierte) Überwachungsmechanismen.

Im Folgenden werden die Anforderungen an ein Informationsmodell, das die allgemeingültige Beschreibung dienstorientierter Systeme ermöglichen und als gemeinsame Sprache zwischen Systemen und Akteuren in dem von Heterogenität und Verteilung geprägten Umfeld eingesetzt werden soll, kurz zusammengefasst.

IM-01 – Ausdrucksmächtigkeit: Um die relevanten Eigenschaften dienstorientierter Systeme in adäquatem Maße widerspiegeln zu können, muss das Informations-modell die ausgeprägte Heterogenität der systemformenden Bestandteile und die Komplexität des Systems als Ganzes in unterschiedlichen Dimensionen adäquat adressieren.

IM-02 – Offenheit: Das Informationsmodell muss offen gestaltet sein, damit dedizierte Anpassungen bzw. Erweiterungen an individuelle Gegebenheiten und Anforderungen sowie die Abbildung des Informationsmodells auf szenariospezifische Datenmodelle ermöglicht werden.

IM-03 – Orientierung an Standards: Um die Übertragbarkeit und Anwendbarkeit des Modells auf unterschiedliche Szenarien und Gegebenheiten zu gewährleisten, muss dieses geeignete und etablierte Standards für die Beschreibung von IT-Infrastrukturen, Systemkomponenten und Diensten zusammenführen und um Aspekte dienstorientierter Systeme erweitern.

IM-04 – Kompositionsaspekte: Der inhärente Kompositions- und Verteilungscharakter dienstorientierter Systeme und die resultierende Komplexität des Geflechts an technischen oder organisatorischen Systembestandteilen soll durch das Informationsmodell abbildbar sein.

IM-05 – Dienstgüteaspekte: Im Zusammenhang mit der Erbringung von kundenorientierten, hochwertigen Diensten soll das Informationsmodell die Spezifikation der funktionalen und nichtfunktionalen Aspekten der Diensterbringung sowie deren vertragliche Dokumentation in Form von SLAs zwischen Dienstnehmer und Dienstgeber unterstützen.

2.2.2 Dimension: Isolierte Betrachtungsweise

Mit dem bereits im letzten Abschnitt ausgeführten Wandel vom technologie-orientierten zum dienstorientierten IT-Management unterliegen auch die assoziierten betriebsunterstützenden Prozesse umfassenden Veränderungen (Cannon und Wheeldon 2007). Konzentrierten sich die Prozesse ehemals auf die Betriebsunterstützung in den spezifischen Abteilungen, so müssen diese nun aufgrund der Dienstorientierung und den damit einhergehenden abteilungs- bzw. organisationsübergreifenden Beziehungen zwischen Systemelementen und Akteuren in ein größeres Prozessgefüge eingegliedert und dementsprechend angepasst werden (Keel et al. 2007). Zentrale, dienstgütebeeinflussende Betriebsprozesse rund um die verwalteten Dienste und damit assoziierte Elemente stellen beispielsweise das Incident-, Problem-, Change- und Release-Management dar (Ward und Bartolini 2006; Cannon und Wheeldon 2007). In Bezug auf dienstorientierte Systeme sind prozessunterstützende Fragestellungen wie beispielsweise die Abhängigkeitsanalyse zur Folgeeinschätzung von Konfigurations- und Statusänderungen (Change Management) oder die Ursachenanalyse in Falle von Fehlersituationen (Incident- und Problem Management) unzureichend adressiert. Hier zeichnen sich existierende Modelle und Systeme durch die isolierte Betrachtungsweise einzelner Aspekte sowie die elementspezifische und eingeschränkte Behandlung einzelner Problemstellungen aus (Basu, Casati und Daniel 2008; Bodenstaff, Wombacher, Reichert und Jaeger 2008)

Vor dem Hintergrund der gesteigerten Komplexität im Zusammenhang mit der Erbringung von höherwertigen Diensten und des damit einhergehenden mangelnden Verständnisses über die Zusammenhänge und Verhältnisse des Gesamtgefüges (Fisher 2006; Turner 2006b), benötigen die betriebsbeteiligten Gruppen Unterstützung in Form einer aufgabenorientierten Informationsversorgung. In diesem Zusammenhang werden, als Fortführung der existierenden komponentenbezogenen Managementsichten, holistische Dienstsichten, die Aussagen über die höherwertigen Dienste als Ganzes ermöglichen, benötigt (Ganci et al. 2007; Tran, Zdun und Dustdar 2007). Hierbei stellt die konsequente Reduzierung der Komplexität und die

Fokussierung auf die wesentlichen Aspekte des konkreten Betriebsprozess- und Aufgabenkontexts die zentrale Herausforderung dar.

Aufgrund der überwiegend stark ausgeprägten Fähigkeit des Menschen für das Lesen von Karten und dem damit einhergehenden verminderten kognitiven Aufwand bei der Erfassung der damit verbundenen Strukturen, erscheint die Abbildung des komplexen Beziehungsgeflecht dienstorientierter Systemlandschaften durch eine kartenbasierte graphische Visualisierung als vielversprechend (Milgram und Jodelet 1976; Tversky 1993; Lankes, Matthes und Wittenburg 2005). Eine zentrale Herausforderung besteht in der geeigneten Verknüpfung der Informationsobjekte aus dem Informationsmodell mit einem Darstellungsmodell, um die Strukturen und wesentlichen Eigenschaften der Systemlandschaft kommunizierbar und erfahrbar zu machen. Darüber hinaus kommt der Umsetzung einer möglichst hohen Benutzungs-freundlichkeit, was vor allem die adäquate Gestaltung der Visualisierungen, die verständliche Verortung der Informationen und intuitive Interaktionsmechanismen mit dem Informationsraum umfasst, eine wesentliche Bedeutung zu (Komiyama 2008). Darüber hinaus sind Fragen in Bezug auf die zielgruppen- bzw. aufgaben-orientierte Segmentierung des Informationsraums und der bedarfsgerechten Anreicherung der Systemkarten zur Vermeidung einer kognitiven Überlastung von Bedeutung (Nanard und Nanard 1995; Kimble, Hildreth und Grimshaw 1998).

Im Folgenden werden die zentralen Anforderungen an Konzepte, Modelle und ein technisches Rahmenwerk zur Realisierung von holistischen Dienstsichten kurz vorgestellt.

HS-01 – Komplexitätsreduktion: Die grafischen Visualisierungen sollen derart gestaltet sein, dass sie eine optimale Erfassung der komplexen Strukturen und Zustände der Systemlandschaften durch den Menschen ermöglichen und unnötige Komplexität verbergen. Hierunter versteht sich auch die explizite Berücksichtigung des Aspekts der Benutzungsfreundlichkeit für die resultierenden Interaktions-mechanismen mit dem zugrundeliegenden Informationsraum.

HS-02 – Bedarfsorientierung: Die Realisierung der Sichten muss sich primär an den Informationsbedürfnissen der betriebsrelevanten Rollen, Prozesse und Aufgaben im Kontext dienstorientierter Systeme orientieren. Dies umfasst einerseits die Definition tätigkeitsbezogener Sichten und die damit einhergehende Segmentierung des Informationsraums und andererseits die Unterstützung zur bedarfsorientierten Anreicherung der Informationen durch geeignete Mechanismen.

HS-03 – Personalisierung: Um auf die individuellen kognitiven Fähigkeiten einer Person eingehen zu können und die Realisierung von szenariospezifischen (zukünf-tigen) Sichten zu ermöglichen, soll einerseits die individuelle Anpassung vordefinierter grafischer Visualisierungen sowie das Erstellen neuer Sichten auf die Systemlandschaft unterstützt werden.

HS-04 – Aktualität: Vor dem Hintergrund der inhärenten Dynamik der dienst-orientierter Systemlandschaften und der hieraus resultierenden Veränderlichkeit des Informationsraums sollen die Sichten ein möglich aktuelles Abbild der tatsächlichen Systemstruktur und -eigenschaften wiedergeben.

2.2.3 Dimension: Definition und Durchsetzung von Dienstgüte-
vereinbarungen

Neben den funktionalen Aspekten eines Dienstes stellt die Qualität (*Dienstgüte*) in Bezug auf die gegenüber dem Kunden geleistete Dienstleistung ein wesentliches Differenzierungsmerkmal im globalen Wettbewerb dar. Vor diesem Hintergrund kommt der Gewährleistung von vertraglich zugesicherten Dienstgütevereinbarungen (Service Level Agreement, SLA) eine hohe Bedeutung im Kontext der Zufrieden-stellung und damit einhergehenden Bindung der Kunden zu (Cannon und Wheeldon 2007; Kontogiannis, Lewis und Smith 2008). Aufgrund der Realisierung von höher-wertigen Diensten durch das Zusammenwirken verschiedener technischer Elemente und Akteure wird jedoch die theoretisch erreichbare bzw. tatsächlich realisierte Dienstgüte maßgeblich durch die Performanz und Effektivität aller involvierten Elemente und Akteure bestimmt. Hierbei ist der Einfluss von Leistungseinbußen oder Ausfällen einzelner Elemente auf die gesamte Dienstqualität erheblich und kann durch bekannte Techniken wie die Parallelisierung oder Schaffung von Redundanzen nur begrenzt eingeschränkt werden (Butler Group 2007). Diese Problematik verschärft sich durch die dienstorientierte Kombination unterschiedlicher Elemente und der damit einhergehenden Nutzung von Softwaresystemen (beispielsweise Altsysteme) in neuartigen Szenarien (Hutchinson et al. 2007). Hierdurch steigt die Wahrscheinlichkeit die Software in einer ungetesteten Art und Weise zu nutzen, was zu einer verminderten Betriebszuverlässigkeit führen kann (Shooman 1983; Musa 2004).

Zusammenfassend können aufgrund der Komplexität und Fragilität des Abhän-gigkeitsgeflechts nur unzureichende Aussagen über die Dienstqualität als Ganzes getroffen werden und Leistungsinformationen bezüglich der diensterbringenden Elemente liegen lediglich in den Abteilungen vor (Ganci et al. 2007). In Bezug auf den Betrieb höherwertiger Dienste führt dies entweder zur Abwesenheit jeglicher Service Level Agreements und somit zu einer nicht quantifizierbaren Diensterbringung oder in der Definition von inkonsistenten SLAs auf Grundlage grober Schätzungen. Letzteres wurde im Rahmen dieser Arbeit in einem umfragebasierten Experiment an im Wirkbetrieb beteiligten Personen bestätigt (vgl. Abschnitt 8.2). Somit stellt die konsistente Definition von Dienstgütevereinbarungen und deren Überwachung zur Laufzeit eine zentrale Herausforderung im Zusammenhang mit dem Betrieb dienstorientierter Systeme dar (Papazoglou et al. 2007; Tserpes, Kyriazis, Menychtas, Varvarigou et al. 2007; Kontogiannis, Lewis und Smith 2008).

Neben der Spezifikation von Dienstgüteparametern und Metriken zu deren Messung, stellt die Modellierung von Abbildungsvorschriften zwischen den Qualitätsparame-tern der höherwertigen Dienste auf die Leistungsparameter der diensterbringenden Elemente eine wichtige Grundlage dar (Keel et al. 2007). Die Kombination dieser Abbildungsvorschriften mit den elementbezogenen Leistungsdaten aus den jeweili-gen Abteilungen sowie dem Wissen über die Struktur des höherwertigen Dienstes, kann zur Definition konsistenter Service Level Agreements führen.

Umgekehrt stellt sich die Frage nach effizienten Mechanismen zur Überwachung definierter Service Level Agreements. In diesem Zusammenhang bestehen lediglich hochspezialisierte Werkzeuge für die abteilungsspezifische Überwachung einzelner diensterbringender Elemente und es mangelt an einer Unterstützung für die Überwachung höherwertiger Dienste (Turner 2006b; Butler Group 2007). Hierbei müssen zum einen Modelle und Mechanismen zur effektiven Instrumentierung der abteilungsspezifischen Werkzeuge anhand der vorliegenden SLAs und der Dienststruktur entwickelt werden. Im Besonderen vor dem Hintergrund der Veränderlichkeit dienstorientierter Systeme aufgrund der geschäftsgetriebenen Dynamik und dem Konzept der losen Kopplung muss eine weitestgehende Automatisierung der Überwachungsprozesse zur Gewährleistung der Dienstgüte angestrebt werden. Zum anderen ist die adäquate Korrelation der relevanten isolierten Statusinformationen aus den Abteilungen von Bedeutung, da dies einen wichtigen Ausgangspunkt für die effiziente Entwicklung und Umsetzung von korrigierenden oder wertschöpfungssteigernden Maßnahmen darstellt.

Im Folgenden werden die wesentlichen Anforderungen für die Definition und Durchsetzung von konsistenten Dienstgütevereinbarungen im Rahmen von dienstorientierten Systemen aufgeführt.

DQ-01 – Beschreibungsmodelle für Dienstgüteaspekte: Die der Definition und Durchsetzung konsistenter Dienstgütevereinbarungen zugrundeliegenden Modelle sollen im Sinne einer Spezifikationssprache für die Domäne die Beschreibung der dienstgüterelevanten Aspekte ermöglichen. Dies beinhaltet die Konzeptualisierung von Qualitätsparametern, zugehörigen Metriken und deren Beziehungen im Kontext der Abhängigkeits- und Dienstgeflechte dienstorientierte Systemlandschaften.

DQ-02 – Plausibilitätsprüfung: Basierend auf Informationen bezüglich der Struktur eines Dienstes und der Performanz der dienstgütebeeinflussenden Dienstbestandteile soll die Spezifikation plausibler und konfliktfreier Dienstgüteaussagen für höherwertige Dienste unterstützt werden.

DQ-03 – Überwachung: Neben der Kontrolle funktionaler Dienstaspekte stellt die Überwachung von nichtfunktionalen Qualitätseigenschaften der Diensterbringung anhand allgemeingültiger Metriken eine zentrale Anforderung zur Sicherstellung der gegenüber dem Kunden zugesicherten Dienstqualität dar.

DQ-04 – Delegation: Unter dem Gesichtspunkt der Effizienz und im Hinblick auf die permanente technologische Weiterentwicklung und Dynamik dienstorientierter Systeme soll ein Ansatz zur Kontrolle der Plausibilität und Erfüllung von SLAs dienstorientierter Systeme weitestgehend auf bereits existierende, komponentenspezifische Überwachungswerkzeuge zurückgreifen.

DQ-05 – Adaptivität: Die Konzepte, Modelle und Werkzeuge zur Definition und Durchsetzung von SLAs müssen die Veränderlichkeit dienstorientierter Systeme aufgrund sich wandelnder Geschäftsbedürfnisse und der variierenden technischen Erbringung im Zuge der losen Kopplung der Systeme adäquat adressieren. Das bedeutet, dass trotz dynamischer Einbindung diensterbringender Elemente und Ressourcen eine gleichbleibende Dienstgüte gewährleistet werden soll.

3 Stand der Technik

Basierend auf dem im vorherigen Kapitel aufgestellten Anforderungskatalog wird in diesem Kapitel der Stand der Technik bewertet. Entsprechend der identifizierten Problemdimensionen *homogenisierter Informationsraum, holistische Dienstsichten* und *konsistente Dienstgütevereinbarungen* werden etablierte wissenschaftliche und kommerzielle Ansätze aus den einzelnen Bereichen kurz präsentiert, ihre Stärken und Schwächen herausgestellt und die Ergebnisse übersichtlich zusammengefasst. Im letzten Abschnitt des Kapitels werden die gesamten Erkenntnisse aus der Analyse des Stands der Technik zusammengefasst und die Notwendigkeit für die Entwicklung neuartiger Konzepte, Modelle und technische Rahmenwerke für die Betriebsunterstützung dienstorientierter Systeme abschließend herausgestellt.

3.1 Ansätze im Bereich „Homogenisierter Informationsraum"

Unter dem Gesichtspunkt der vorherrschenden Heterogenität und Verteilung im Umfeld dienstorientierter Systeme und der im Rahmen eines effektiven *IT Service Managements* (*ITSM*) benötigten Homogenisierung des Informationsraums in Bezug auf die dienstorientierten Systeme, stellen Informationsmodelle eine wichtige Grundlage dar. Diese ermöglichen die Formalisierung eines Ausschnittes aus der Wirklichkeit mit dem Ziel, bestimmte Gegebenheiten wie beispielsweise die wesentlichen Eigenschaften und Zusammenhänge eines höherwertigen Dienstes präzise in Datenstrukturen abbilden zu können (Hermsdörfer 2004). Folgende Definition für den Begriff des Informationsmodells ist aus (Westerinen et al. 2001) entnommen:

> *Definition 3.1 – Information Model (Informationsmodell):* An abstraction and representation of the entities in a managed environment, their properties, attributes and operations, and the way that they relate to each other. It is independent of any specific repository, software usage, protocol, or platform.

Einen wesentlichen Aspekt stellt hierbei die Plattform- und Protokollunabhängigkeit der zumeist mittels der Unified Modeling Language (Object Management Group 2009) oder in Form von Entity-Relationship-Modellen (Chen 1976) spezifizierten

Informationsmodelle und die Gestaltungsfreiheit bei der Abbildung der Konzepte auf konkrete Datenmodelle existierender Anwendungen dar. Unter diesem Aspekt bieten Informationsmodelle eine adäquate Grundlage für die Homogenisierung des Informationsraums dienstorientierter Systemlandschaften und für die Etablierung einer gemeinsamen Sprache zwischen den verschiedenen Akteuren und Systemen der Problemdomäne (Gardner 2005). Im Folgenden werden einige Vertreter solcher Informationsmodelle vorgestellt.

3.1.1 Common Data Model (CDM)

Im Bereich der kommerziellen Softwarelösungen für das ITSM verfügen die Unternehmen BMC Software Inc., CA, IBM und Hewlett-Packard aufgrund ihres fortschrittlichen und umfassenden Angebots über die größte Marktdurchdringung (Turner 2006a; O'Donnell, O'Neill, Hubbert, Kane et al. 2008). Aufgrund der Tatsache, dass sich die Lösungen durch ähnliche Funktionalitäten auszeichnen und im Besonderen das Informationsmodell der BMC Software Inc. von den höheren Schichten entkoppelt und frei verfügbar ist, werden in den einzelnen Bereichen des Stands der Technik stellvertretend die Produkte von BMC Software vorgestellt und bewertet.

Die durch das Unternehmen BMC Software Inc. angebotene BMC Remedy IT Service Management Suite verfolgt das Ziel, Kunden bei der Umsetzung eines effektiven ITSM mittels optimiertem Technologiemanagement zu unterstützen (BMC Software Inc. 2006b; O'Donnell et al. 2008). Herzstück der Produktfamilie ist die BMC Atrium CMDB, die als zentrales Verzeichnis der gesamten IT-Umgebung fungiert und die Eigenschaften und Zusammenhänge der Systemlandschaft anderen Anwendungen des Produktportfolios zur Verfügung stellt. Die Grundlage für die BMC Atrium CMDB und den Datenaustausch zwischen den Anwendungen der Softwarefamilie liegt in der Spezifikation eines Informationsmodells für die Beschreibung der unternehmensweiten Informationstechnologie - dem *Common Data Model* (CDM).

Aktuell liegt das Common Data Modell in der Version 2.1.00 vor und umfasst 115 hierarchisch strukturierte Klassen für die Definition unterschiedlicher Aspekte und Bestandteile der Informationstechnologie einer Organisation (BMC Software Inc. 2007a; BMC Software Inc. 2007b). Eine Klasse kann dabei entweder den Typ eines zu *verwaltenden Elements* (*Configuration Item, CI*) oder eine *Beziehung* (*Relationship*) zwischen zwei Configuration Items definieren und zeichnet sich durch eine definierte Menge an Attributen aus. Einen zentralen Aspekt des Informationsmodells stellt die Objektorientierung und Erweiterbarkeit dar. Hierbei werden die definierten Attribute und zulässigen Beziehungen einer Klasse entsprechend der Objektorientierung an die abgeleiteten Unterklassen vererbt, wodurch das Modell auf neue bzw. szenariospezifische Bedürfnisse angepasst werden kann.

Auf der obersten Ebene in der Klassenhierarchie des Informationsmodells stehen die Klassen *BMC_BaseElement* und *BMC_BaseRelationship*. Beide zeichnen sich durch eine allgemeingültige Menge an Attributen für die Beschreibung von Elementen bzw. Beziehungen zwischen Elementen aus. Die feingranulare Definition und Ausgestal-

tung der verschiedenen Systemelemente erfolgt in den unteren Schichten des sechs-
stufigen Informationsmodells.

Auf der zweiten Ebene in der Klassenhierarchie werden verschiedene Konstrukte zur
Modellierung spezifischer Systemaspekte wie beispielsweise Zugänge zu Ressourcen
(*BMC_AccessPoint*), Mengen von Elementen (*BMC_Collection*) und Konfigurations-
aspekte der Elemente (*BMC_Settings*) definiert. Ein weiterer Bereich stellt die
Spezifikation von speziellen Systembestandteilen, wie Rechner, Server, virtuelle
Systeme und Netzwerkkomponenten über die Nutzung der Oberklasse *BMC_System*
dar. Darüber hinaus wird die Modellierung von Geschäftsprozessen sowie Diensten
über Klassen aus dem Bereich *BMC_LogicalEntity* realisiert.

In Bezug auf die Modellierung von Abhängigkeiten und Beziehungen zwischen
Systembestandteilen ermöglicht das Common Data Model rekursive Beziehungen
des Typs *BMC_Component*, *BMC_Dependency* und *BMC_MemberOfCollection* auf
alle Systemelemente des Informationsmodells. Hierdurch können beliebige Ressourcen zu physischen Verbünden zusammengefasst (*BMC_Component*), funktionale
Abhängigkeiten zwischen verschiedenen Elementen beschrieben (*BMC_Dependency*)
und die logische Gruppierung von Elementen vorgenommen werden (*BMC_Mem-
berOfCollection*). Wie in Abbildung 3-1 ersichtlich, existieren elementspezifische
Verfeinerungen dieser Beziehungen wie beispielsweise *BMC_HostedAccessPoint* für
die Abbildung der funktionalen Abhängigkeit zwischen einem Zugangspunkt
(*BMC_AccessPoint*) und dem zugrundeliegenden, zugangspunktrealisierenden
System (*BMC_System*). Darüber hinaus ermöglicht die Klasse *BMC_ElementLocation*
die Verknüpfung eines beliebigen Configuration Items mit einer physischen
Ortsbezeichnung (*BMC_PhysicalLocation*).

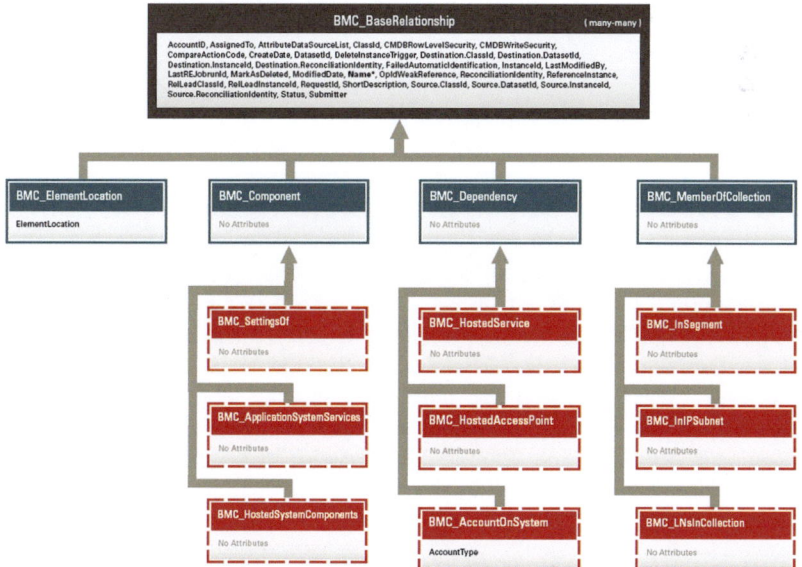

Abbildung 3-1: Abhängigkeitsmodellierung im Common Data Model 2.1.00.
Entnommen aus (BMC Software Inc. 2007a)

Zusammenfassend stellt das Common Data Modell ein proprietäres, praxis-orientiertes Informationsmodell für die Beschreibung der Informationstechnologie von Organisationen dar. In Bezug auf die ausgeprägte Heterogenität der Bestandteile dienstorientierter Systeme bietet das Informationsmodell eine hohe Ausdrucks-mächtigkeit (Anforderung IM-01) zur Modellierung von physischen Elementen, verfügt aber über Defizite bei der Beschreibung abstrakter, höherwertiger Dienste. Mit der Erweiterbarkeit und Offenheit (Anforderung IM-02) des Informationsmodells unterstützt es dedizierte Anpassungen bzw. Erweiterungen an individuelle Gegeben-heiten und Szenarien. Die Anforderung der Orientierung an Standards (Anforderung IM-03) ist bei dem Common Data Model nicht gegeben und somit stellt das Informationsmodell eine stark eingeschränkte Lösung für die Beschreibung dienst-orientierter Systeme dar. Auch wenn oftmals die Orientierung an dem etablierten Standard *Common Information Model* zur Beschreibung von IT-Systemen (vgl. Abschnitt 3.1.2) erwähnt wird, sind lediglich geringfügige Einflüsse, vor allem in der Namensgebung der Klassen, erkennbar. Aufgrund der proprietären Definition und Strukturierung der Klassen ist die Übertragbarkeit und Anwendbarkeit des Informationsmodells auf unterschiedliche Szenarien und Gegebenheiten nicht gewährleistet.

Die Forderung der Modellierung von Kompositionsaspekten (Anforderung IM-04) wird mit der Definition verschiedener funktionaler Abhängigkeitstypen adressiert. Hierbei werden die im Rahmen der Dienstorientierung charakteristischen organisato-rischen Abhängigkeiten des Dienstgeflechts vernachlässigt. Das Informationsmodell bietet keine Möglichkeit der Assoziation von funktionalen und nichtfunktionalen Charakteristika zu einer Komponente bzw. einem Dienst. Somit werden auch keine Möglichkeiten für die Spezifikation von Dienstgüteaspekten (Anforderung IM-05) zur Verfügung gestellt.

3.1.2 Common Information Model (CIM)

Seit 1992 befasst sich die *Distributed Management Task Force (DMTF)*, ein Industriegremium bestehend aus führenden Herstellern von IT-Systemen, mit der Entwicklung, Anpassung und Interoperabilität von Standards für das Systemmanage-ment (Distributed Management Task Force Inc. 2009c). Den bedeutendsten Standard zum plattformunabhängigen und technologieneutralen Austausch von Informationen stellt das *Common Information Model* (CIM) dar. Die erste Version des Standards wurde 1997 freigegeben und das Informationsmodell wird bis heute sukzessive angepasst bzw. erweitert und befindet sich aktuell in der Version 2.21.0 (Distributed Management Task Force Inc. 2009b). Dabei beschreibt das Modell die verwalteten Entitäten, deren Aufbau und ihre Beziehungen untereinander und ermöglicht somit den Austausch von hochwertigen Managementinformationen zwischen Systemen.

Das Common Information Model ist in die vier logischen Ebenen *Meta Schema*, *Core Model*, *Common Model* und *Extension Schemas* untergliedert. Das Meta Schema ist die formale Spezifikation des Modells und legt die grundlegende syntaktische Struktur, die Semantik der verwendeten Begriffe sowie deren korrekten Gebrauch fest. Das Meta Schema selbst wird mit Hilfe der Unified Modeling Language (UML) definiert. Eine Besonderheit von CIM liegt in der Anwendung der strikten Vererbung, wodurch Methoden und Attribute von erbenden Klassen nicht überschrieben werden können. Das Core Model stellt mit wenigen Klassen, Assoziationen und Eigenschaften die Basis des Informationsmodells dar und definiert eine gemeinsame Grundmenge an Eigenschaften und Verhaltensweisen für alle erweiternden Elemente des gesamten Modells (Distributed Management Task Force Inc. 2009a). Darin enthaltene Elemente, wie zum Beispiel *ManagedElement* als allgemeinste Klasse für ein Managementobjekt, bilden die oberste Ebene der Vererbungs-hierarchie und fungieren als Superklassen für das Common Model und die Extension Schemata (siehe Abbildung 3-2).

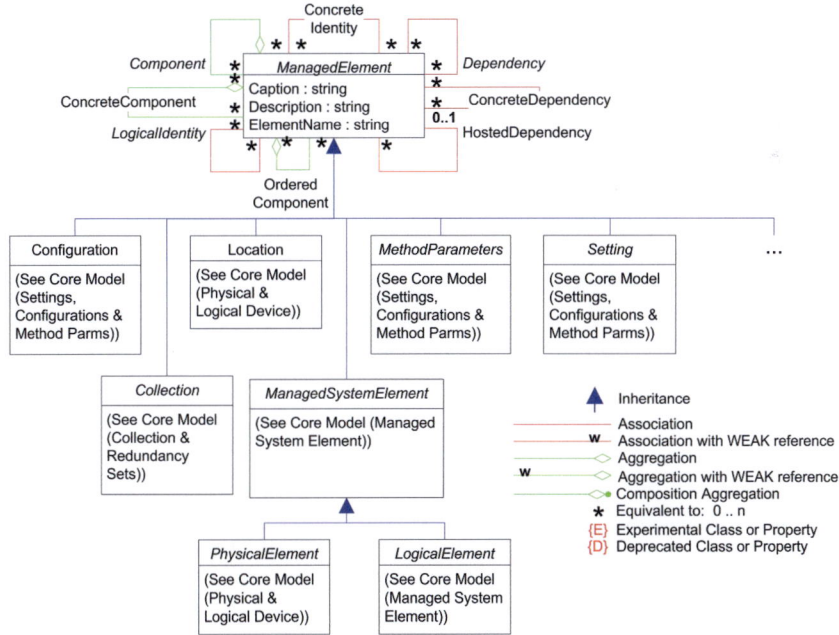

Abbildung 3-2: Auszug aus dem Core Schema. Entnommen aus (Distributed Management Task Force Inc. 2009b)

Auf der Ebene des Common Model wird eine Unterteilung in Managementbereiche, die verwandte Konzepte bündeln, vorgenommen. In der aktuellen Version werden die weiterhin technologie- und implementierungsneutral konzipierten Klassen-definitionen in die logischen Bereiche *Application, Database, Device, Event, Interop, IpsecPolicy, Metrics, Network, Physical, Policy, Security, Support, System* und *User* gruppiert. Auf der untersten Ebene des vierschichtigen Informationsmodells werden mit den Extension Schemas technologiespezifische Erweiterungen des Common Models definiert, wodurch spezifische Klassen für spezielle Umgebungen (insbeson-dere Betriebssysteme) zur Verfügung gestellt werden.

Das Common Information Model umfasst in der aktuellen Version etwa 1280 Klassendefinitionen, die im Managed Object Format (MOF) – einer CIM-spezifischen Sprache zur textuellen Beschreibung der Klassen – und in den Formaten XML Schema

Definition (XSD) und Hypertext Markup Language (HTML) spezifiziert sind. Letzteres soll vor allem die Lesbarkeit der komplexen Klassenkonstrukte und das Verständnis für das umfassende Informationsmodell verbessern. Das Vorhandensein der Klassen in Form von XSDs und XML bildet eine wichtige Grundlage des Web-Based Enterprise Management (WBEM) der DMTF (Distributed Management Task Force Inc. 2007). Dieses Initiative stellt eine Implementierung von CIM dar und ermöglicht über die Bereitstellung dedizierter Technologien und Protokolle sowie der Nutzung weiterer, etablierter Standards die automatisierte Verwaltung einzelner Elemente eines verteilten Systems.

Aufgrund seines Umfangs stellt das Common Information Model ein sehr mächtiges und ausdrucksstarkes Informationsmodell für die Beschreibung von System-landschaften dar und hat sich in verschiedenen Domänen etabliert (Anforderung IM-01). Aufgrund des Umfangs, der Verflechtung der Klassen und der Tiefe der Vererbungshierarchie wird es in der Literatur teilweise als übermäßig komplex und schwer handhabbar bezeichnet (Keller, Kreger und Schopmeyer 2001) – eine Eigenschaft, die aufgrund der Heterogenität der systemformenden Bestandteile der zugrundeliegenden Problemdomäne allerdings unumgänglich ist. Neben der Betei-ligung bedeutender IT-Hersteller und der Ausdrucksstärke von CIM hat insbesondere die Möglichkeit zur Anpassung und Erweiterung des Modells (Anforderung IM-02) zu einer wachsenden Verbreitung des Modells beigetragen. Somit stellt das Common Information Model, welches sich zur Spezifikation der Elemente an den UML-Standard orientiert, durch die verschiedenen, herstellergetriebenen CIM-Implemen-tierungen selbst ein Standard im Bereich des Netz- und Systemmanagement dar (Anforderung IM-03).

In Bezug auf die Kompositionsaspekte und die Modellierung höherwertiger Dienste (Anforderung IM-04) weist das Informationsmodell noch Defizite auf. Zum einen zeigt sich dies in der aktuellen Inflexibilität der Klasse *Service*, welche über die Assoziation *HostedService* mit der Klasse *System* verbunden ist und ohne eine solche System-Instanz nicht auftreten kann. Darüber hinaus adressiert CIM äußerst relevante Abhängigkeitsaspekte in Bezug auf den Lebenszyklus eines höherwertigen Dienstes nur ungenügend (z. B. fehlende Assoziation mit der Klasse *Role*) und die Klasse *Service* ist nur sehr rudimentär ausgeprägt. Ähnlich verhält es sich mit der Anforderung in Bezug auf die Modellierungseigenschaften von Dienstgüteaspekten (Anforderung IM-05). In diesem Kontext fehlen Konstrukte zur Spezifikation von Service Level Agreements bzw. feingranularer Dienstgüteparameter.

3.1.3 Vereinheitlichte Spezifikation von Fachkomponenten nach (Ackermann et al. 2002)

Seit dem ersten Workshop *Modellierung und Spezifikation von Fachkomponenten*, der am 12. Oktober 2000 im Rahmen der Fachtagung *Modellierung betrieblicher Informationssysteme (MobIS)* durchgeführt wurde, setzt sich der Arbeitskreis *Komponentenorientierte betriebliche Anwendungssysteme* der Gesellschaft für Informatik (GI) mit grundlegenden Fragestellungen der komponentenorientierten

Gestaltung unternehmensindividueller oder branchenspezifischer betrieblicher Anwendungssysteme auseinander. In diesem Zusammenhang besteht ein Ziel in der standardisierten Spezifikation von Fachkomponenten für konkrete betriebliche Anwendungsdomänen unter Berücksichtigung einer geeigneten Granularität und in Bezug auf die Vermarktbarkeit und das Komplexitätsmanagement (WI-KobAS 2009).

Im Februar 2002 wurde von diesem Arbeitskreis ein Memorandum zur Vereinheitlichung der Spezifikation von Fachkomponenten vorgestellt (Ackermann, Brinkop, Conrad, Fettke et al. 2002). Dabei wird der Spezifikationsrahmen für (Fach-) Komponenten in die Aspekte *Vermarktung, Aufgabe, Terminologie, Qualität, Abstimmung, Verhalten* und *Schnittstelle* unterteilt (vgl. Abbildung 3-3) und adäquate Spezifikationstechniken zur Erfassung der aspektrelevanten Eigenschaften definiert. Um die unternehmensübergreifende Nachvollziehbarkeit der Spezifikationsergebnisse in besonderer Weise zu unterstützen, wurde standardisierten Notationen gegenüber hochspezialisierten, domänenspezifischen Spezifikationstechniken Vorrang gewährt. Somit zeichnen sich die vorgestellten Notationen überwiegend durch eine etablierte sowie eindeutige und widerspruchsfreie Syntax und Semantik aus und unterstützen die Beschreibung und wiederverwendungsorientierte Nutzung der Fachkomponenten.

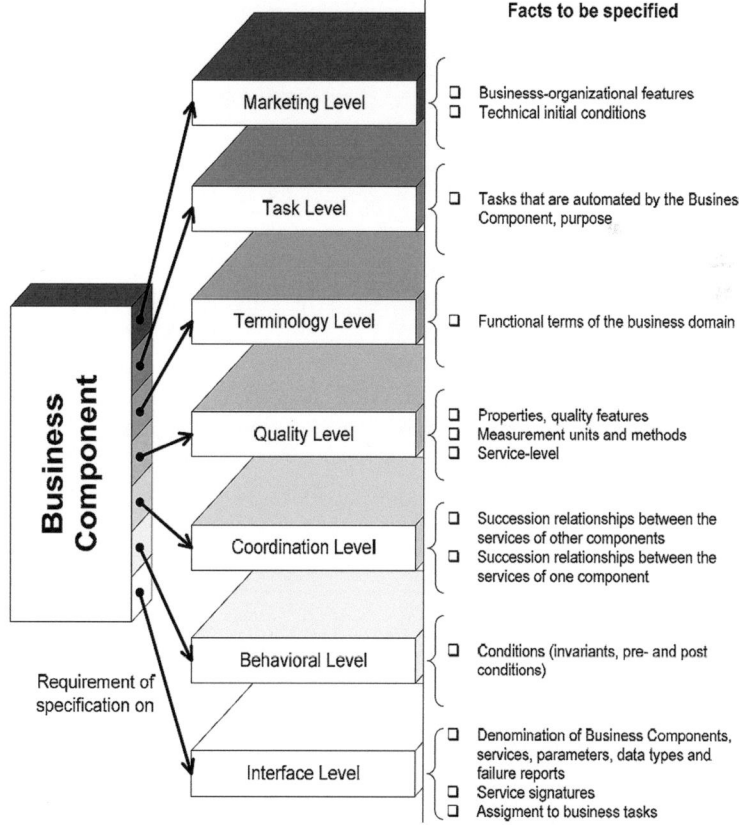

Abbildung 3-3: Beschreibungsebenen und zu spezifizierende Sachverhalte von Fachkomponenten. Entnommen aus (Ackermann et al. 2002)

In (Schmietendorf, Dumke, Reitz, Fettke et al. 2003) wird die Übertragbarkeit der Spezifikation auf die im Umfeld der dienstorientierten Systeme verstärkt zum Einsatz kommende Technologie der Web Services untersucht. Hierbei werden der Aufwand der Erstellung der komponentenbezogenen Beschreibungen, die hohe Diversität der Notationen und fehlende Entwicklungsumgebungen als Defizite des Ansatzes identifiziert. Darüber hinaus wird für die weitere Vervollständigung des Memorandums eine detaillierte Validierung des Spezifikationsansatzes im Sinne einer korrekten Identifizierung der tatsächlich benötigten Informationen für die erfolgreiche Integration von Fachkomponenten vorgeschlagen.

Zusammenfassend stellt der in (Ackermann et al. 2002) vorgestellte Ansatz zur domänenübergreifenden Spezifikation von Fachkomponenten einen interessanten Ansatz in Bezug auf die Spezifikation relevanter Aspekte von Systembestandteilen dar. Aufgrund der Einschränkung auf Fachkomponenten ist die Ausdrucksmächtigkeit für die Beschreibung der Gesamtheit eines dienstorientierten Systems nicht gegeben (Anforderung IM-01). Da das Modell lediglich Notationen für die Spezifikation einzelner Aspekte vorschlägt, diese aber nicht ausprägt, kann dem Ansatz eine hohe Offenheit zugesprochen werden (Anforderung IM-02). Demgegenüber sind einige Notationen zu stark einschränkend und werden die Umsetzung individueller, dienstorientierter Gegebenheiten und Anforderungen nicht ermöglichen. Mit dem Anspruch, Komponenten mittels formaler Standards zu beschreiben und diese hierdurch bestmöglich wiederverwendbar zur Verfügung zu stellen, adressiert das Modell die Anforderung der Orientierung an Standards (Anforderung IM-03) gut. Nachteilig wirkt sich hierbei der Rückgriff auf teilweise veraltete Methoden aus und somit sollte eine Evaluierung aktueller Ansätze durchgeführt werden, um das Potenzial dem Stand der Technik entsprechender und umfassender Notationen ausschöpfen zu können.

Auf den Aspekt der Komposition (Anforderung IM-04) geht das Modell aufgrund der Einschränkung auf einzelne Komponenten nicht tiefer ein und somit wird diese Anforderung nur ungenügend erfüllt. In Bezug auf die Modellierung von Qualitätsaspekten (Anforderung IM-05) adressiert der Ansatz zentrale Fragestellungen nach Qualitätsparametern und Metriken, aber es werden keine spezifische Notationen für die Modellierung der nichtfunktionalen Charakteristika einer Komponente vorgestellt.

3.1.4 Bewertung

Im Folgenden werden die wesentlichen Ergebnisse der Untersuchung der vorgestellten Ansätze für die Etablierung eines homogenisierten Informationsraums für dienstorientierte Systemlandschaften tabellarisch aufgeführt (vgl. Tabelle 3-1). Hierbei werden die Ansätze gegenüber den im Abschnitt 2.2 aufgestellten Anforderungen (vgl. Tabelle 3-2) und unter Verwendung der in Tabelle 3-3 dargestellten Bewertungsskala beurteilt. Eine bereichsübergreifende Zusammenführung und Zusammenfassung der Ergebnisse findet sich im Abschnitt 3.4.

Tabelle 3-1: Bewertung des vorgestellten Ansätze bezüglich der Dimension „Homogenisierter Informationsraum"

	Common Data Model	Common Information Model	Spezifikation von Fachkomponenten
IM-01	+	++	-
IM-02	++	+	+
IM-03	--	++	+
IM-04	+	-	--
IM-05	--	--	--

Tabelle 3-2: Anforderungen bezüglich der Dimension „Homogenisierter Informationsraum"

Anforderung	Bedeutung
IM-01	Ausdrucksmächtigkeit
IM-02	Offenheit
IM-03	Orientierung an Standards
IM-04	Kompositionsaspekte
IM-05	Dienstgüteaspekte

Tabelle 3-3: Bewertungsskala

Anforderung	Bedeutung
++	Anforderung wird erfüllt
+	Anforderung wird eher erfüllt
-	Anforderung wird eher nicht erfüllt
--	Anforderung wird nicht erfüllt

3.2 Ansätze im Bereich „Holistische Dienstsichten"

Aufgrund der überwiegend stark ausgeprägten Fähigkeit des Menschen für das Lesens von Karten und dem damit einhergehenden verminderten kognitiven Aufwand bei der Erfassung der damit verbundenen Strukturen, erscheint die Abbildung des komplexen Beziehungsgeflecht dienstorientierter Systemlandschaften auf eine graphische Visualisierung als vielversprechend. Eine Herausforderung stellt hierbei die Verknüpfung der Informationsobjekte aus dem Informationsmodell mit einem Darstellungsmodell dar, um die Strukturen und wesentlichen Eigenschaften der Systemlandschaft kommunizierbar und erfahrbar zu machen. In (Matthes 2008b) findet sich folgende Definition für die Softwarekartographie:

> **Definition 3.2 – Softwarekartographie**: [...] in Analogie zur Kartographie versteht sich die Softwarekartographie als Wissenschaft und Technik zur Visualisierung von Informationen mit einem Bezug zur Anwendungs-landschaft.

Hierbei verfolgt die Softwarekartographie das Ziel, Personen mit sehr unterschied-lichen Interessen und Erfahrungen zielgruppenspezifische und verständliche graphische Visualisierungen im Kontext einer bestimmten Domäne zur Verfügung zu stellen (Milgram und Jodelet 1976; Tversky 1993). Im Folgenden werden nun einige Ansätze aus dem Bereich der Softwarekartographie vorgestellt.

3.2.1 3-Layer Graph-Based Meta-Model (3LGM²)

Das *Drei-Ebenen-Metamodell (Three Layer Graph Based Meta-Model, 3LGM²)* ist ein Forschungsansatz zur Modellierung von Informationssystemen im Gesundheits-wesen. Ausgangspunkt stellte der Bedarf der systematischen Verwaltung und Pflege sowie der strategischen Weiterentwicklung der Krankenhausinformationssysteme (KIS) des Universitätsklinikums Leipzig dar (Brigl, Häber, Wendt und Winter 2004; Winter, Brigl, Funkat, Häber et al. 2007). Das primäre Ziel bestand dabei in der optimalen Abstimmung der Informationssysteme in der im hohen Maß arbeits-teiligen Struktur der Domäne (im Sinne der Zusammenarbeit zwischen Abteilungen im Krankenhaus, Versicherungen, Lieferanten, niedergelassenen Ärzten etc.) zur Gewährleistung einer integrierten und qualitativ hochwertigen Patientenversorgung.

Der Problemstellung wurde mit der Entwicklung von Modellen und Sichten, die in Anlehnung an einen Bauplan die heterogenen Bausteine und deren Zusammen-wirken in der komplexen Anwendungslandschaft der Informationssysteme visuali-sieren, begegnet. Das Drei-Ebenen-Metamodell dient hierbei der Modellierung von KIS-Architekturen und beschreibt die notwendigen Sprachkonzepte und deren Beziehungen untereinander. Das Metamodell und die damit verbundene Werkzeug-unterstützung zur Darstellung der Sichten unterteilen sich in eine fachliche, logische und physische Ebene bzw. Sicht.

Die fachliche Ebene ergibt sich aus den Aufgaben des Krankenhauses, deren Durchführung die Krankenhausinformationssysteme unterstützen und den Informa-tionen, die im Rahmen der Erledigung der Aufgaben jeweils bearbeitet bzw. interpretiert werden. Auf der logischen Ebene werden die Anwendungsbausteine und -systeme, die zur Erledigung von Aufgaben sowie zur Verarbeitung der Daten benötigt werden, spezifiziert (siehe Abbildung 3-4). Darüber hinaus werden auch Kommunikationsschnittstellen zwischen Anwendungsbausteinen und zu den Nutzern sowie Kommunikationsstandards und Nachrichtentypen beschrieben. Die physische

Werkzeugebene stellt Sichten auf die physische Datenverarbeitungsbausteine, die für den Betrieb von Anwendungsbausteinen erforderlich sind, bereit. Hierbei stellt ein solcher Baustein entweder eine System von Personen und konventionellen, nicht rechnerbasierten Arbeitsmitteln der Informationsverarbeitung oder ein rechnerbasiertes System wie beispielsweise Server, Switches, Router oder Netzanschlusspunkte dar.

Neben der Modellierung von Beziehungen zwischen Elementen der einzelnen Ebenen können auch Abhängigkeiten zwischen Elementen unterschiedlicher Ebenen spezifiziert und visualisiert werden. Zwischen der fachlichen und logischen Werkzeugebene besteht beispielsweise die Möglichkeit der Darstellung von Abhängigkeiten zwischen Aufgaben und den die Aufgaben unterstützenden Anwendungsbausteinen und ermöglicht die Identifikation von Schwachstellen der Systemlandschaft in Form von Redundanzen auf der logischen oder physischen Werkzeugebene.

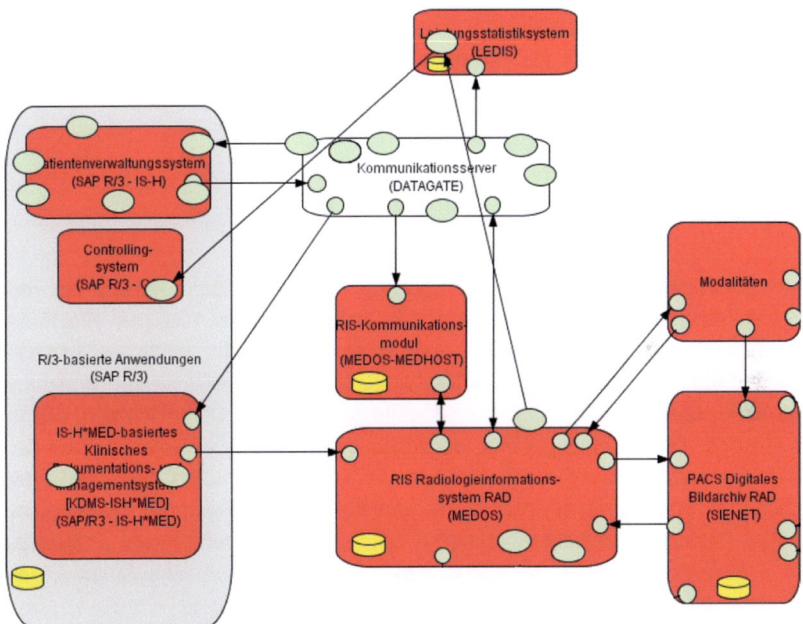

Abbildung 3-4: Logische Sicht der Anwendungsdomäne in der Werkzeugunterstützung 3GML². Entnommen aus (Brigl 2007)

Der Anforderung der Komplexitätsreduktion (Anforderung HS-01) begegnet der Ansatz mit der Verteilung spezifischer Systemaspekte (funktional, logisch und physisch) auf unterschiedliche Ebenen des Modells und der resultierenden Sichten. Hierbei kommen auf den einzelnen Ebenen keine Mechanismen zur visuellen Aggregation von Informationen (*Clustering*) zum Einsatz, wodurch der Ansatz für die Darstellung umfassender, dienstorientierter Systemlandschaften ungeeignet ist. Darüber hinaus führen die starren Strukturen der Visualisierungen und das Fehlen von geeigneten Interaktions- und Navigationsmustern in Bezug auf den zugrundeliegenden Informationsraum zu einer ungenügenden Umsetzung der Benutzungs-freundlichkeit. Im Kontext der Bedarfsorientierung (Anforderung HS-02) weist der Ansatz ebenfalls Defizite auf, da lediglich eine funktionale, logische und physische Sicht auf Krankenhausinformationssysteme angeboten wird und keine Konzepte für tätigkeitsbezogene, betriebsprozessunterstützende Sichten vorhanden sind, die im Kontext der dienstorientierten Systeme angewendet werden könnten.

Eine Personalisierung der Sichten (Anforderung HS-03) ist einzig in Bezug auf die Anpassung der Piktogramme in den Sichten gegeben. Hierbei können für die verschiedenen Elemente der Ebenen Graphiken zur Repräsentation der Elemente eingebunden werden. Eine Personalisierung bezüglich der Attribute und der Strukturen der in den Sichten enthaltenen Informationen wird nicht zur Verfügung gestellt. Aufgrund der Tatsache, dass die Inhalte für die Sichten in der aktuellen Version von 3GML[2] ausschließlich durch den Benutzer über das Werkzeug selbst gepflegt werden, zeichnen sich die resultierenden Sichten durch einen geringen Grad an Aktualität aus (Anforderung HS-04). Im Zusammenhang mit fehlenden Möglichkeiten zur automatisierten Spezifikation der grundlegenden Strukturen der Systemlandschaft oder zur Einbindung von externen Datenquellen ist der Ansatz für die Betriebsunterstützung hochdynamischer, dienstorientierter Systeme ungeeignet.

3.2.2 Software Cartography Tool (SoCaTool)

Der Forschungsansatz *Software Cartography Tool* (*SoCaTool*) verfolgt ein modell-basiertes Vorgehen zur Generierung von Softwarekarten (Lankes, Matthes und Wittenburg 2005; Matthes 2008a). Den zentralen Beitrag stellt ein generisches Werkzeug dar, welches in der Lage ist, für verschiedene semantische Modelle einer Anwendungslandschaft symbolische Modelle zu erzeugen. Technisch wird hierzu das semantische Modell aus einem zentralen Verzeichnis eingelesen und in ein objektorientiertes Modell umgewandelt. Als Ausgabe erzeugt das Werkzeug ein symbolisches Modell der Softwarekarte, das die Ausprägungen der Modellelemente und ihre Beziehungen untereinander wiedergibt. Die resultierende Softwarekarte kann entweder direkt im SoCaTool angezeigt oder in verschiedenen Formaten exportiert werden.

Im Zusammenhang mit der Fragestellung nach den zu verortenden Elementen von Anwendungslandschaften und der Erreichung einer gegenüber dem Benutzer größtmöglichen stabilen Verortung der Elemente werden *Clusterkarten*, *kartesische Karten* und *Graphlayout-Karten* als die zentralen Kartentypen definiert. Eine Cluster-karte fasst hierbei die zu verortenden Elemente, wie beispielsweise Anwendungs-systeme, Dienste oder Prozesse, entsprechend der assoziierten Funktionsbereiche, Organisationseinheiten oder Standorte in logische, ineinander geschachtelte Domänen zusammen (siehe Abbildung 3-5). Eine solche Clusterkarte spezifiziert dabei nicht, wie die Domänen platziert werden und wie die verschiedenen Elemente innerhalb einer Domäne angeordnet werden sollen.

Im Rahmen einer kartesischen Karte werden die Elementinstanzen in einem zwei-achsigen Koordinatensystem angeordnet. Jede Achse ist dabei in Intervalle aufgeteilt und die Reihenfolge und die Breite der Verortung einzelner Elemente erfolgt entsprechend einer Ordnungsfunktion oder einer metrischen Abstandsfunktion. Für die graphische Darstellung kartesischer Karten gibt es verschiedene Varianten, die in feingranulareren Kartentypen wie die Prozessunterstützungs- und Zeitintervallkarten resultieren (Buckl, Ernst, Lankes und Matthes 2008). Bei der Letzteren werden beispielsweise auf der X-Achse die Zeit als intervallskalierendes Merkmal und auf der Y-Achse die relevanten Elemente aufgetragen. Hierdurch wird ein Zeitbezug bei den Elementen hergestellt und die Aufgabe der strategischen Planung und Konzeption von Anwendungslandschaften unterstützt. Bei den „Graphlayout"-Karten werden die Elemente und die Beziehungen zwischen den Elementen in Form eines Graphs visualisiert. Dabei ist die eigentliche Position eines Elements auf dem Kartengrund von geringer Bedeutung, sondern die Platzierung eines Elements in Bezug auf ein anderes Element steht im Vordergrund. In diesem Kontext stellt die geeignete Auswahl eines Graphlayout-Algorithmus eine Herausforderung dar. Einerseits sollen die in Beziehung stehenden Elemente optimal auf dem Kartengrund verortet werden und andererseits sollen sich kleine Änderungen an den Daten oder dem zugrunde-liegenden Modell nur in geringen Änderungen auf der Karte niederschlagen.

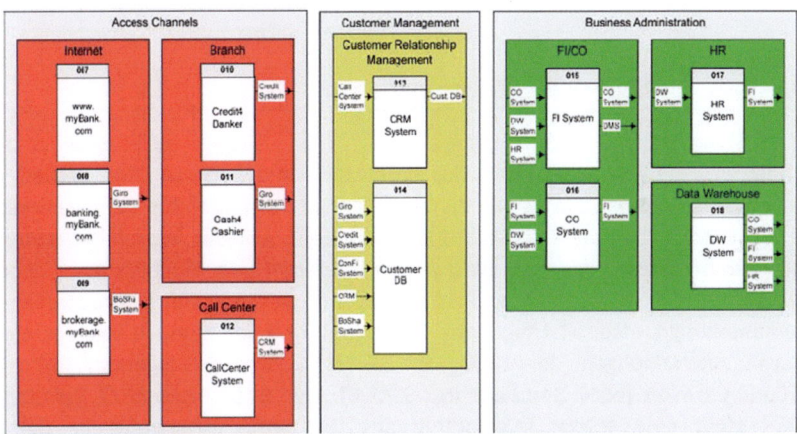

Abbildung 3-5: Zweistufige Clusterkarte einer Anwendungslandschaft mit logischen Domänen. Entnommen aus (Matthes 2008b)

Das SoCaTool stellt einen interessanten Forschungsansatz zur modellbasierten Generierung von Softwarekarten dar. Die Fokussierung auf spezifische Aspekte der Szenarien und das damit einhergehende Ausblenden von unnötigen Details wird durch die Umsetzung von dedizierten Visualisierungen in Form von Clusterkarten, kartesische Karten oder Graphlayout-Karten, die eine gute Erfassung der Problem-domäne ermöglichen, erreicht (Anforderung HS-01). Hinsichtlich der Komplexitäts-reduktion durch eine benutzungsfreundliche Gestaltung bietet das technische Rahmenwerk in der aktuellen Version ausschließlich die Möglichkeit, die Gesamtheit der entsprechend dem zugrundeliegenden Kartenmodell relevanten Informations-menge darzustellen. Der Umgang mit den teilweise recht umfangreichen Karten wird nur durch einen „Helicopter"-Modus, der den aktuell sichtbaren Kartenausschnitt andeutet, erleichtert. Weitere zielgruppenspezifische Mechanismen zur adäquaten Interaktion mit dem komplexen Informationsraum werden nicht unterstützt. Mit der Ausrichtung des Ansatzes auf die Unterstützung von strategischen und planerischen Tätigkeiten in Bezug auf Anwendungslandschaften orientieren sich die Sichten primär an den damit assoziierten Informationsbedürfnissen und Aufgaben und es werden keine dedizierten (Dienst-)Sichten für den Betrieb von dienstorientierten Systemlandschaften zur Verfügung gestellt (Anforderung HS-02).

Eine Personalisierung der Sichten (Anforderung HS-03) ist derzeit im SoCaTool nicht vorgesehen, sondern der Ansatz konzentriert sich auf das Anbieten allgemeingültiger Sichten. Somit kann der Nutzer keine spezifischen Anpassungen der Visualisierungen durchführen oder beispielsweise die Informationsmenge entsprechend seiner indivi-duellen Bedürfnisse einschränken. In der aktuellen Version des SoCaTools werden anhand von Transformationsschritten die relevanten Daten (semantisches Modell) über die Nutzung eines Informationsmodells und eines visuellen Modells die Karten (symbolisches Modell) generiert. Mit der Möglichkeit des Imports der Daten aus einem Repository oder einer Excel-Datei ermöglicht der Ansatz das dynamische Erstellen der Karten und befriedigt somit die Anforderung der Aktualität der Softwarekarten (Anforderung HS-04).

3.2.3 BMC Remedy CI Relationship Viewer

Im Abschnitt 3.1.1 wurde bereits das durch das Unternehmen BMC Remedy Inc. entwickelte *Common Data Model* als ein Informationsmodell für die Beschreibung der IT-Landschaften von Organisationen vorgestellt. Mit der Implementierung des Informationsmodells durch die *BMC Atrium Configuration Management Database* (*BMC Atrium CMDB*) kann diese Anwendung die wesentlichen Eigenschaften und Zusammenhänge einer IT-Umgebung verwalten und im Sinne eines Verzeichnis anderen Anwendungen der BMC Remedy IT Service Management Suite zur Verfügung stellen (BMC Software Inc. 2006b). Der *BMC Remedy CI Relationship Viewer* stellt eine solche Anwendung aus der BMC Softwarefamilie dar und adressiert die visuelle Darstellung der vorherrschenden Anwendungslandschaften (BMC Software Inc. 2006a).

Basierend auf den in der BMC Atrium CMDB vorhandenen Daten über die verwalteten Objekte einer Systemlandschaft (*Configuration Items*) und deren Beziehungen untereinander, stellt der BMC Remedy CI Relationship Viewer lediglich graphenbasierte Visualisierungen zur Verfügung (siehe Abbildung 3-6). Entsprechend der im Common Data Model definierten Typen von Abhängigkeitsklassen zwischen Elementen, wie zum Beispiel *BMC_Component* und *BMC_Dependency* für die Modellierung von physischen oder funktionalen Abhängigkeiten (vgl. Abschnitt 3.3.1), werden die jeweiligen Beziehungsverhältnisse in der graphenbasierten Repräsentation des Systems unterschiedlich farblich hervorgehoben. Darüber hinaus besteht die Möglichkeit, die Menge der relevanten Klassen von Elementen und

Beziehungen, die dargestellt werden sollen, einzuschränken und diese Konfigurationen als Templates abzuspeichern.

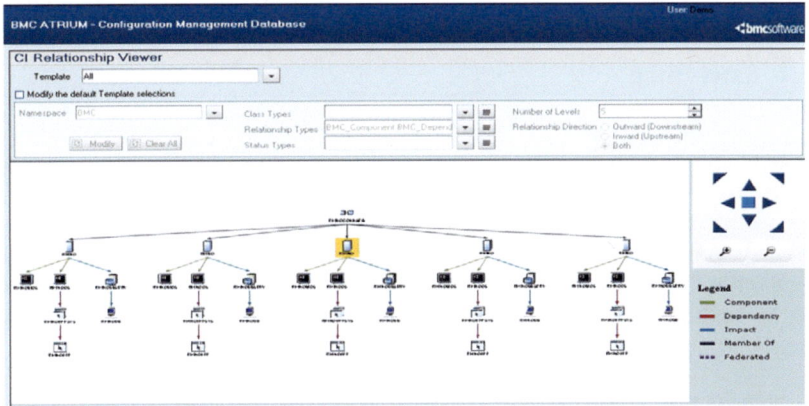

Abbildung 3-6: Visualisierung von Abhängigkeitsverhältnissen in BMC Remedy CI Relationship Viewer. Entnommen aus (BMC Software Inc. 2006a)

In Bezug auf die Komplexitätsreduktion dienstorientierter Systemlandschaften (Anforderung HS-01) bietet die graphenbasierte Realisierung der Sichten einen guten und intuitiven Überblick über die strukturellen Sachverhalte. In diesem Zusammenhang muss jedoch berücksichtigt werden, dass mit der Einschränkung des Informationsmodells auf spezifische Systemaspekte und -bestandteile die Komplexität bereits vorab reduziert wurde und lediglich eine Sicht angeboten wird. In Bezug auf die Benutzungsfreundlichkeit können in der Anwendung Ausschnitte aus der gesamten strukturellen Ansicht verkleinert oder vergrößert werden. Darüber hinaus kann der Nutzer die gewünschte Graphentiefe und die Graphenrichtung (ausgehend von einem Element der Systemlandschaft) beeinflussen. Demgegenüber bietet die Anwendung keine Möglichkeiten der adäquaten Interaktion mit der gesamten Graphenstruktur. Die Anforderung der Bedarfsorientierung (Anforderung HS-02) adressiert der BMC Remedy CI Relationship Viewer nur ungenügend. Hierbei stellt die Anwendung lediglich die graphenbasierte Darstellung der Systemlandschaften zur Verfügung und außer der Erstellung von Vorlagen keine Möglichkeiten der bedarfsorientierten Anpassung der Sicht. Zum anderen bietet die realisierte Sicht lediglich einen Überblick über die Landschaft, aber es existieren keine adäquaten Mechanismen detaillierte Informationen über die Systemelemente entsprechend der Bedürfnisse zu nutzen.

In Bezug auf die Konfiguration der Sichten entsprechend individueller, kognitiver Fähigkeiten (Anforderung HS-03) bietet der Ansatz keine Unterstützung. So existieren beispielsweise keine Möglichkeiten, um das Design der Knoten und Kanten des Graphs zu verändern oder gänzlich neue strukturelle Sichten zu erstellen. Wie eingangs erläutert, stellt die BMC Atrium CMDB als zentrales Verzeichnis einer gesamten Systemlandschaft ein möglichst aktuelles Abbild der wesentlichen Eigenschaften und Zusammenhänge einer IT-Umgebung zur Verfügung. Aufgrund der Tatsache, dass der BMC Remedy CI Relationship Viewer direkt auf (den Daten) der

BMC Atrium CMDB aufbaut, kann den angebotenen Sichten eine hohe Aktualität (Anforderung HS-04) zugesprochen werden.

3.2.4 Bewertung

Im Folgenden werden die wesentlichen Ergebnisse der Untersuchung der vorgestellten Ansätze für die Etablierung von holistischen Dienstsichten für dienstorientierte Systemlandschaften tabellarisch aufgeführt (vgl. Tabelle 3-4). Hierbei werden die Ansätze gegenüber den im Abschnitt 2.2 aufgestellten Anforderungen (vgl. Tabelle 3-5) und unter Verwendung der in Tabelle 3-3 dargestellten Bewertungsskala beurteilt. Eine bereichsübergreifende Zusammenführung und Zusammenfassung der Ergebnisse findet sich im Abschnitt 3.4.

Tabelle 3-4: Bewertung der vorgestellten Ansätze bezüglich der Dimension „Holistische Dienstsichten"

	3-Layer Graph-Based Meta-Model	Software Cartography Tool	BMC Remedy CI Relationship Viewer
HS-01	-	+	+
HS-02	-	-	--
HS-03	+	--	--
HS-04	--	++	++

Tabelle 3-5: Anforderungen bezüglich der Dimension „Holistische Dienstsichten"

Anforderung	Bedeutung
HS-01	Komplexitätsreduktion
HS-02	Bedarfsorientierung
HS-03	Personalisierung
HS-04	Aktualität

3.3 Ansätze im Bereich „Konsistente Dienstgütevereinbarungen"

Im Folgenden werden repräsentative Ansätze für die Definition und Durchsetzung konsistenter Dienstgütevereinbarungen vorgestellt und bezüglich der im Abschnitt 2.2.3 definierten Anforderungen bewertet.

3.3.1 Web Service Level Agreement (WSLA)

Das *Web Service Level Agreement (WSLA)* Rahmenwerk ist ein von IBM Research entwickelter Ansatz zur SLA-gesteuerten Verwaltung von Web Services (World Wide Web Consortium 2009b) und umfasst einerseits eine XML-basierte Sprache zur Definition von Service Level Agreements und andererseits eine Web Service-orientierte Infrastruktur zur Überwachung der definierten SLAs (Keller und Ludwig 2002; IBM Corporation 2009).

Alle notwendigen Aspekte einer Dienstgütevereinbarung werden entsprechend einer XML-Grammatik spezifiziert. Diese formale Spezifikationssprache definiert als zentrale Elemente zur Beschreibung eines SLAs die beteiligten Parteien (*Parties*), die Dienstbeschreibung (*Service Definition*) und Dienstgarantien (*Obligations*) (siehe Abbildung 3-7). Unter den beteiligten Parteien werden zum einen die beiden vertragsschließenden Partner (*Signatory Parties*) in Form von Dienstgeber und Dienstnehmer und darüber hinaus externe Dienstleister (*Supporting Parties*), die die Einhaltung der in einem SLA vereinbarten *Service Level Objectives* (*SLOs*) als unabhängige Instanz zusätzlich überwachen, verstanden.

Die Dienstbeschreibung (*Service Definition*) definiert die Dienstschnittstelle und die angebotenen Dienstfunktionen (*Operations*). Aufgrund der Konzentration von WSLA auf die Verwaltung von Web Services erfolgt hierbei eine Verknüpfung der Dienstfunktion mit der allgemeingültigen und standardisierten Beschreibung eines Web Services – der WSDL-Datei (Chinnici, Moreau, Ryman und Weerawarana 2007). Die SLA-Parameter (*SLA Parameters*) beschreiben die eigentlichen Parameter der Dienstgütevereinbarung. Hierbei ist jeder der messbaren Werte mit einer Metrik (*Metric*) assoziiert, die festlegt auf welche Art und Weise die Leistungserreichung ermittelt werden kann. Neben den Messvorschriften (*Measurement Directives*), die die genauen Messprotokolle oder den Zugang zu der Komponente zur Messung angeben, definieren die Berechnungsfunktionen (*Functions*) einer Metrik den spezifischen Algorithmus zur Berechnung der Metrik sowie die Ablaufkoordination für das Ermitteln der Messwerte einer Metrik.

Mit Hilfe der Dienstgarantien (*Obligations*) werden Garantien und Einschränkungen bezüglich der Dienstgüteparameter festgehalten. Über die Nutzung von *Service Level Objectives (SLO)* definiert die erbringende Vertragspartei Zusagen über die konkreten Sollwertebereiche der Qualitätsparameter in Abhängigkeit eines Gültigkeitszeitraums. Die *Action Guarantees* ermöglichen die Festlegung von Aktionen der beteiligten Parteien, wie beispielsweise das Versenden einer Benachrichtigung im Falle einer Verletzung eines SLOs.

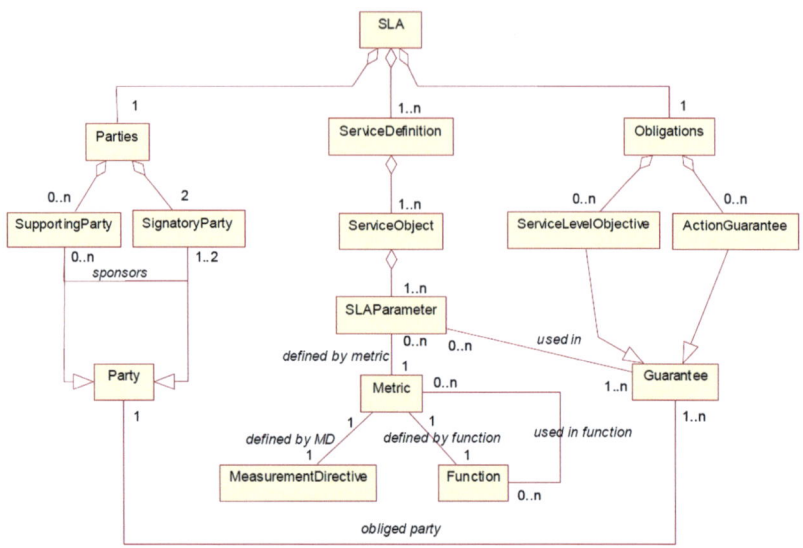

Abbildung 3-7: Überblick über die zentralen Konzepte von WSLA. Entnommen aus (Ludwig, Keller, Dan, King et al. 2003)

Neben der formalen Spezifikationssprache für Dienstgütevereinbarungen definiert WSLA eine Menge von Web Services, die zur Laufzeit die Einhaltung des vereinbarten SLAs überwachen. Der *Deployment Service* übernimmt in diesem Zusammenhang die Überprüfung einer spezifizierten Dienstgütevereinbarung auf Vollständigkeit und verteilt die gesamte oder die relevanten Teile eines SLAs an die vertragsbeteiligten Parteien, damit deren Systeme entsprechend konfiguriert werden. Die eigentliche Überwachung der Qualitätsparameter eines Web Services führt der *Measurement Service* durch. Hierfür ermittelt dieser entsprechend der Metrik die Datenpunkte und stellt das Ergebnis – teilweise in aggregierter Form – zur Verfügung. Der *Condition Evaluation Service* konsumiert diese Information und vergleicht zumeist periodisch die gemessenen Istwerte mit den im SLA definierten Sollwerten. Stellt der Condition Evaluation Service die Verletzung eines Service Level Objectives fest, benachrichtigt dieser den *Management Service*, welcher die notwendige Managementfunktionalität für die Korrektur des Dienstes erbringt.

Im Rahmen von Dienstgütevereinbarungen bietet die Spezifikationssprache WSLA umfassende Mechanismen zur Beschreibung von Qualitätsparametern und Metriken zu deren Messung (Anforderung DQ-01). In diesem Kontext erscheint lediglich die Einordnung der Dienstbeschreibung in das SLA aus Betriebssicht ungeeignet, da das SLA vielmehr einen Aspekt einer Dienstbeschreibung darstellt und mit dieser assoziiert werden sollte. Darüber hinaus ist aufgrund der Spezialisierung von WSLA auf Web Services die Übertragbarkeit des Rahmenwerks zur Überwachung der gesamten dienstorientierten Systeme nur eingeschränkt gegeben. In Bezug auf die plausible und konsistente Definition von Dienstgütevereinbarungen bietet WSLA keine Unterstützung (Anforderung DQ-02). Zwar ermöglicht der Ansatz die Spezifikation komplexer Berechnungsmetriken für Dienstgüteparameter, aber die Performanz der dienstgütebeeinflussenden Dienstbestandteile sowie bereits bestehende SLAs werden bei der Definition neuer SLA nicht berücksichtigt. Mit der Definition einer Architektur und der Implementierung einiger zentraler Dienste zur Überwachung von nichtfunktionalen Qualitätseigenschaften begegnet WSLA der Anforderung der Sicherstellung einer zuverlässigen Diensterbringung (Anforderung DQ-03) ausreichend. Erneut wirkt sich hierbei die Beschränkung auf die Domäne der Web Services negativ aus.

Die Überwachung der Web Services wird in WSLA von sogenannten Measurement Services durchgeführt. Auch wenn der Ansatz die Einbindung von externen Überwachungsmechanismen nicht ausschließt, so wird prinzipiell von der direkten Abfrage der Ist-Daten durch den Measurement Services und deren Evaluierung gegenüber den vordefinierten Qualitätsparametern durch den Condition Evaluation Service ausgegangen. Unter diesem Gesichtspunkt gestaltet sich der Rückgriff auf existierende, komponentenspezifische Überwachungswerkzeuge für die technologische Breite dienstorientierter Systeme als schwierig (Anforderung DQ-04). Aufgrund der Fokussierung von WSLA auf Web Services sind die SLAs fest mit Konstrukten aus der Domäne der Web Services verzahnt, wodurch die Anwendbarkeit der Konzepte auf einen spezifischen Typ von diensterbringenden Komponenten beschränkt ist und die bedarfsorientierte Einbindung und dementsprechende Adaptivität der SLAs und der Überwachungsmechanismen nicht adäquat ermöglicht wird (Anforderung DQ-05).

3.3.2 Semantisches Dienstgütemodell nach (Mabrouk, Georgantas und Issarny 2009)

Unter dem Begriff des *Semantic Web* wird die durch das W3C vorangetriebene Vision der Erweiterung des *World Wide Web* (*WWW*) verstanden. Während das WWW die Möglichkeit zum Austausch und zur Vernetzung von Dokumenten zur Verfügung stellt, werden im Semantic Web die Daten auf der Ebene ihrer Bedeutung (*Semantik*) miteinander verknüpft. Mit diesem Evolutionsschritt wird das Ziel der automatisierten Interpretierbarkeit der Informationen durch Maschinen und damit einhergehend deren Nutzung über die Grenzen einzelner Anwendungen, Organisationen und Gesellschaften hinaus verfolgt (Berners-Lee, Hendler und Lassila 2001; World Wide Web Consortium 2009a). In diesem Kontext wird auf Ontologien zurückgegriffen, da diese die Modellierung und Strukturierung der Konzepte und Beziehungen einer Wissensdomäne ermöglichen und somit ein Medium zur Verknüpfung von Informationen darstellen (Holsapple und Joshi 2002; Staab und Studer 2004).

Die in (Mabrouk, Georgantas und Issarny 2009) vorgestellte Ontologie umfasst ein Dienstgütemodell für den Bereich der mobilen und dienstorientierten Systeme und verfolgt, neben der Etablierung eines einheitlichen Vokabulars für die vorliegende Domäne, das Ziel, eine maschinenverarbeitbare und -interpretierbare Form der Konzepte zur Verfügung zu stellen. Die dedizierte Adressierung mobiler Systeme zeigt sich in der Definition von verschiedenen Qualitätskonzepten für Elemente eines solchen Systems. Dementsprechend gliedert sich die gesamte Ontologie in die Bereiche *QoS Core Ontology, Infrastructure QoS Ontology, Service QoS Ontology* und *User QoS Ontology*. Die QoS Core Ontology umfasst die Definition grundlegender

Konzepte für die Beschreibung von Dienstgüteparameter und deren Taxonomien und baut auf dem *Web Service Quality Model* (*WSQM*), einer von der *Organization for the Advancement of Structured Information Standards* (*OASIS*) erarbeiteten Spezifikation (Kim und Lee 2005), auf. Zentrale Konzepte stellen verschiedene Typen von Dienstgüteparametern, deren logische Gruppierungen in *QualityGroups* und Metriken bzw. Einheiten (*Units*) zu deren Überprüfung dar. Die Infrastructure QoS Ontology adressiert einerseits den Bereich der diensterbringenden Ressourcen (zum Beispiel Netzwerke, Server und sonstige Geräte) und definiert Dienstgüteparameter wie die Bandbreite von Netzen oder die Prozessorleistung und Speicherkapazität von Servern und sonstigen Geräten. Darüber hinaus ermöglicht sie die Beschreibung von Umgebungsverhältnissen (*Environment*) zur Einschätzung, ob diese den Bedürfnissen einer mobilen Dienstnutzung entsprechen. Der Bereich der Service QoS Ontologie konzentriert sich auf die Beschreibung von Diensten und Anwendungen (vgl. Abbildung 3-8). Erneut werden bestehende Konzepte wie *Business Value*, *Service Measurement* und *System Information* von WSQM übernommen und um die Bereiche *Domain-specific* und *Dynamic Capabilities* für die spezifische Modellierung von Dienstgüteaspekten für mobile und dynamische Szenarien erweitert. Auf oberster Ebene (User QoS Ontology) stellt die Ontologie zum einen Konzepte für die Modellierung der dienstgüterelevanten Anforderungen der Bedarfsträger (*User*) und zum anderen mit den Nutzern assoziierter Dienstgüteprofile zur Verfügung.

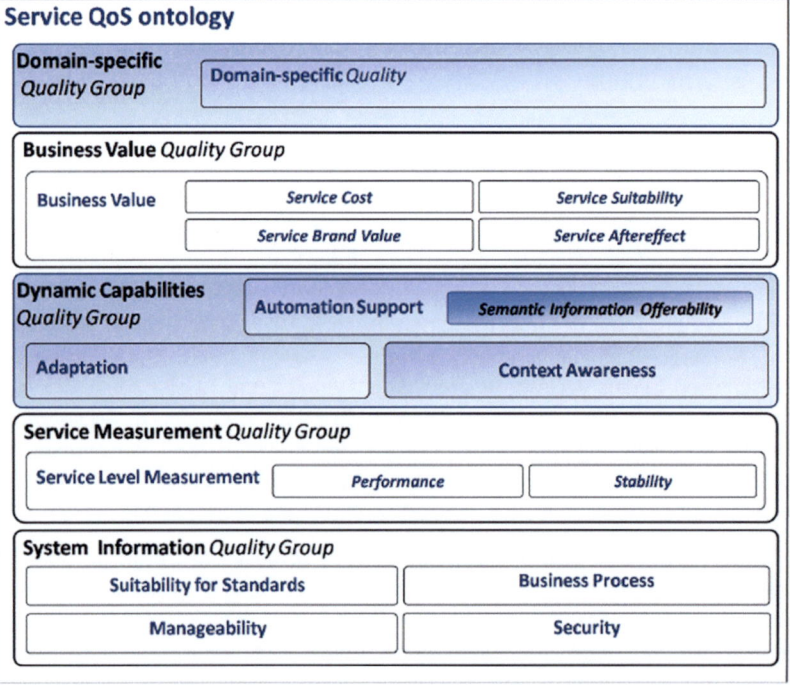

Abbildung 3-8: Konzepte für den Bereich Service im QoS-Modell. Entnommen aus (Mabrouk, Georgantas und Issarny 2009)

Das semantische Dienstgütemodell nach (Mabrouk, Georgantas und Issarny 2009) stellt mit der Spezifikation einer Ontologie für die Beschreibung von Dienstgüte-eigenschaften eine Grundlage für die Modellierung von Qualitätsaspekten zur Verfü-gung (Anforderung DQ-01). Die im Rahmen des vorgestellten Ansatzes durchge-führten Erweiterungen des zugrundeliegenden Standards WSQM adressieren vornehmlich Aspekte der mobilen Anwendungsnutzung. Für den Einsatz im Rahmen dienstorientierter Systeme und deren komplexen Dienstgeflechte erscheint die Ontologie nicht ausreichend, da sie sich durch eine geringe Anzahl an definierten Metriken bzw. durch mangelnde Möglichkeiten zur Spezifikation von Abbildungs-vorschriften zwischen den Metriken auszeichnet. Beispielsweise steht in der aktuellen Version für die Beschreibung einer Metrik lediglich die Einheit *Zeit* durch die Zusammenführung mit einer bereits bestehenden Ontologie zur Verfügung und es fehlen entsprechende Konstrukte für die Spezifikation von mengenbasierten oder prozentualen Messgrößen. Darüber hinaus werden in der Ontologie Dienstgüte-parameter nur logisch in Form von QualityGroups gruppiert, aber es werden keine (semantischen) Beziehungen zwischen den einzelnen Parametern und Metriken, die im Rahmen einer Plausibilitätsüberprüfung von SLAs höherwertiger Dienste (Anforderung DQ-02) genutzt werden könnten, definiert.

In Bezug auf die konkrete Ausprägung der Überwachung nichtfunktionaler Qualitätseigenschaften (Anforderung DQ-03) gemäß der definierten Parameter und Metriken stellt der Ansatz keine adäquaten Konzepte oder Mechanismen zur Verfü-gung und es existieren keine verfügbaren Implementierungen für den praktischen Einsatz. Entsprechend wird auch die Integration existierender, komponenten-spezifischer Überwachungswerkzeuge für die Durchsetzung der Dienstgüte auf der Ebene der dienstrealisierenden Elemente nicht berücksichtigt (Anforderung DQ-04). In Bezug auf die Veränderlichkeit der Dienstrealisierung und der benötigten Adaptivität der Dienstgütevereinbarungen bzw. der Überwachungsmechanismen (Anforderung DQ-05) adressiert der Ansatz lediglich die Dienstanpassung in Bezug auf veränderte Anforderungen der Bedarfsträger. Über das Attribut *Automation Support* (vgl. Abbildung 3-8) kann spezifiziert werden, ob ein Dienst für die dynamische Einbindung zur Laufzeit geeignet ist. Mit den Auswirkungen einer solchen dynamischen Diensterbringung auf existierende Dienstgütevereinbarungen befasst sich der Ansatz nicht weiter.

3.3.3 BMC Service Level Management

Das BMC Service Level Management als Teil der BMC Remedy IT Service Manage-ment Suite bietet einer Organisation Unterstützung bei der Durchführung und Auto-matisierung verschiedener im Zusammenhang mit der Definition und Durchsetzung von Dienstgütevereinbarungen assoziierter Prozesse. Die wichtigsten Zielsetzungen der Anwendung stellen die fortlaufende Erfüllung der Kundenerwartungen, die kontinuierliche Steigerung der Dienstqualität und Kundenzufriedenheit sowie die Verbesserung der Kommunikation zwischen den IT-Abteilungen, der Geschäfts-führung und dem Kunden dar (BMC Software Inc. 2006b; BMC Software Inc. 2006c).

Zentrale, diese Ziele unterstützende Grundlagen bestehen in der eindeutigen und messbaren Definition der Verpflichtungen zwischen der IT und dem Unternehmen bzw. dem Kunden und der kontinuierlichen Leistungsbeurteilung in Bezug auf die aufgestellten Zielvorgaben.

In Bezug auf die Spezifikation von Dienstgütevereinbarungen werden im BMC Service Level Management die Konstrukte „Verträge" (*Contracts*), „Vereinbarungen" (*Agreements*) und „Dienstgüteziele" (*Service Targets*) eingeführt (BMC Software Inc. 2006d). Erstere dienen zur Definition einer abstrakten Vertragsbeziehung zwischen zwei Vertragsparteien. Aufgrund der Tatsache, dass keine Unterscheidung zwischen internen und externen Partnern vorgenommen wird, kann solch ein Vertrag für SLAs, OLAs oder UCs gleichermaßen eingesetzt werden. Innerhalb eines Contracts werden die Verpflichtungen in Bezug auf die Diensterbringung in logische Bereiche, die soge- nannten Agreements, gruppiert. Ein solches Agreement spezifiziert beispielsweise die erwartete Verfügbarkeit eines Dienstes oder macht Aussagen in Bezug auf die Fehlerbehandlung (Incident-Management) einer gesamten Dienstleistung. Hierbei setzt sich ein Agreement aus der (gewichteten) Zusammenführung der Ziel- erreichung von mehreren Service Targets zusammen (siehe Abbildung 3-9). Ein Service Target stellt auf der untersten Ebene des Dienstgütemodells die eigentlichen Mechanismen zur Definition von komponentenbezogenen Messgrößen (*Key Perfor- mance Indicators, KPIs*) dar. Neben prozessbezogenen KPIs wie beispielsweise Prozessdurchlaufzeiten im Rahmen der Kundenbetreuung und der Messung der Dauer der Verfügbarkeit einer dienstrelevanten Ressource lassen sich auch spezifische Wertegeber und entsprechende Wertebereiche definieren. Darüber hinaus kann als Sonderfall die Überwachung einer bestimmten Messgröße auch durch ein externes Werkzeug erfolgen und lediglich das Resultat in Bezug auf die Einhaltung der definierten Zielvorgaben durch das BMC Service Level Management bewertet werden.

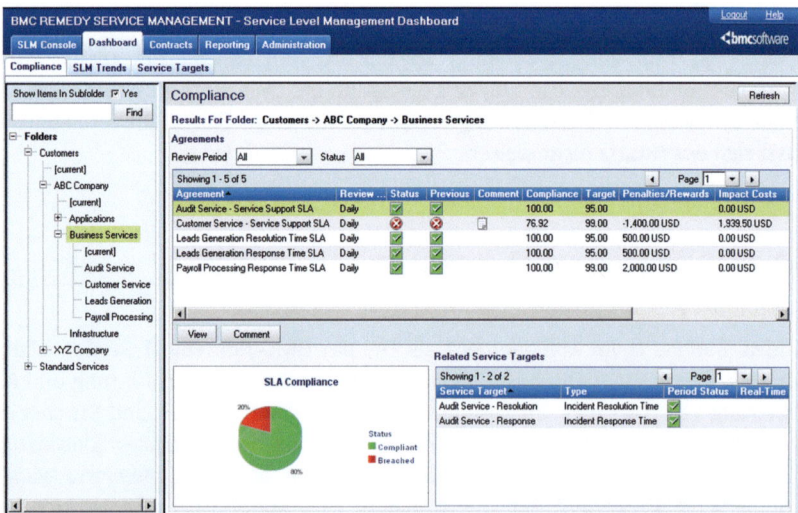

Abbildung 3-9: Performanzanalyse höherwertiger Dienste im BMC Service Level Management. Entnommen aus (BMC Software Inc. 2006b)

Während des Betriebs eines höherwertigen Dienstes ermöglicht das BMC Service Level Management eine Übersicht über die Einhaltung der geschlossenen Dienstgütevereinbarungen. Dabei wird die Zielerreichung der einzelnen Agreements und der assoziierten Service Targets visuell aufbereitet (siehe Abbildung 3-9) und ermöglicht die kontinuierliche Leistungsbeurteilung und -optimierung. Über diese Auswertungen fungiert die Anwendung als Bindeglied zwischen der dienst- und kundenorientierten Geschäftsebene, der Kundenbetreuung und den technischen Betreibergruppen.

In Bezug auf die Entwicklung von Konzepten und Modellen zur Beschreibung von Qualitätsparametern und zugehörigen Metriken (Anforderung DQ-01) bietet der Ansatz lediglich ein proprietäres Datenmodell zur Verarbeitung von Dienstgütevereinbarungen. Aufgrund des unzureichenden Reifegrads des Modells erfolgte zum aktuellen Zeitpunkt noch keine Zusammenführung mit dem von BMC entwickelten und im Abschnitt 3.1.1 vorgestellten Informationsmodell zur Beschreibung der IT-Landschaften von Organisationen. Darüber hinaus blieb der Aspekt der Spezifikation von Abhängigkeiten zwischen unterschiedlichen Metriken, die für die Überwachung höherwertiger Dienste genutzt werden können, unberücksichtigt. In Bezug auf die Definition von konsistenten SLAs (Anforderung DQ-02) fließen bei der Definition eines SLAs weder die Struktur des assoziierten Dienstes (beispielsweise aus der BMC Atrium CMDB) noch Performanzinformationen der dienstrealisierenden Elemente ein. Somit besteht die Plausibilitätsüberprüfung lediglich in einer trivialen Abstimmung der definierten Werte der Zielerreichungsgrade der Service Targets auf das übergeordnete Agreement. Der Anforderung der Durchsetzung von Dienstgütevereinbarungen (Anforderung DQ-03) begegnet der Ansatz mit der kontinuierlichen Überwachung definierbarer Service Targets und einem umfangreichen Reporting über die Zielerreichung und eventuelle Verletzungen der Diensterbringung. Im Hinblick auf die Integration von bereits etablierten, komponentenspezifischen Überwachungswerkzeugen (Anforderung DQ-04) bietet das BMC Service Level Management lediglich die Abfrage von extern bestimmten Evaluationsergebnissen (in Bezug auf Service Targets) und deren Bewertung gemäß vordefinierter Wertebereiche. Die Weitergabe in Form einer automatisierten „Delegation" der Überwachungsaufgaben wird hierbei nicht unterstützt und somit ist die Konfiguration der funktionalen Auslagerung äußerst aufwändig. Erschwerend wirken sich hierbei die mangelnde Konzeptualisierung des zugrundeliegenden Dienstgütemodells und die fehlenden Mechanismen zur Abfrage der geschlossenen Dienstgütevereinbarungen aus. Dies wirkt sich auch negativ in Bezug auf die Adaptivität im Zuge der hohen Veränderlichkeit der dienstrealisierenden Elemente aus (Anforderung DQ-05). So existieren keine Mechanismen, die eine automatisierte Anpassung der SLAs bzw. der damit verbundenen Überwachungsmechanismen aufgrund einer veränderten Dienstkomposition ermöglichen. Hierdurch resultiert ein hoher manueller Aufwand für die Entwicklung einer adäquaten Strategie zur Durchsetzung der Dienstgüte und die entsprechende Parametrisierung der Überwachungsmechanismen.

3.3.4 Bewertung

Im Folgenden werden die wesentlichen Ergebnisse der Untersuchung der vorgestellten Ansätze für den Bereich konsistenter Dienstgütevereinbarungen in dienstorientierten Systemlandschaften tabellarisch aufgeführt (vgl. Tabelle 3-6). Hierbei werden die Ansätze gegenüber den im Abschnitt 2.2 aufgestellten Anforderungen (vgl. Tabelle 3-7) und unter Verwendung der in Tabelle 3-3 dargestellten Bewertungsskala beurteilt. Eine bereichsübergreifende Zusammenführung und Zusammenfassung der Ergebnisse findet sich im nächsten Abschnitt.

Tabelle 3-6: Bewertung der vorgestellten Ansätze bezüglich der Dimension „Konsistente Dienstgütevereinbarungen"

	Web Service Level Agreement (WSLA)	Semantisches Dienstgütemodell	BMC Service Level Management
DQ-01	+	+	-
DQ-02	--	-	-
DQ-03	+	--	++
DQ-04	-	--	+
DQ-05	--	+	--

Tabelle 3-7: Anforderungen bezüglich der Dimension „Konsistente Dienstgütevereinbarungen"

Anforderung	Bedeutung
DQ-01	Beschreibungsmodelle für Dienstgüteaspekte
DQ-02	Plausibilitätsprüfung
DQ-03	Überwachung
DQ-04	Delegation
DQ-05	Adaptivität

3.4 Zusammenfassung

Nachdem in den vorherigen Abschnitten verschiedene wissenschaftliche und kommerzielle Ansätze aus den identifizierten Problemdimensionen *homogenisierter Informationsraum, holistische Dienstsichten* und *konsistente Dienstgütevereinbarungen* vorgestellt und bewertet wurden, erfolgt im Folgenden die Zusammenfassung der wesentlichen Ergebnisse:

- **Mangelnde Beschreibungsmodelle für dienstorientierte Systeme**
  Existierende wissenschaftliche sowie kommerzielle Beschreibungsmodelle für Systemarchitekturen fokussieren vornehmlich den Bereich der technischen IT-Infrastrukturkomponenten und zeichnen sich in diesem Bereich durch einen adäquat ausgeprägten Modellierungsumfang aus. Dies zeigt sich beispielsweise beim Common Information Model, welches für etablierte Technologien ausreichende Möglichkeiten zur Abbildung der relevanten Charakteristika ermöglicht. Demgegenüber adressieren die Beschreibungsmodelle die neuartigen Konzepte der dienstorientierten Systeme nur ungenügend. Zwar existieren bereits Standards zur Beschreibung verschiedener Aspekte von Web Services, die oftmals zur technischen Umsetzung dienstorientierter Systeme zum Einsatz kommen, aber die Beschreibung abstrakter, höherwertiger Dienste sowie die Modellierung der Kompositions- und Dienstgüteaspekte werden nicht ausreichend adressiert. Neben diesen Defiziten in Bezug auf die Abbildung der wesentlichen Eigenschaften und Zusammenhänge dienstorientierter Systemlandschaften mangelt es an einer Zusammenführung verschiedener existierender Ansätze in ein konsistent anwendbares Beschreibungsmodell.

- **Fehlende Konzepte und Mechanismen für die Zusammenführung betriebsrelevanter Informationen**
  Aufgrund des Mangels eines umfassenden Informationsmodells für die Beschreibung dienstorientierter Systeme (vgl. Abschnitt 3.1) erscheint die Zusammenführung diverser existierender Modelle zur Realisierung eines integrierten und homogenisierten Informationsraums für die Problemdomäne als vielversprechend. In diesem Zusammenhang bieten existierende Ansätze nur begrenzt Vorgehensmodelle für eine solche Modellintegration und -erweiterung an. Eng damit verbunden ist der Mangel an effektiven Konzepten und Mechanismen zur Abbildung der spezifischen Daten in Bezug auf einzelne diensterbringende Elemente auf die plattform- und protokollunabhängigen Konstrukte eines übergeordneten und homogenisierenden Informationsmodell. Dies verhindert wiederum die Realisierung eines übergreifenden Systems zur Verwaltung von Informationen über dienstorientierte Systemlandschaften und die adäquate (semantische) Zusammenführung und Föderation der relevanten Informationen.

- **Unzureichende Sichten zur Unterstützung betriebsbeteiligter Personen**
  Die Analyse existierender Ansätze zur Visualisierung von Systemlandschaften hat entscheidende Defizite in Bezug auf deren Bedarfsorientierung aufge-

deckt. Die unzureichende Bewertung der Bedarfsorientierung rührt einerseits von der Existenz von sehr eingeschränkten und szenariospezifischen aber wenig aussagekräftigen Architektursichten her. Andererseits zeichnen sich die Visualisierungen durch eine mangelnde Aufgabenorientierung und im Speziellen durch eine ungenügende Anpassbarkeit auf spezifische Szenarien der Betriebsunterstützung dienstorientierter Systemlandschaften aus.

Darüber hinaus zeigt der aktuelle Stand der Technik in Bezug auf die Benutzungsfreundlichkeit der Visualisierungen sowie den Einsatz adäquater Interaktionsmechanismen mit dem zugrundeliegenden Informationsraum und zur Vermittlung der komplexen Sachverhalte eine ungenügende Einbindung etablierter Methoden.

- **Ungeeignete Mechanismen zur Definition und Durchsetzung von Dienstgüteaspekten höherwertiger Dienste**

  Ein wesentlicher Schwachpunkt des Stands der Technik in Bezug auf die Definition und Durchsetzung von Dienstgütevereinbarungen besteht in der fehlenden Abbildung der einzelnen Dienstgüteparameter eines höherwertigen Dienstes auf die Leistungsparameter der dienstrealisierenden technischen Elemente. Dies verhindert zum einen die konsistente Definition von Dienstgütevereinbarungen unter Berücksichtigung von performanzbezogenen Leistungsdaten der technischen Infrastruktur. Darüber hinaus erschwert die mangelnde Spezifikation der Abbildungsvorschriften die Sicherstellung und dynamische Überwachung der vertraglich zugesicherten Vereinbarungen durch eine adäquate Instrumentierung der technischen Infrastruktur. Zusätzlich wirkt sich der derzeitige Mangel an etablierten Standards für die Beschreibung von SLAs für die praktische Umsetzung und den Einsatz solcher Vereinbarungen eher hemmend aus.

- **Mangelnde Berücksichtigung der Kompositionsaspekte dienstorientierter Systeme**

  Die vorgestellten Modelle, Konzepte und Werkzeuge zur Unterstützung verschiedener betriebsrelevanter Aspekte dienstorientierter Systeme zeichnen sich durch eine unzureichende Berücksichtigung des inhärenten Beziehungsgeflecht zwischen den unterschiedlichen technischen Elementen und Akteuren aus. In Bezug auf die Beschreibung dienstorientierter Systeme zeigt sich dies in der mangelnden Ausdrucksmächtigkeit der Modelle zur Abbildung des vielseitigen, komplexen Kompositionscharakters höherwertiger Dienste. Darüber hinaus setzen Modelle und Werkzeuge während des Betriebs der Systemlandschaften vorhandene Informationen über Abhängigkeiten nur ungenügend für die effektive Unterstützung der einzelnen Prozessaktivitäten ein. Einerseits zeigt sich dies in einer mangelnden Interpretation der Abhängigkeiten für die effektive Definition und Durchsetzung von Dienstgüteaspekten anhand der zugrundeliegenden Dienststruktur (vgl. Abschnitt 3.3). Andererseits nutzen existierende Ansätze zur Vermittlung der komplexen Sachverhalte dienstorientierter Systeme anhand von graphischen Darstellungen die unterschiedlichen Querbezüge zwischen Elementen der Systemlandschaft nicht konsequent genug aus (vgl. Abschnitt 3.2).

- **Unzureichende Berücksichtigung der Dynamik des dienstrealisierenden Beziehungsgeflechts**

  Im Hinblick auf die Veränderlichkeit des Beziehungsgeflechts zwischen den Elementen der Systemlandschaft aufgrund der dynamischen Einbindung dienstrealisierender Elemente und Ressourcen stellt der aktuelle Stand der Technik eine ungenügende Unterstützung zur Reduzierung der damit verbundenen Komplexität in Bezug auf den Betrieb dar. Im Zusammenhang mit der Durchsetzung von Dienstgütevereinbarungen adressieren die vorgestellten Ansätze ausgewählte Aspekte im Hinblick auf die Beschreibung von SLAs, aber es mangelt an ausgereiften Konzepten und Mechanismen diese für die automatisierte Überwachung der dynamisch eingebundenen, dienstrealisierenden Elemente einsetzen zu können (vgl. Abschnitt 3.3). Außerdem existieren lediglich unzureichende Ansätze für die Abschätzung der Auswirkungen von strukturellen Veränderungen auf bereits existierende SLAs. Im Bereich der graphischen Darstellung der komplexen Systemarchitekturen (vgl. Abschnitt 3.2) fehlt es an geeigneten Visualisierungen zur Abbildung und Vermittlung der inhärenten Dynamik bzw. der strukturellen Änderungen der dienstorientierten Systeme.

4 Rahmenwerk für die Betriebsunterstützung dienstorientierter Systeme

Die im letzten Kapitel durchgeführte Analyse und Bewertung des Stands der Technik führte zu dem Ergebnis, dass weder ein einzelner noch die Kombination bestehender Ansätze eine ausreichende Unterstützung für den Betrieb dienstorientierter Systeme bieten können. Infolgedessen werden innovative und effektive Lösungen benötigt, die zum einen die in Kapitel 2 identifizierten Anforderungen adäquat adressieren und zum anderen die bestehenden Defizite des gegenwärtigen Stands der Technik beseitigen. Vor diesem Hintergrund werden in der vorliegenden Arbeit Konzepte, Modelle, Methodiken und Systeme als Beitrag für die Disziplin des Service-Oriented Computings und im Besonderen für die Betriebsunterstützung dienstorientierter Systeme vorgestellt.

In diesem Kapitel wird ein kurzer Überblick über den gesamten Lösungsansatz sowie die einzelnen Lösungsbausteine und deren Zusammenspiel gegeben. Im Abschnitt 4.1 erfolgt die Vorstellung der *Landkarte* (*integrated information map, i2map*), einem systematischen Ansatz zur Unterstützung des Betriebs sowie der Evolution von dienstorientierten Systemlandschaften (Majer, Meinecke und Freudenstein 2007; Majer, Freudenstein und Nussbaumer 2008). Neben der Einführung in die grundlegenden Lösungskonzepte werden insbesondere die durch das Rahmenwerk und die vorliegende Arbeit behandelten Betriebsaspekte näher betrachtet. Im anschließenden Abschnitt 4.2 werden die einzelnen Lösungsbeiträge und deren Beziehungen untereinander im Kontext des gesamten i2map-Rahmenwerks kurz präsentiert. Eine detaillierte Beschreibung der jeweiligen Lösungsbausteine erfolgt in den darauffolgenden Kapiteln.

4.1 Die Landkarte – integrated information map (i2map)

Im Rahmen dieser Arbeit subsumiert der Begriff der Betriebsunterstützung vornehmlich Methodiken und Maßnahmen zur effektiven Verwaltung und Instandhaltung der Informationstechnologie einer Organisation entsprechend ihrem vordefinierten Bestimmungszweck. Die wichtigsten Ziele bestehen hierbei in der Unterstützung der

Bereitstellung von kundenorientierten Diensten zur Laufzeit und die Gewährleistung von gegenüber dem Kunden (vertraglich) zugesicherten Dienstleistungsvereinbarungen, um die Zufriedenstellung und damit einhergehende Bindung der Kunden zu sichern. Die zentrale Herausforderung in Bezug auf den Betrieb dienstorientierter Systeme besteht in der Beherrschbarkeit der immanenten Komplexität und Fragilität, die aus dem Zusammenspiel zwischen äußerst heterogenen und organisationsübergreifend verteilten Komponenten, Systemen und Akteuren sowie deren permanenter Evolution resultiert. In diesem Zusammenhang stellt die Ausweitung der komponenten- bzw. anwendungseingeschränkten Betriebssicht des bestehenden IT-Managements auf die Erbringung nichtatomarer, höherwertiger Dienste einen wesentlichen Aspekt dar. Vor diesem Hintergrund stellt die integrated information map ein Rahmenwerk dar, das die effektive Zusammenführung von Informationen, Werkzeugen und Methodiken in ein übergreifendes, konsistent anwendbares Modell unterstützt und somit eine effektive betriebliche Verwaltung und Überwachung von dienstorientierten Systemlandschaften ermöglicht.

Wie in Abbildung 4-1 skizziert, umhüllt und durchdringt die integrated information map die dienstorientierte Systemlandschaft und erweitert diese um dedizierte Dienste und Funktionen für die verschiedenen Betreibergruppen. Ein wichtiges Entwurfsprinzip stellt die Verminderung der Komplexität durch die schrittweise Definition und gezielte Bewältigung einzelner, die gesamte Systemlandschaft durchdringender Belange (*Cross-cutting Concerns*), wie beispielsweise die *Beschreibung* und *Überwachung* des dienstorientierten Systems, dar. Darüber hinaus wird durch die Fokussierung auf einzelne querschnittliche Aspekte der Problemdomäne zum einen Agilität in Bezug auf die Behandlung der logischen Aspekte und zum anderen die Rezentralisierung von Lösungsstrategien im Gegensatz zur unkoordinierten Verstreuung einzelner Lösungsbausteine über das verteilte System ermöglicht. Mit der sukzessiven Erweiterung der i2map um verschiedene, auf einzelne Aspekte zugeschnittene Lösungsbausteine stellt diese ein auf unterschiedliche Technologien, Werkzeugen und Methodiken aufbauendes Rahmenwerk dar. Durch die koordinierte Kopplung verschiedener Lösungskomponenten aus dem Rahmenwerk und der Mediation zwischen den einzelnen Aspekten durch die i2map werden dedizierte Dienste und Funktionen für die Betriebsunterstützung dienstorientierter Systeme zur Verfügung gestellt. Im Mittelpunkt steht dabei die adäquate Versorgung der betriebsbeteiligten Bedarfsträger und Systeme mit Informationen in Bezug auf die wesentlichen Eigenschaften und Zusammenhänge der Systemlandschaft. Die Grundlage hierfür besteht in der Verknüpfung von Informationen über die Struktur, das Verhalten und den Status der höherwertigen Dienste und Systeme sowie der Bereitstellung von dedizierten Zugangspunkten zum resultierenden Informationsraum für betriebsunterstützende Systeme. Für die betriebsbeteiligten Bedarfsträger werden komplexitätsreduzierende und aufgabenspezifische *Sichten* auf die Systemlandschaft angeboten, die – entsprechend einer Landkarte – als Orientierungs- und Entscheidungshilfe in der Problemdomäne fungieren und die Arbeiten im Kontext der Erbringung höherwertiger Dienste effektiv und effizient unterstützen.

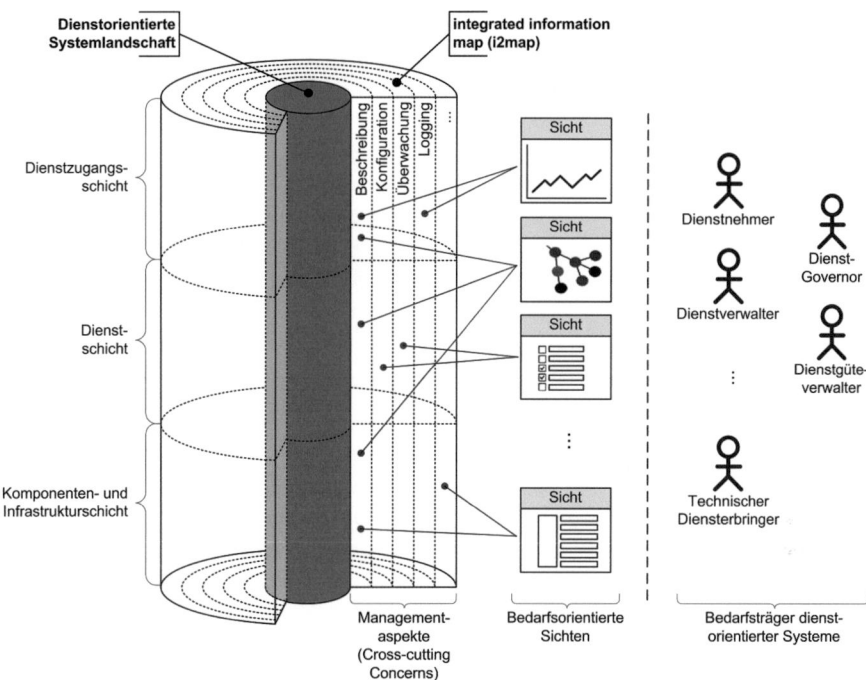

Abbildung 4-1: Überblick über die integrated information map

4.1.1 Managementaspekte (Cross-Cutting Concerns)

Zur Reduzierung der Komplexität der Betriebsunterstützung dienstorientierter Systeme segmentiert die integrated information map die gesamte Problemdomäne in einzelne, die gesamte Systemlandschaft durchdringender Managementaspekte (Cross-cutting Concerns) und stellt in den Unterbereichen dedizierte, auf den jeweiligen Aspekt zugeschnittene Lösungskonzepte und -methoden zur Verfügung. Im Folgenden werden die zentralen Managementaspekte *Beschreibung*, *Überwachung* und *Konfiguration* kurz vorgestellt.

4.1.1.1 Beschreibung

Der Aspekt der Beschreibung dienstorientierter Systemlandschaften stellt die wesentliche Grundlage für andere querschnittliche Aspekte dar. Im Fokus steht die Bereitstellung von Modellen und Mechanismen, die es ermöglichen, ein ausreichend detailliertes Abbild der komplexen Struktur des gesamten Systems zu erstellen und die Informationen über Elemente und Zusammenhänge zur Laufzeit für betriebsunterstützende Aufgaben einzusetzen. Die Informationen über Elemente des Systems lassen sich hierbei in Abhängigkeit von ihrem Bestimmungszweck unterschiedlichen Dimensionen wie beispielsweise *Aufgabe*, *Terminologie*, *Verhalten* oder *Schnittstelle* zuordnen und zeichnen sich durch einen ungleichen Grad an Formalität und Ambiguität aus. Neben den elementbezogenen Daten steht vor allem die Modellierung der organisatorischen und strukturellen Dienst- und Systemabhängigkeiten sowie der gesamten topologischen Zusammensetzung der Systemlandschaft im Fokus. Im Hinblick auf die Dynamik der fokussierten Systeme sind automatisierte Verfahren zur Erfassung und weiteren Verarbeitung, wie beispielsweise der Konsistenzüberprüfung der dezentral bezogenen Daten, von Bedeutung. Neben der Bereitstellung der Informationen über die dienstorientierten Systeme für andere querschnittliche Aspekte bietet die Beschreibung darüber hinaus weitere Möglichkeiten um Informationen, wie beispielsweise Resultate oder Parametrisierungen anderer querschnittlicher Aspekte, zu spezifizieren und mit bestehenden Informationen in Beziehung zu setzen.

4.1.1.2 Überwachung

Der Aspekt Überwachung stellt Mechanismen und Methodiken zur Kontrolle des Laufzeitverhaltens der einzelnen Elemente und im Besonderen der resultierenden höherwertigen Dienste zur Verfügung. Zum einen beinhaltet dies die Überprüfung von funktionalen Anforderungen des Systems anhand eines vordefinierten Verhaltens oder allgemeingültiger, messbarer Richtlinien. Zum anderen umfasst der Aspekt die Beobachtung nichtfunktionaler Qualitätsparameter wie die Reaktionszeit oder Verfügbarkeit auf der Basis von dedizierten Verfahren und Metriken. In diesem Zusammenhang ist die Ableitung von Aussagen über die Dienstgüte eines höherwertigen Dienstes anhand der Leistungsmerkmale der diensterbringenden Elemente von zentraler Bedeutung und stellt eine wichtige Voraussetzung für die Definition plausibler Dienstgütevereinbarungen dar. Des Weiteren setzt die effektive Überwachung der verteilten Systemlandschaft gemäß der definierten SLAs die Existenz von Mechanismen zur Dekomposition der abstrakten, kundenorientierten Zielvorgaben in ressourcenspezifische Messgrößen voraus. Mit der kontinuierlichen Bewertung der Ergebnisse der Statusabfragen und Tests sowie der protokollierten Ereignisse des Systems ermöglicht der Aspekt der Überwachung eine Aussage über die Leistungsfähigkeit des gesamten Systems zu geben und den Soll-Werten tatsächliche Ist-Werte gegenüber zu stellen. Darüber hinaus können über geeignete Mechanismen eventuelle Leistungsbeeinträchtigen frühzeitig erkannt und korrigierende Maßnahmen eingeleitet werden.

4.1.1.3 Konfiguration

Dieser Aspekt bezieht sich auf Mechanismen und Methodiken zur (automatisierten) Konfiguration von einzelnen Elementen des dienstorientierten Systems in Abhängigkeit der zumeist abstrakt spezifizierten Anforderungen und Bedürfnisse der Kunden. Dies umfasst zum einen die initiale Konfiguration bei der Inbetriebnahme eines Elements, aber auch die Rekonfiguration zur Laufzeit, um Konformität zu ausgehandelten Dienstgütevereinbarungen zu erreichen oder aufgrund von Problemlösungs- und Optimierungsstrategien. Letzteres fördert vor allem die automatisierte und im Besonderen autonome Anpassung des Systems basierend auf definierten Regeln und Verhaltensweisen (Beschreibung) und protokollierten Ereignissen (Überwachung) und ermöglicht die Realisierung von dynamischen und flexiblen Anwendungslandschaften im Sinne der Dienstorientierung (vgl. Abschnitt 2.1).

4.1.2 Betriebsunterstützende Sichten und Bedarfsträger

Neben der funktionalen Nutzung der Dienste durch den Kunden bestehen im Rahmen der lebenszyklusübergreifenden Betreuung dienstorientierter Systeme (bspw. im Zuge des Problem oder Change Managements) eine Vielzahl von Aufgaben und damit verbundene Interaktionen zwischen den Betreibergruppen und dem zugrundeliegenden System. Dabei werden in den jeweiligen Situationen entsprechend der Problemstellung und der bearbeitenden Rolle bzw. Person unterschiedliche Kontextinformationen über die Struktur, das Verhalten und den Status des dienstorientierten Systems Domäne benötigt. Vor dem Hintergrund der Komplexität dienstorientierter Systeme aufgrund der hohen Anzahl und Vielfalt an Systemelementen und Akteuren, deren Beziehungen untereinander und der dynamischen Veränderlichkeit ist im Besonderen ein aktuelles und verständliches Abbild der Problemdomäne von zentraler Bedeutung. Dieses dient als Medium, um ein Verständnis für den fokussierten Ausschnitt der Problemdomäne zu vermitteln, damit die Aufgaben in Bezug auf die Betriebserbringung, wie beispielsweise die Eingrenzung oder Identifikation von Fehlerursachen sowie die Durchführung von Änderungen an Elementen, effizient und effektiv durchgeführt werden können. Die Landkarte stellt in diesem Zusammenhang ein Rahmenwerk für die Realisierung von adäquaten Sichten auf die relevanten Daten und Funktionen der verschiedenen Managementaspekte dar. Von zentraler Bedeutung ist die Bereitstellung von Mechanismen zur Reduzierung der kognitiven Last bei der Erfassung der Problemdomäne durch den Anwender. Dies wird durch die Möglichkeit der bedarfs- und situationsorientierten Konfiguration der Sichten in Abhängigkeit der zugrundeliegenden Aufgabe und Fachkenntnis über die Domäne realisiert.

4.2 Überblick über die zentralen Lösungsbausteine

Nachdem im letzten Abschnitt ein grober Überblick über die zentralen Konzepte der integrated information map gegeben und das Zusammenspiel zwischen den Managementaspekten und den bedarfsorientierten Sichten skizziert wurde, erfolgt nun die Vorstellung der zentralen Lösungsbausteine des gesamten Rahmenwerks. Wie bereits ausgeführt, begegnet die Landkarte der in Kapitel 2 vorgestellten Problemstellung der betrieblichen Verwaltung und Überwachung dienstorientierter Systeme durch die effiziente Zusammenführung von Informationen, Technologien, Werkzeugen und Methodiken in ein übergreifendes, konsistent anwendbares Modell. Abbildung 4-2 gibt einen Überblick über die zentralen Lösungsbausteine und zeigt deren Verortung in den jeweiligen Managementaspekten der i2map auf.

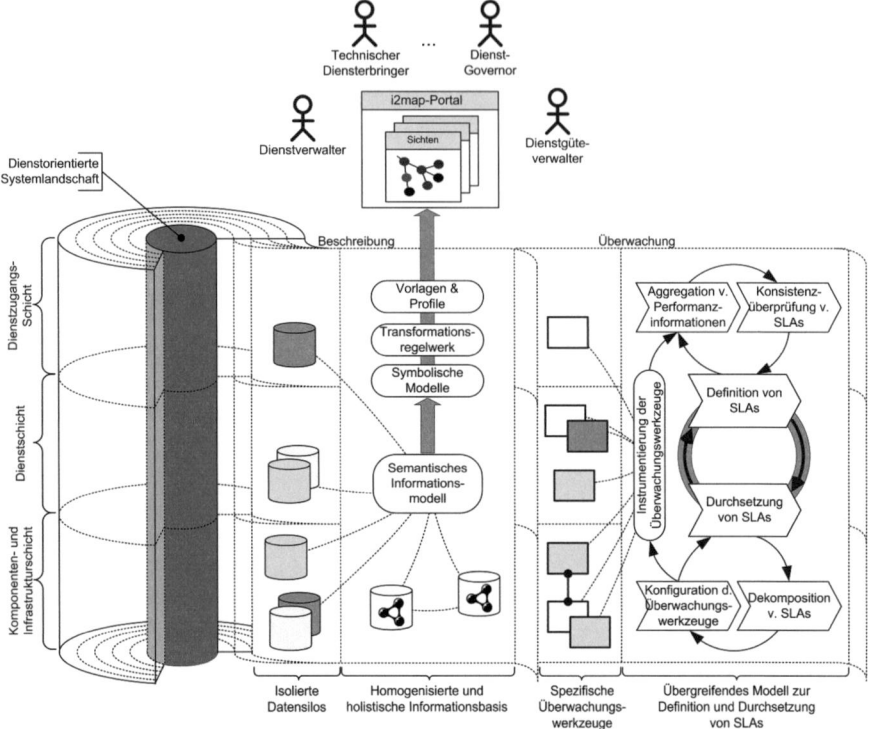

Abbildung 4-2: Übersicht über die zentralen Lösungsbausteine der
integrated information map

Semantisches Informationsmodell

Das auf Ontologien basierende semantische Informationsmodell stellt eine wichtige
Grundlage für den gesamten i2map-Ansatz dar und ermöglicht die Etablierung einer
integrierten und homogenisierten Informationsbasis für die Betriebsunterstützung
dienstorientierter Systeme. Durch die konsequente Zusammenführung und Erweiterung existierender, anwendungs- und organisationsunabhängiger Ontologien zur
Beschreibung spezifischer Aspekte dienstorientierter Systeme bietet es eine umfassende, plattformunabhängige und auf Standards aufbauende Konzeptualisierung der
Problemdomäne. Dies umfasst im Speziellen die Beschreibung der dienstunterstützenden Ressourcen und Systeme, der funktionalen und qualitativen Aspekte
höherwertiger Dienste und dem strukturellen Zusammenwirken der verschiedenen
Elemente. Darüber hinaus werden die mit einem Dienst assoziierten Dienstzugangspunkte, Dienstgütevereinbarungen und betriebsbeteiligten Rollen und Gruppen von
dem Informationsmodell abgedeckt.

Neben der Möglichkeit zur (organisationsübergreifenden) Vernetzung von Daten
über dienstorientierte Systeme gestattet das Modell im Besonderen Informationen
auf der Ebene ihrer Bedeutung (*Semantik*) miteinander zu verknüpfen. Als Resultat
wird ein Modell zur allgemeingültigen Beschreibung der wesentlichen Eigenschaften
und Zusammenhänge dienstorientierter Systeme zur Verfügung gestellt, das als

gemeinsame Sprache zwischen Systemen und Akteuren in dem von Heterogenität und Verteilung geprägten Umfeld einsetzbar ist. Darüber hinaus wird die Homogenisierung und Zusammenführung des gesamten Informationsraums durch die Abbildung der proprietären Ausprägungen bestehender, abteilungs- und organisationsspezifischer Datenmodelle auf das übergeordnete Informationsmodell ermöglicht. Eine detaillierte Vorstellung des semantischen Informationsmodells für dienstorientierte Systeme erfolgt in Kapitel 5.

Bereitstellung föderierter Managementinformationen

Neben der Konzeptualisierung der Problemdomäne ist der organisations- und abteilungsübergreifende Austausch und die Zusammenführung von konkreten Management- und Laufzeitinformationen über die Systemlandschaft für die Unterstützung der Betriebsprozesse und um Aussagen über Dienste als Ganzes geben zu können von zentraler Bedeutung. Im Rahmen dieser Arbeit wird ein dediziert auf die Charakteristika dienstorientierter Systeme abgestimmter Ansatz für die Bereitstellung einer integrierten, aber dennoch föderiert strukturierten Informationsbasis vorgestellt, die den einheitlichen Zugriff und die Verwaltung der Daten entsprechend einem Verzeichnis (*Registry*) unterstützt. Zur Umsetzung der Lösung werden Mechanismen und technische Rahmenwerke für die Speicherung, Konsistenzprüfung und weitere Verarbeitung der semantischen Informationen aus dem Bereich des Semantic Web mit innovativen Konzepten und Standards zur Bereitstellung von normierten Schnittstellen auf den gesamten Informationsraum aus der Domäne des ITSM kombiniert. Die der Lösung zugrundeliegenden Mechanismen und Standards sowie deren Zusammenspiel zur Realisierung eines integrierten (semantischen) Informationsraums werden im Abschnitt 5.1 präsentiert.

Rahmenwerk zur Realisierung bedarfsträgerorientierter Sichten

Um den Betreibern den Zugriff auf den homogenisierten Informationsraum zur Verfügung zu stellen und eine effektive Betriebsunterstützung zu ermöglichen, wurde das i2map-Portal entwickelt. Dieses setzt auf verschiedenen Konzepten, Modellen und einem technischen Rahmenwerk auf und gestattet eine intuitive Interaktion der Betreibergruppen mit dem zugrundeliegenden (semantischen) Informationsraum. Von zentraler Bedeutung sind hierbei die bedarfsorientierte Segmentierung des zugrundeliegenden semantischen Modells sowie die geeignete Parametrisierung von *Transformationsregeln* zur Überführung der relevanten Eigenschaften und Zusammenhänge des semantischen Modells der Systemlandschaft in ein visuelles *Darstellungsmodell*. Die durch das Rahmenwerk realisierten *Sichten* basieren auf generischen Vorlagen für eine Vielzahl von betriebsrelevanten Herausforderungen und personalisierbaren *Profilen*, wodurch die dynamische Anpassung der Sichten in Entsprechung der vorliegenden Bedürfnisse und Erfahrungen der einzelnen Betreibergruppen ermöglicht wird. Darüber hinaus ermöglicht die werkzeugunterstützte Anpassung der zugrundeliegenden Darstellungsmodelle die Realisierung von neuartigen und individuellen Sichten auf die Systemlandschaft. Das i2map-Portal bietet schlussendlich einen zentralen Zugangspunkt auf eine Vielzahl an rollen- und aufgabenbezogenen Sichten für die Betriebsunterstützung und ermöglicht die Web-basierte Verknüpfung der Sichten mit anderen Managementanwendungen und somit deren Einsatz in unterschiedlichen Kontexten. Die konkrete Funktionsweise des gesamten Rahmenwerks und der einzelnen Bestandteile sowie Beispiele für einige der realisierten (Dienst-)Sichten des i2map-Portals werden in Kapitel 6 vorgestellt.

Plausibilitätsüberprüfung von Dienstgütevereinbarungen

Aufgrund der Realisierung höherwertiger Dienste durch die Verknüpfung verschiedener technischer Elemente und der gängigen Diensterbringung nach einem kooperativen Modell beeinflusst die Performanz und Effektivität aller beteiligten Elemente und Akteure die gesamte Dienstgüte des Dienstes. Um dennoch gegenüber dem Kunden und im Besonderen für die Definition von SLAs konsistente Aussagen über die Dienstgüte als Ganzes treffen zu können, werden dedizierten Konzepte, Modelle und Systeme zur Plausibilitätsprüfung von Dienstgüteparametern zur Verfügung gestellt. Ausgangspunkt stellt ein im semantischen Modell definiertes System von *Metriken* und *Wertegebern* in Bezug auf die fokussierten Dienstgüteparameter und die Unterfütterung des Modells mit *Laufzeitinformationen* der dienstrealisierenden Elemente dar. Letzteres wird zum einen durch die Einbindung und *Instrumentierung* existierender *Überwachungssysteme* und durch die gezielte Zusammenführung von Managementinformationen erreicht (*Aggregation von Performanzinformationen*). Auf dieser Basis wird die Definition plausibler Dienstgüteaussagen für höherwertige Dienste über die systematische Zusammenführung der wesentlichen und qualitätsbeeinflussenden Faktoren anhand definierter *Muster* und unter Einbeziehung der Informationen über die technische und organisatorische Dienststruktur erzielt (*Konsistenzüberprüfung von SLAs*). Das der Lösung zugrundeliegende System an Metriken und Wertegebern wird im Rahmen des semantischen Modells im Abschnitt 5.2.3 und dessen Einsatz zur Definition und Plausibilitätsüberprüfung von Dienstgütevereinbarungen in Kapitel 7 präsentiert.

Durchsetzung von Dienstgütevereinbarungen

Aufgrund des Kompositionscharakters höherwertiger Dienste und der dezentralen Verwaltung der dienstrealisierenden Elemente ist die effektive Parametrisierung abteilungsübergreifender Überwachungsprozesse und -werkzeuge zur Kontrolle der Dienstgütevereinbarungen von zentraler Bedeutung. Die Durchsetzung bzw. Überwachung konsistenter Dienstgütevereinbarungen auf Ebene der diensterbringenden Systemelemente wird im Rahmen dieser Arbeit durch die Implementierung eines Vorgehensmodells zur Dekomposition von SLAs und einer entsprechenden Instrumentierung von Kontrollmechanismen realisiert. Hierbei werden durch dedizierte Lösungsbausteine die im Rahmen der SLAs spezifizierten Dienstgüteparameter verarbeitet. Dies umfasst deren Korrelation zu elementbezogenen Messgrößen (*Key Performance Indicators, KPIs*) und Grenzwerten anhand spezifizierter Regeln aus dem semantischen Modell und der strukturellen Informationen über den höherwertigen Dienst (*Dekomposition von SLAs*). Das Resultat stellt die Grundlage für die automatisierte Instrumentierung elementspezifischer Überwachungswerkzeuge (*Konfiguration der Überwachungswerkzeuge*) und ermöglicht die Überwachung der einzelnen dienstrealisierenden Elemente sowie des gesamten Dienstes anhand der vordefinierten Dienstgütevereinbarungen. Durch die Automatisierung des Vorgehens begegnet der Ansatz im Besonderen der dynamischen Eigenschaft der dienstorientierten Systeme. Darüber hinaus ermöglicht die Zusammenführung und Aggregation von Statusinformationen einzelner Elemente die fundierte Bestimmung des Zustands des gesamten Systems und die effiziente Problemanalyse im Falle von Beeinträchtigungen. Dementsprechend wurde auch für diesen Sachverhalt eine Sicht auf das dienstrealisierende System entwickelt, die in Abschnitt 6.2.4 präsentiert wird. Das konkrete Zusammenspiel zwischen den im Rahmen des semantischen Modells definierten Metriken, Wertegebern und Überwachungsmechanismen (vgl. Abschnitt 5.2.3) und dem zur Durchsetzung von SLAs definierten Vorgehensmodell und benötigten Lösungsbausteinen wird in Kapitel 7 detailliert vorgestellt.

5 Semantische Beschreibung dienstorientierter Systeme

In den Jahren 1999 bis 2002 wurden mehr Daten produziert als in der gesamten Menschheitsgeschichte zuvor (Lyman und Varian 2003). Eine Vielzahl der Daten wurde durch automatisierte Prozesse und Systeme generiert und führte zu umfassenden aber, aufgrund ungenügender Zugriffsmechanismen, unterschiedlicher Datenformate und einer inkonsistenten Syntax und Semantik, zu zusammenhangs- losen und isolierten Datensilos mit begrenztem Nutzen für die Allgemeinheit. Im Bereich der Verwaltung und Überwachung von dienstorientierten Systemen verhält es sich ähnlich (vgl. Abschnitt 2.2.1). Entsprechend der gängigen kooperativen Diensterbringung fallen in den einzelnen Organisationseinheiten Laufzeitinforma- tionen über einzelne Ressourcen an, aber es besteht ein Defizit an Konzepten, Modellen und Mechanismen für die im Rahmen des dienstorientierten IT- Managements benötigte organisationsübergreifende Integration und Konsolidierung der Informationen, um Aussagen über das gesamte System treffen zu können.

Vor diesem Hintergrund werden in diesem Kapitel dedizierte Lösungsbausteine aus dem querschnittlichen Aspekt der Beschreibung der *integrated information map* (*i2map*) vorgestellt, die sich mit der organisationsübergreifenden Integration, Konsolidierung und Bereitstellung von Managementinformationen bezüglich dienst- orientierter Systeme befassen. In Abschnitt 5.1 werden die zur Überwindung der systemimmanenten Heterogenität und für die Realisierung eines homogenisierten Informationsraums relevanten Konzepte, Standards und Technologien sowie deren Zusammenspiel vorgestellt. Kern des Ansatzes stellt eine Ontologie dar, die durch die neuartige Zusammenführung und Erweiterung existierender anwendungs- und orga- nisationsunabhängiger Ontologien die semantische Beschreibung der betriebsrele- vanten Aspekte dienstorientierter Systemlandschaften ermöglicht. Deren zentrale Bestandteile zur Abbildung der spezifischen Heterogenität der Elemente, deren Abhängigkeitsbeziehungen und der Dienstgüteaspekte der Domänen werden in Abschnitt 5.2 präsentiert. In den darauffolgenden Abschnitten werden Konzepte und Mechanismen für den Einsatz des semantischen Informationsmodells zur Reali- sierung von organisationsweiten und -übergreifenden Verzeichnissen für föderiert verwaltete Managementinformationen sowie ein Vorgehensmodell zur Begegnung der kontinuierlichen Evolution des gesamten Informationsraums vorgestellt. In

Abschnitt 5.4 wird die der Arbeit zugrundeliegende technische Realisierung eines
solchen Verzeichnisdienstes sowie die eingesetzten semantischen Technologien
vorgestellt und im Abschnitt 5.5 die Beiträge des Kapitels zusammengefasst.

5.1 Entwicklung des homogenisierten Informationsraums

Unter dem Begriff des *Semantic Web* wird die durch das W3C vorangetriebene Vision
der Erweiterung des *World Wide Web* (*WWW*) verstanden. Während das WWW die
Möglichkeit zum Austausch und zur Vernetzung von Dokumenten zur Verfügung
stellt, werden im Semantic Web die Daten auf der Ebene ihrer Bedeutung (*Semantik*)
miteinander verknüpft. Mit diesem Evolutionsschritt wird das Ziel der automatisierten Interpretierbarkeit der Informationen durch Maschinen und damit einhergehend
deren Nutzung über die Grenzen einzelner Anwendungen, Organisationen und
Gesellschaften hinaus verfolgt (Berners-Lee, Hendler und Lassila 2001; World Wide
Web Consortium 2009a). In diesem Kontext wird häufig auf *Ontologien* zurückge-
griffen, da diese die Modellierung und Strukturierung der Konzepte und Beziehungen
einer Wissensdomäne ermöglichen und somit ein Medium zur Verknüpfung von
Informationen darstellen (Holsapple und Joshi 2002; Staab und Studer 2004).
Darüber hinaus erlauben Ontologien und weitere damit assoziierte Konzepte und
Technologien des Semantic Web, anhand von definierten Regeln und Axiomen,
Rückschlüsse aus den vorhandenen Informationen zu ziehen, Widersprüche und
Inkonsistenzen zu identifizieren sowie fehlendes Wissen durch *Inferenz* zu
erschließen (MacKay 2003; Ha, Sohn und Cho 2005). Aufgrund dieser Eigenschaften,
der Tatsache, dass der Einsatz der zugrundeliegenden Konzepte, Standards und
Technologien in beliebigen Domänen möglich ist und infolge der zunehmenden
Verfügbarkeit und Verbreitung von Ontologien für unterschiedliche Aspekte bildet
das Semantic Web eine maßgebliche Grundlage für die vorliegende Arbeit.

Unter dem Gesichtspunkt der vorherrschenden Heterogenität und Verteilung der
Komponenten und damit verknüpften Daten im Umfeld dienstorientierter Systeme
tragen die im Rahmen dieser Arbeit auf der Basis des Semantic Web entwickelten
Konzepte auf unterschiedliche Art und Weise zur erforderlichen Homogenisierung
des gesamten Informationsraums bei. Ein zentrales Lösungselement besteht in dem
auf der Basis von Ontologien realisierten *semantischen Informationsmodell* für
dienstorientierte Systeme (vgl. Abschnitt 5.2). Dieses stellt eine umfassende,
ausdrucksstarke und plattformunabhängige Konzeptualisierung der Problemdomäne
dar und ermöglicht die Beschreibung der wesentlichen Eigenschaften, Zusammenhänge und Zustände eines dienstorientierten Systems. Dies umfasst beispielsweise
die Modellierung eines höherwertigen Dienstes sowie seines Verhaltens und seine
Dienstgüte, aber auch die Spezifikation seiner Abhängigkeiten zu den verschiedenen
dienstrealisierenden Ressourcen und assoziierten Personen. Neben der Bereitstellung einer Taxonomie für die relevanten Aspekte der Problemdomäne dient das
Informationsmodell aufgrund der Maschinenverarbeitbarkeit vor allem zur Etablierung einer gemeinsamen und verständlichen Sprache zwischen den unterschied-

lichen betriebsbeteiligten Systemen der Abteilungen und Organisationen, die im Zuge der Diensterbringung miteinander kooperieren.

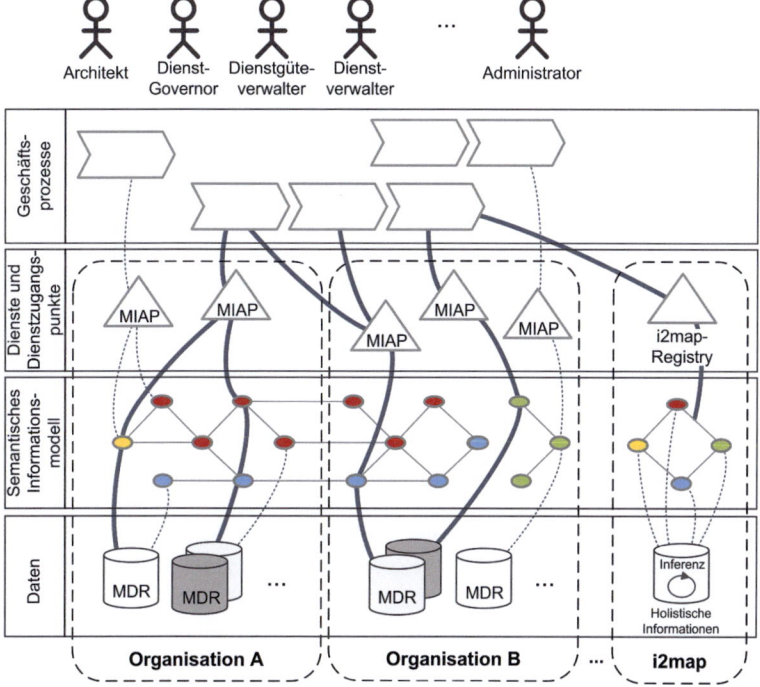

Abbildung 5-1: Überblick über die semantische Datenintegration und die Ableitung holistischer Aussagen in heterogenen Umgebungen

Die konkrete Integration auf der Ebene der Daten, beispielsweise in Bezug auf das Laufzeitverhalten oder die Beschreibung einzelner Elemente einer dienstorientierten Systemlandschaft, wird durch die Abbildung der einzelnen syntaktischen Strukturen in den dezentral verwalteten datenhaltenden Systemen auf das vereinheitlichende, semantische Modell erreicht. Wie in Abbildung 5-1 ersichtlich, werden dabei Datenentitäten aus den föderiert organisierten Datenquellen den einzelnen Konzepten aus dem semantischen Informationsmodell zugeordnet und darauf abgebildet. Zum einen wird hierdurch erreicht, dass aufgrund der zumeist proprietär gestalteten syntaktischen Modelle einzelner Datenquellen für ein und denselben Sachverhalt, diese auf Gleichheit und Konsistenz hin überprüft werden können. Darüber hinaus können die Daten einzelner Datenquellen aufgrund der spezifizierten Beziehungsverhältnisse zu anderen Konzepten des Modells in einen übergeordneten Kontext gesetzt werden. Hierbei sind in Bezug auf die Modellierung dienstorientierter Systeme zum einen semantische Relationen zwischen Konzepten, wie die Synonymie (Bedeutungsgleichheit), die Hyponymie (Unterbegrifflichkeit) oder die Antonymie (Gegensätzlichkeit), aber auch funktionale oder organisatorische Beziehungen zwischen Ressourcen zur strukturellen Abbildung der Dienstzusammensetzung und weiterer Sachverhalte von Interesse. In diesem Kontext kann auf der Basis des semantischen Charakters des Informationsmodells und dessen Kombination mit sogenannten Inferenz-Mechanismen aus dem Bereich des Semantic Web neues Wissen geschlossen und komplexe Sachverhalte abgefragt werden. Um dies zu ermöglichen, wird die benötigte Grundmenge an Informationen über das System aus den einzelnen föderierten Datenquellen abgefragt und gemäß dem semantischen Modell in einen zentralen Datenspeicher zusammengeführt. Auf dieser Grundlage kann anhand vordefinierter Mechanismen und über die Nutzung dedizierter Rahmenwerke das bestehende Wissen dynamisch erweitert (*holistische Informationen*) und in unterschiedlichen Szenarien eingesetzt werden.

Abgesehen von der Konzeptualisierung der Problemdomäne durch das semantische Modell wird mit der Abbildung der abteilungs- und organisationsspezifischen Daten auf das Modell ein *holistischer und homogenisierter Informationsraum* bezüglich Managementinformationen dienstorientierter Systeme geschaffen. Um das darin enthaltene Wissen über die Zustände, das Verhalten und den Status der einzelnen Systemelemente zur Unterstützung des Betriebs und der damit verbundenen Prozesse zur Verfügung zu stellen, wird der Zugriff auf die Informationen über *normierte Informationszugangspunkte* realisiert (vgl. Abschnitt 5.3). Diese, als Dienste umgesetzten Schnittstellen, bieten eine standardisierte Zugriffsmöglichkeit auf ein durch eine Datenquelle (*Management Data Repository, MDR*) gekapseltes Segment des Informationsraums und liefern als Rückgabe den gewünschten Kontext gemäß dem zugrundeliegenden, homogenisierenden Informationsmodell. Darüber hinaus unterstützen die auf einen spezifischen Ausschnitt oder Aspekt des Informationsraums fokussierten Dienste (sog. *Management Information Access Points, MIAPs*) einen Modus zur aktiven Propagierung der darin enthaltenen Informationen. Das Auffinden der prozessrelevanten Informationen wird durch einen *Verzeichnisdienst* unterstützt (vgl. Abschnitt 5.3). Mit dem Rückgriff auf verschiedene *Management Data Repositories* für die Erstellung eines im Rahmen der Betriebsunterstützung benötigten Kontext und der damit einhergehenden Nutzung der Dienste im Verbund wird durch den Ansatz ein dezentral strukturierter und organisierter Informationsraum für dienstorientierte Systeme realisiert. Den Umfang und den Detaillierungsgrad der von den föderationsbeteiligten Organisationen zur Verfügung gestellten Managementinformationen bestimmt sich zum einen durch die individuelle Ausgestaltung der Abbildung der Daten auf das semantische Modell. Darüber hinaus kann dieser durch die geeignete Implementierung (föderativer) Sicherheitsmechanismen, wie in (Meinecke, Gaedke, Majer und Brändle 2006; Wittmer 2006; Meinecke, Gaedke, Majer und Brändle 2007) vorgestellt, eingeschränkt werden.

Neben dem Vorteil der Einbindung der jeweiligen abteilungs- und organisationsspezifischen Datensilos in ein übergeordnetes Informationsgefüge zeichnet sich der Ansatz durch die Möglichkeit der schrittweisen und zeitlich begrenzten Eingliederung von Datenquellen und Föderationspartnern sowie der sukzessiven Erweiterung des semantischen Modells aus (vgl. Abschnitt 5.3). Der erste Aspekt adressiert im Besonderen die dynamische Natur der dienstorientierten Systeme und die Veränderlichkeit der zugrundeliegenden Kooperationsbeziehungen zwischen Fachabteilungen und Organisationen aufgrund von sich wandelnden Geschäftszielen und Kundenbedürfnissen. Darüber hinaus ermöglicht die Erweiterung des semantischen Modells eine inhaltliche Ausweitung und Anpassung der Konzepte. Zum einen wird dies durch den stetigen technologischen Fortschritt der dienstorientierten Systemlandschaften und der damit verbundenden Notwendigkeit der Erfassung der neuartigen Konzepte sowie deren Verknüpfung zu bestehenden Konzepten bedingt, damit ein konsistent anwendbares Modell garantiert werden kann. Darüber hinaus impliziert die Evolution der Systeme auch Veränderungen in Bezug auf die Aufgaben und damit assoziierten Informationsbedarfe im Kontext der Betriebsunterstützung, die kontinuierlich auf das semantische Modell abgebildet werden können.

5.2 Semantisches Informationsmodell für dienstorientierte Systeme

Für die im Rahmen dieser Arbeit entwickelten Konzepte und Modelle zur Realisierung eines homogenisierten Informationsraums im Umfeld von dienstorientierten Systemen leisteten Technologien aus dem Bereich des Semantic Web einen entscheidenden Beitrag. Dieser Abschnitt befasst sich mit der Vorstellung des neuartigen, auf Basis von Ontologien entwickelten semantischen Informationsmodells (*i2mapCore*), welches auf der Homepage der Forschungsgruppe *IT Management und Web Engineering* öffentlich verfügbar ist (MWRG 2009). Hierzu wird im Folgenden ein Überblick über die spezifischen Eigenschaften, den Umfang und die Funktionsweise des Modells gegeben. Darüber hinaus werden ausgewählte Bereiche des Modells zur Abbildung der spezifischen Heterogenität der Elemente dienstorientierter Systemlandschaften sowie deren Abhängigkeitsbeziehungen und Dienstgüteaspekte detailliert vorgestellt.

5.2.1 Überblick

Im Semantic Web werden Aussagen über die Konzepte einer Domäne sowie deren gegenseitigen Beziehungen als *Tripels* (*Triplets, Statements*) der Form Subjekt-Prädikat-Objekt ausgedrückt. Innerhalb eines solchen Tripels wird einer über einen eindeutigen Bezeichner – zumeist als Unified Resource Identifier (Berners-Lee 1994) realisiert – identifizierbaren Ressource (*Subjekt*) eine Eigenschaftsbeziehung (*Prädikat*) zu einer anderen Ressource bzw. Informationsentität (*Objekt*) zugeordnet. Über diesen einfachen Mechanismus können mittels einer Vielzahl solcher Statements und der Orientierung an ein Standardvokabular zu deren Spezifikation (Klyne und Carroll 2004) beliebig komplexe Sachverhalte beschrieben und diese maschinenverarbeitbar zur Verfügung gestellt werden.

In Bezug auf die Fragestellung der Zusammenführung von heterogenen Daten für die adäquate Betriebsunterstützung dienstorientierter Systeme wäre die Spezifikation der Abbildungsvorschriften zwischen zwei Datenquellen mittels solcher Tripels, die dann Aussagen über die Beziehungen zwischen einzelnen Dateneinheiten unterschiedlicher Quellen treffen, denkbar. Aufgrund der Fülle an Datenquellen, dem hohen Grad der syntaktischen Ungleichheit der Daten und der Dynamik der Domäne erscheint eine solche paarweise Zusammenführung von Datenquellen jedoch ineffizient. Darüber hinaus würde das Resultat lediglich eine fallspezifische und fragile Abbildung der Daten darstellen und zu einem weiteren (umfassenderen) Datensilo führen.

Der homogenisierte und holistische Informationsraum, der die Nutzung der gesamten Informationsbasis für die Unterstützung unterschiedlicher Betriebsszenarien ermöglicht, wird durch die semantische Konzeptualisierung der Problemdomäne und die semantische Abbildung deren konkreter Daten auf diese Konzeptualisierung realisiert. Entsprechend einem Middleware-Ansatz (Britton und Bye 2004) fungiert das semantische Modell in Kombination mit normierten Informationszugangspunkten und Abbildungsvorschriften als eine Zwischenschicht zwischen den heterogenen Daten und dem Informationszugriff aus den Betriebskontexten heraus und zum anderen als vermittelndes Medium zwischen einzelnen Datenquellen. In Bezug auf die Funktion als Zwischenschicht stellen die entwickelten Informationszugangspunkte den eigentlichen Zugriff auf die Daten und die Abbildungsvorschriften die Verbindung zwischen dem Modell und den Daten aus den verschiedenen Datenquellen zur Verfügung. Übergreifend besteht in dem semantischen Modell die eigentliche gemeinsame Sprache und die vermittelnde Wirkung in der heterogenen Umgebung.

Um der Heterogenität der Domäne gerecht zu werden, adressiert das entwickelte semantische Informationsmodell eine Vielzahl der Aspekte dienstorientierter Systeme, damit deren wesentlichen Eigenschaften und Zusammenhänge adäquat abgebildet werden können. Bei der Ausgestaltung der Ontologie wurden anerkannte, wissenschaftliche Vorgehensmodelle und Methodiken zur Entwicklung von Ontologien angewendet (Uschold und King 1995; Prieto-Diaz 2003). Infolgedessen entstand das resultierende semantische Modell durch die dedizierte Zusammenführung und Erweiterung existierender und etablierter Ontologien aus unterschiedlichen Anwendungsbereichen. Darüber hinaus wird die bedarfsorientierte Erweiterung um weitere bzw. im Rahmen der Disziplin des *Ontology Learnings* (Shamsfard und Barforoush 2003) neu konzeptualisierter Aspekte unterstützt. Letzteres wird durch die zunehmende Verbreitung von Ontologien im Umfeld der dienstorientierten Systeme (Navigli und Velardi 2004; Mokhtar, Preuveneers, Georgantas, Issarny et al. 2008) und automatisierten Mechanismen zur Zusammenführung von Ontologien (Shvaiko und Euzenat 2005) entscheidend zur Realisierung einer nahezu vollständigen Konzeptualisierung der Problemdomäne beitragen.

In Anlehnung an die etablierte Form der Visualisierung von RDF-Graphen wird in Abbildung 5-2 ein Überblick über die konzeptionellen Bereiche der entwickelten Ontologie gegeben. Um die Übersichtlichkeit zu gewährleisten, werden lediglich die zentralen Konzepte präsentiert und Kantenbeschriftungen bzw. Eigenschaften der Konzepte vernachlässigt. Eine vertiefte Beschreibung ausgewählter Konzepte und deren Zusammenhänge erfolgt in weiteren Abschnitten dieses Unterkapitels.

Wie in Abbildung 5-2 ersichtlich, sind bei der Entwicklung verschiedene Konzepte aus bereits existierenden Ontologien eingeflossen. Um der immanenten Heterogenität bezüglich der technischen Ressourcen dienstorientierter Systeme zu begegnen, bindet das semantische Modell die plattformunabhängigen und standardisierten Definitionen des *Common Information Models* (vgl. Abschnitt 3.1.2), die mittels der

Werkzeugunterstützung *CIM2OWL* in Form einer Ontologie vorliegen (Quirolgico, Assis, Westerinen, Baskey et al. 2004; Kryza, Pieczykolan, Majewska, Kitowski et al. 2007), ein. Neben verschiedenen, vor allem ITSM-spezifischen Erweiterungen (vgl. Abschnitt 5.2.2) zeichnet sich die Ontologie im Besonderen durch die neuartige Verknüpfung mit weiteren Ontologien zur dedizierten Spezifikation von Diensten und Dienstgütekonzepten sowie Modellen in Bezug auf die Definition von Meta-Informationen über Objekte aus. Für den Bereich der Meta-Informationen wurde in diesem Zusammenhang auf den etablierten *Dublin Core*-Standard (Dublin Core Metadata Initiative 2008) zurückgegriffen. Um das grundlegende Defizit der Modellierung von Diensteigenschaften in CIM zu beheben, stellt das gesamte semantische Modell durch die Einbindung der *Web Ontology Language for Web Services* (Martin, Burstein, Hobbs, Lassila et al. 2004) und der *Web Service Modeling Ontology* (Bruijn, Bussler, Domingue, Fensel et al. 2005a) adäquate Konzepte zur Beschreibung des funktionalen Verhaltens und der damit assoziierten Effekte und Ziele von (Web-)Diensten zur Verfügung. Im Bereich der semantischen Beschreibung von Dienstgüteeigenschaften und -vereinbarungen werden im Modell aufgrund des Fehlens geeigneter Ontologien eine Vielzahl neuartiger Konzepte definiert und mit bestehenden verknüpft (vgl. Abschnitt 5.2.4).

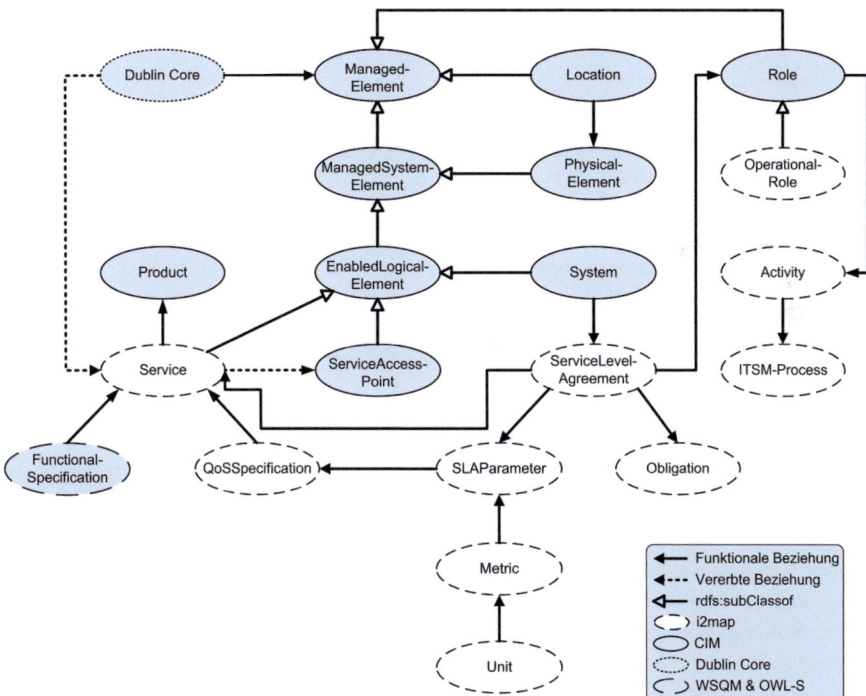

Abbildung 5-2: Übersicht über die zentralen Konzepte der Ontologie i2mapCore

Als Resultat stellt die Ontologie eine äußerst umfangreiche, semantische Beschreibung der zentralen betriebsrelevanten Aspekte dienstorientierter Systeme zur Verfügung und überwindet die Defizite bzw. fehlende Praxistauglichkeit bestehender Modelle und Ansätze (vgl. Abschnitt 3.1). Als zentraler Beitrag dieser Arbeit wurde die Ontologie entsprechend dem in der Wissenschaft und Industrie etablierten Standard der *Web Ontology Language* (*OWL*) in der Variante *OWL-Description Logic* (*OWL-DL*) formalisiert (Horrocks, Patel-schneider und Harmelen 2003; Bechhofer, Harmelen, Hendler, Horrocks et al. 2004). Infolgedessen unterstützt diese mit der hiermit verbundenen Entscheidbarkeit im Sinne der Prädikatenlogik die automatisierte Schlussfolgerung (*Inference*) von neuen Informationen bzw. Fakten durch spezifische Mechanismen und Werkzeuge.

Aufgrund der Ausdrucksmächtigkeit und des Umfangs des semantischen Modells wird durch die Spezifikation von Abbildungsvorschriften zwischen Inhalten der syntaktisch und semantisch heterogenen Datenstrukturen der einzelnen Datensilos und dem übergreifenden Modell die Grundlage für einen homogenen und konsistenten Informationsraum geschaffen. Dementsprechend wird der Austausch von hochwertigen Managementinformationen über relevante Eigenschaften des Systems und darüber hinaus, durch die sukzessive und bedarfsorientierte Erweiterung der Abbildungsvorschriften, eine holistische Sicht auf den gesamten Informationsraum und die Erzielung eines umfassenden Verständnisses für die Problemdomäne ermöglicht.

5.2.2 Zentrale Elemente dienstorientierter Systeme

In den folgenden Abschnitten werden zentrale Elemente des semantischen Informationsmodells und deren Beziehungen untereinander näher beschreiben. Aufgrund der hierarchischen Strukturierung des Modells werden zu Beginn das Wurzelelement *ManagedElement* und weitere abstrakte Klassendefinitionen wie *ManagedSystemElement, PhysicalElement, LogicalElement* aus CIM vorgestellt. Darauf aufbauend werden die zentralen Konzepte sowie die spezifischen Erweiterungen für die Beschreibung von *Systemen, Diensten, Dienstzugangspunkten* und betriebsrelevanten *Rollen* näher vorgestellt.

5.2.2.1 ManagedElement, LogicalElement und PhysicalElement

In dem hierarchisch strukturierten Informationsmodell stellt *ManagedElement* das Wurzelelement des gesamten Modells und die allgemeinste Form der Konzeptualisierung einer verwalteten Ressource eines dienstorientierten Systems dar. Daher fungiert die Klasse als Superklasse und vererbt seine Attribute an alle direkt oder indirekt abgeleiteten Klassen des Modells (außer Assoziationen). Entsprechend dem CIM-Standard verfügt die Klasse neben einer generischen Abhängigkeit (*Dependency*) zu weiteren *ManagedElements*, die aufgrund der Vererbung folglich zwischen beliebigen Klassen des Modells besteht, lediglich über die Eigenschaften für eine Kurzbeschreibung (*Caption*) und eine detailliertere Beschreibung (*Description*). Diese Attribute wurden durch die Verknüpfung von *ManagedElement* mit dem weit verbreiteten Standard *Dublin Core* (Dublin Core Metadata Initiative 2008), der eine Sammlung einfacher und standardisierter Konventionen zur Beschreibung von Dokumenten und anderen Objekten im World Wide Web umfasst, erweitert (vgl. Abbildung 5-3). Infolgedessen besitzen alle Klassen des Modells die zur Informationsbeschreibung und -erschließung definierten Metainformationen, wie *Title*, *Subject*, *Contributor*, *Publisher* und *RightsHolder*, die speziell in der Domäne der dienstorientierten Systeme Aufschluss über Zweck, Sprache, Herkunft und Eigentümerschaft der Informationen aus den verteilten Datenquellen geben können.

Die Klasse *ManagedSystemElement* bildet die Oberklasse für alle logischen und physikalischen Elemente eines Computersystems und verfügt über die Beziehung *Component* zur Abbildung von Zugehörigkeitsbeziehungen von Instanzen der Klasse zu einem übergeordneten Element. Dies ermöglicht beispielsweise die Abbildung von Clusterstrukturen von Servern oder die Bündelung von Softwarekomponenten zu einer Anwendung. Darüber hinaus können Instanzen über die Aggregation *Member-OfCollection* in einem Verbund (*Collection*) gruppiert werden. Ein *PhysicalElement* entspricht der konzeptionellen Repräsentation einer beliebigen Hardwarekomponente und zeichnet sich durch Attribute wie die Seriennummer (*SerialNumber*) oder den booleschen Wert des Eingeschaltetseins (*PoweredOn*) sowie einer Beziehung zu einem physischen Ort (*Location*) aus.

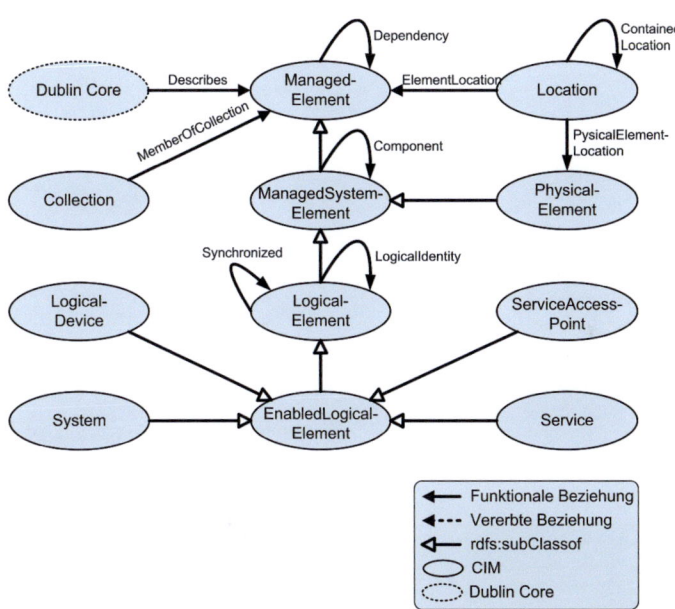

Abbildung 5-3: Abstrakte Elemente des semantischen Modells

Eine Vielzahl der Elemente dienstorientierter Systeme wird jedoch durch weitere Unterklassen der von *ManagedSystemElement* abgeleiteten Klasse *LogicalElement* und *EnabledLogicalElement* abgebildet. *LogicalElements* zeichnen sich durch die Synchronisierungsbeziehung (*Synchronized*) und im Besonderen durch die Beziehung der logischen Gleichheit (*LogicalIdentity*), die den Sachverhalt der Gleichheit zweier Instanzen unterschiedlicher Klassen ausdrückt und deren Verknüpfung ermöglicht, aus. Von *EnabledLogicalElement* leiten sich die Klassen *LogicalDevice*, *System*, *Service* und *ServiceAccessPoint* ab. Die Klasse *LogicalDevice* stellt hierbei die logische Sicht auf eine Hardwarekomponente dar. Eine detailliertere Vorstellung der Klassen *System*, *Service* und *ServiceAccessPoint* erfolgt im nächsten Abschnitt.

5.2.2.2 Dienstunterstützende Systeme

Die von der Klasse *EnabledLogicalElement* abgeleiteten Klassen *System*, *Service* und *ServiceAccessPoint* sowie damit assoziierte Konzepte stellen die zentralen Elemente zur semantischen Beschreibung des Aspektes der Dienstorientierung der fokussierten Systemlandschaften zur Verfügung. Wie in Abbildung 5-4 ersichtlich, stellt ein *System* eine funktionale Einheit dar, die sich über die Aggregationsbeziehung *SystemComponent* aus einzelnen Bausteinen des Typs *ManagedSystemElement* zusammensetzt und welchem mittels *SystemDevice* eine Menge von Geräten (*LogicalDevices*) zugeordnet werden kann. Darüber hinaus zeichnen sich Systeme durch eine schwache Assoziation (*Weak Association*) vom Typ *HostedService* zu der Klasse *Service* aus. Eine solche schwache Assoziation modelliert in diesem Zusammenhang die Tatsache, dass eine Dienstinstanz nur in Kombination mit einem assoziierten diensterbringenden, aber nicht zwingend technischen System existieren kann.

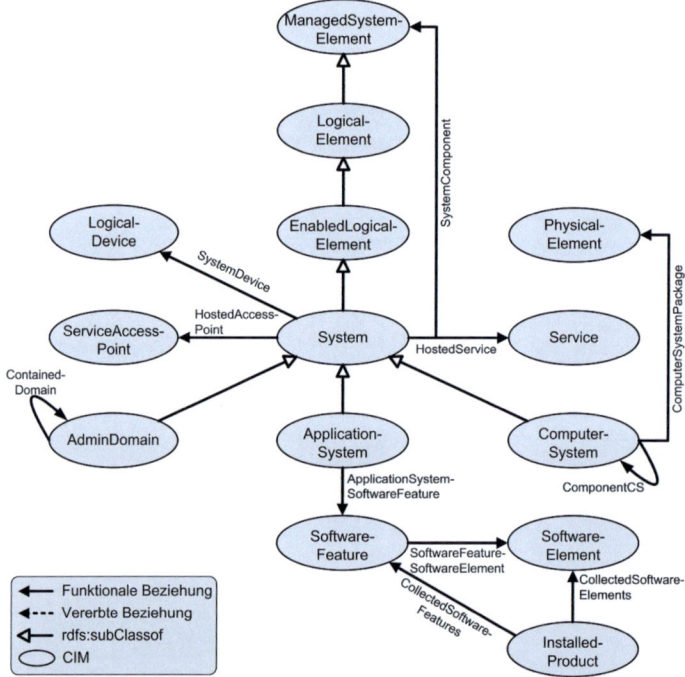

Abbildung 5-4: Beschreibung dienstunterstützender Systeme

Mit der Klasse *ApplicationSystem* kann eine Anwendung oder ein Softwaresystem repräsentiert werden, welches als Einheit eine definierte Menge an Geschäftsfunktionen (Dienste) unterstützt. Die einzelnen funktionalen, diensterbringenden Aspekte des Systems werden mittels der Klasse *SoftwareFeature* beschrieben und durch Ressourcen der Klasse *SoftwareElement* erbracht. Ein *ComputerSystem* fokussiert die Abbildung eines Rechensystems und umfasst die Modellierung der technischen Zusammensetzung eines Verbundes über die Aggregation von Elementen des Typs *FileSystem*, *OperatingSystem*, *Processor* und *Memory*. In diesem

Kontext ermöglicht das Konzept des *VirtualComputerSystem* die Beschreibung eines ein *ComputerSystem* virtualisierendes oder nachbildendes Systems.

Die Klasse *AdminDomain* stellt eine spezielle Verfeinerung des Konzeptes des *Systems* dar und unterstützt die logische Gruppierung von verschiedenen *Managed-SystemElements*, die sich durch eine einheitliche Verwaltung auszeichnen. Die Einheitlichkeit bezieht sich dabei entweder auf die verwaltende Instanz der Elemente (Personen oder Organisationen) oder auf Richtlinien in Bezug auf die Elemente und Verfahrensweisen zu deren Betreuung. Somit stellt dieses Konzept zur logischen Strukturierung der heterogenen Elemente dienstorientierter Systeme bezüglich verschiedener verwaltungsspezifischer Aspekte ein wichtiges Medium zur Betriebs-unterstützung dar.

5.2.2.3 Dienste und Dienstbeschreibungen

Die von der CIM-Klasse *Service* abgeleitete und erweiterte Klasse *i2mapService* beschreibt abstrakt eine Dienstleistung, die von einem Dienstgeber gegenüber einem Dienstnehmer über einen dedizierten Dienstzugangspunkt (*ServiceAccessPoint*, vgl. Abschnitt 5.2.2.4) und gemäß definierter Dienstgütevereinbarungen (vgl. Abschnitt 5.2.3) erbracht wird. Um den immanenten Kompositionscharakter dienstorientierter Systeme adäquat abzubilden, kann ein Dienst mit beliebig vielen weiteren Diensten in Beziehung stehen (*ServiceServiceDependency*) und sich über die Aggregation *ServiceComponent* aus einzelnen Subdiensten zusammensetzen.

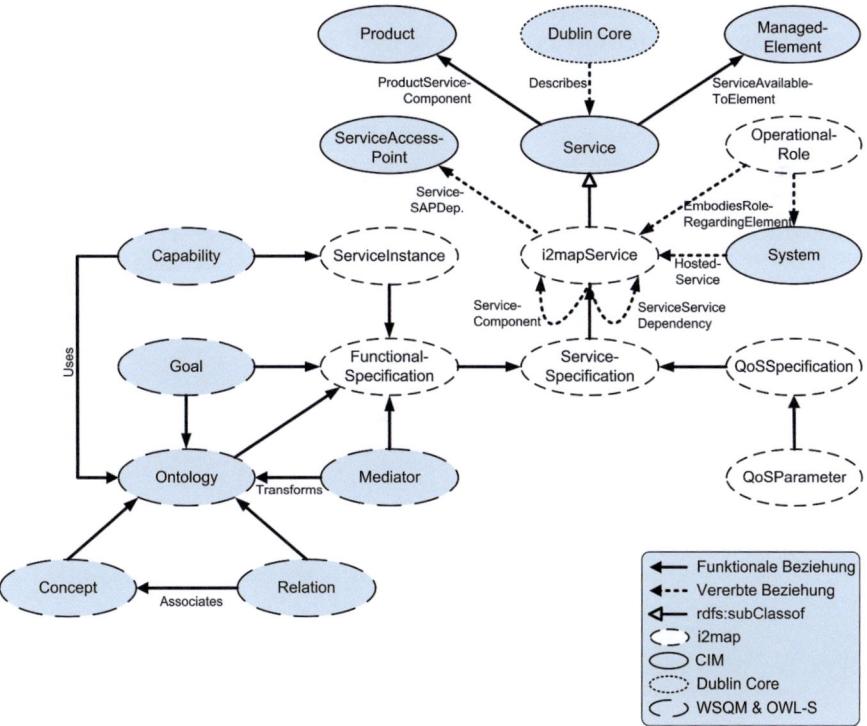

Abbildung 5-5: Semantische Konzepte zur Dienstbeschreibung

Die formale Beschreibung eines Dienstes in Bezug auf seine wesentlichen Eigenschaften wie Funktionen, Verhalten, Effekte und Terminologie wird im Rahmen der *i2map* über die Integration und Erweiterung von etablierten Konzepten aus dem Bereich der *Web Ontology Language for Web Services* (*OWL-S*) und der mittels der *Web Service Modeling Language* (Bruijn, Fensel, Keller, Kifer et al. 2005b) definierten Ontologie *Web Service Modeling Ontology* (*WSMO*) in Form der *ServiceSpecification* realisiert. Diese erweitert die bereits von der Oberklasse *EnabledLogicalElement* geerbten Attribute eines Dienstes und zerfällt in die funktionale (*FunctionalSpecification*) und dienstgütespezifische (*QoSSpecification*) Beschreibung.

Die *FunctionalSpecification* umfasst die zentralen Elemente *Ontologies*, *Goals*, *ServiceInstances* und *Mediators* und stellt Konzepte zu deren Ausgestaltung zur Verfügung. Die *Ontologies* bilden das dienstspezifische Datenmodell und umfassen die formale Definition von Konzepten (*Concepts*) und Zusammenhänge (*Relations*) zwischen Elementen der funktionalen Dienstspezifikation. Mit den Zielen (*Goals*) werden die durch den Dienst adressierten Kundenwünsche semantisch beschrieben, wodurch die Grundlage für die Benutzersicht auf den Dienst gebildet wird. Die Informationen können nach entsprechender Aufbereitung zum einen dem Kunden über dedizierte Zugangspunkte (vgl. Konzept des *ServiceAccessPoint*) direkt präsentiert oder für die Erstellung eines IT-Servicekatalogs, der das vollständige Leistungsangebot der Organisation in einer dem Dienstnehmer und Dienstgeber transparenten und verständlichen Form wiedergibt, genutzt werden. Zum anderen stellt die semantische Beschreibung der Dienstziele eine wichtige Grundlage für komplexe und automatisierte Such- und Matching-Mechanismen im Rahmen der dynamischen Dienstrealisierung dar. In diesem Zusammenhang befasst sich das Konzept der Mediatoren (*Mediators*) mit der Überwindung von Inkompatibilitäten zwischen Ontologien unterschiedlicher Dienste und ermöglich die Definition von Abbildungsvorschriften auf der Daten-, Protokoll- und Prozessebene. Abbildung 5-6 skizziert die WSML-konforme Definition eines solchen Mediators und die damit einhergehende Zusammenführung von zwei Ontologien. Im Beispiel werden die Konzepte der Ontologie *Friend-of-a-Friend* zur Beschreibung von Personen (Brickley und Miller 2007) auf das Konzept *CIM_Person* aus der Ontologie *i2mapCore* abgebildet. Die Umsetzung der Abbildungsvorschriften wird hierbei durch einen Dienst (Bezeichner: *http://mwrg.tm.uka.de/services/i2map/FOAF2CIM*) gekapselt und wiederverwendbar zur Verfügung gestellt.

```
1   namespace{_"http://mwrg.tm.uka.de/i2map/mediators",
2     dc      _"http://purl.org/dc/elements/1.1" ,
3     wsml    _"http://www.wsmo.org/wsml/wsml-syntax#"
4   }
5   ooMediator _"http://mwrg.tm.uka.de/i2map/CIM_PersonFOAFMediator"
6     nonFunctionalProperties
7       dc#title hasValue "Mediator mapping concept 'FOAF' to 'CIM_Person'"
8       dc#publisher hasValue _"http://mwrg.tm.uka.de/foaf/foaf#mwrg"
9       dc#contributor hasValue _"http://mwrg.tm.uka.de/foaf/foaf#majer"
10      // Weitere Spezifikationen für 'nonFunctionalProperties'
11    endNonFunctionalProperties
12    // Bezeichner der Quellontologie
13    source _"http://mwrg.tm.uka.de/ontologies/common/foaf/"
```

```
14    // Bezeichner der Zielontologie
15    target _"http://mwrg.tm.uka.de/ontologies/i2map/core/v3.1"
16    // Bezeichner des Dienstes zur Realisierung der Transformation
17    usesService _"http://mwrg.tm.uka.de/services/i2map/FOAF2CIM"
```

Abbildung 5-6: Deklaration eines Mediators zur Abbildung der Personenkonzepte aus FOAF auf i2mapCore in WSML-Notation

Die konkrete funktionale Ausgestaltung eines Dienstes wird über die Nutzung des Konzeptes *ServiceInstance* realisiert. Solch eine Dienstinstanz beschreibt anhand der vordefinierten *Concepts*, *Relations*, *Goals* und *Mediators* im Besonderen die Fähigkeiten (*Capabilities*) eines Dienstes und macht Aussagen über den Zustand relevanter Umgebungsvariablen vor der Dienstnutzung (*Assumptions*), spezifiziert Vor- und Nachbedingungen des Informationsraums (*Pre-* und *Postconditions*) sowie Effekte (*Effects*) der Dienstausführung auf die Umgebung.

Mit der Erbringung von höherwertigen, kundenorientierten Diensten kommt der Spezifikation der Qualitätsaspekte der Diensterbringung (*Quality of Service, QoS*) aus der Sicht der Anwender eine große Bedeutung zu. In diesem Zusammenhang sind für den Kunden beispielsweise Aussagen bezüglich der Verfügbarkeit, Zuverlässigkeit und Performanz sowie in Bezug auf Support- und Reaktionszeiten im Falle von Störungen von Interesse. In der *i2mapCore*-Ontologie erfolgt die Modellierung dieser Sachverhalte in der Dienstgütespezifikation (*QoSSpecification*). Diese assoziiert Qualitätseigenschaften mit dem gesamten Dienst oder setzt diese mit einzelnen bzw. Verbünden von Funktionen der funktionalen Dienstbeschreibung (*Functional-Specification*) in Beziehung. Da im Gegensatz zur fachfunktionalen und domänenspezifischen Beschreibung der Dienste für die Modellierung der Qualitätseigenschaften wiederholt auf dieselben Konzepte zurückgegriffen wird, umfasst die Ontologie eine Vielzahl bereits konzeptualisierter Qualitätsparameter (*QoSParameter*), die in unterschiedlichen Szenarien eingesetzt werden können. Ein solcher Qualitätsparameter ist durch seine Ausgestaltung auf gewisse technische sowie organisatorische Elemente der Dienstbeschreibung anwendbar und zeichnet sich zumeist durch einen vorgegebenen Wertebereich aus. Eine Wertemenge kann beispielsweise aus einer festgelegten Anzahl an geordneten Werten oder Intervallen bestehen und muss durch ein eindeutiges Verfahren (*Metrik*) bestimmbar und berechenbar sein. Während der Verhandlungsphase zwischen dem Kunden und dem Dienstgeber über die Modalitäten der Dienstnutzung werden die konkreten Wertebereiche der einzelnen Dienstgüteparameter entsprechend den Bedürfnissen des Kunden ausgeprägt und in Form einer Dienstgütevereinbarung (vgl. Abschnitt 5.2.3) festgehalten.

Neben dem Konzept der Komposition von Diensten über die Aggregationsbeziehung *ServiceComponent* aus einer beliebigen Anzahl an Subdiensten besteht die Möglichkeit eine Menge von Diensten mit einem Produkt (*Product*) zu assoziieren und zu einem Produktbündel zusammenzuführen. Die Verfahrensweise zur Erstellung solcher logischen Dienstverbünde hat sich vor allem im Bereich der IT- und Softwaredienste etabliert (Bakos und Brynjolfsson 2000) und wurde infolgedessen im semantischen Modell explizit berücksichtigt. Als Besonderheit zeichnen sich die einzelnen, im Produkt beinhalteten Dienste durch einen bereits durch das dem Produkt zugrundeliegenden Preismodell vorgegebenen funktionalen Umfang und im Besonderen durch eine feste dienstgütespezifische Ausgestaltung aus.

Ein wichtiger Aspekt im Kontext der Beschreibung von Diensten stellt die Abbildung der Bedürfnisse, Zuständigkeiten und Verantwortlichkeiten an einen Dienst in den unterschiedlichen Phasen seines Lebenszyklus dar. Aufgrund der Bedeutsamkeit des Aspektes für die Gesamtheit der Elemente dienstorientierter Systemlandschaften werden die jeweiligen Konzepte zur Spezifikation von Rollen sowie assoziierten Kompetenzen und Handlungsfreiräumen im Abschnitt 5.2.2.5 separat vorgestellt.

5.2.2.4 Dienstzugangspunkte

Neben dem Konzept des Dienstes stellt der Dienstzugangspunkt (*ServiceAccessPoint, SAP*) ein zentrales Element des semantischen Informationsmodells dar, da es die Schnittstelle zwischen Dienstgeber und Dienstnehmer beschreibt. Wie die Klasse *Service* wird der Dienstzugangspunkt von dem Element *EnabledLogicalElement* abgeleitet und kann logisch mit verschiedenen weiteren SAPs in Beziehung gesetzt werden (*SAPSAPDependency*). Für die Modellierung der Abhängigkeit zwischen einem SAP und dem zur Erbringung der Dienstschnittstelle benötigten System wird die Beziehung *HostedSAP* zur Verfügung gestellt (vgl. Abbildung 5-7).

Generell bietet das Konzept des *ServiceAccessPoints* eine Schnittstelle auf eine beliebige Funktion oder Dienstleistung und kann über die Abhängigkeit *SAPAvailable-ForElement* mit Elementen des dienstorientierten Systems assoziiert werden. Für die spezifische Beschreibung der Beziehung zwischen einem Dienst und seinen potenziell verschiedenen Dienstschnittstellen bietet das Modell die Assoziation *ServiceAccess-BySAP*. Um im Gegensatz dazu die Nutzung eines Dienstes zur Realisierung eines Dienstzugangspunkt auszudrücken, bietet das Konzept der *ServiceSAPDependency* die Möglichkeit zur Etablierung der logischen Verknüpfung zwischen den beiden Elementen.

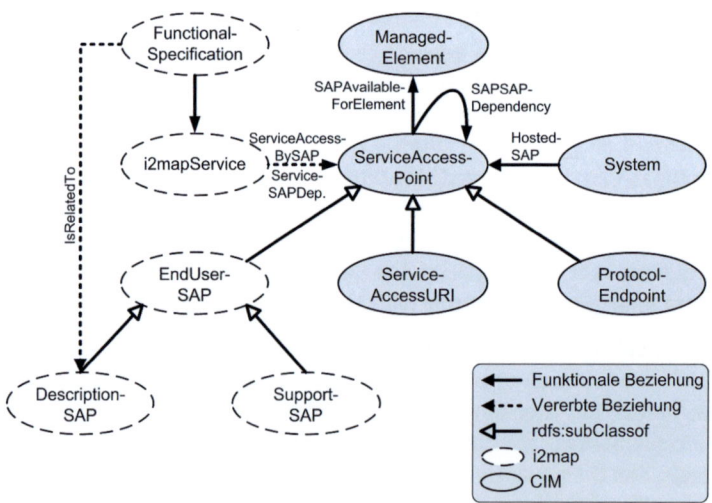

Abbildung 5-7: Dienstzugangspunkte als Schnittstelle zwischen Dienstgeber und Dienstnehmer

Wie bereits ausgeführt, ermöglicht das Modell die Assoziation von mehreren Dienst-schnittstellen mit einem Dienst. Dies wird benötigt, um zum Einen zielgruppen-spezifische, funktionale Schnittstellen auf die Dienstleistung zu modellieren und darüber hinaus spezielle Dienstschnittstellen, die beispielsweise Auskunft in Form einer Beschreibung der Dienstnutzung bieten oder den Zugangspunkt für Support-anfragen darstellen, abzubilden.

Die funktionale Dienstschnittstelle ermöglicht zum einen dem Kunden den Zugriff und somit die Nutzung der vereinbarten Dienstleistung gemäß der definierten Dienstgütevereinbarungen. Hierbei können für verschiedene Kundengruppen, im Kontext von Produktbündeln (vgl. Abschnitt 5.2.2.3) oder beim Vorhandensein unterschiedlicher Zugriffsmechanismen bei Bedarf mehrere funktionale Zugangs-punkte für einen Dienst im Modell definiert werden. Darüber hinaus stellt die Erfassung der funktionalen Schnittstellen eines dienstorientierten Systems die Grundlage für die (automatisierte) Überwachung des Dienstes anhand definierter Qualitätsparameter dar. Im semantischen Modell sind zur Beschreibung der relevanten Sachverhalte das Konzept des *ServiceAccessPoints* und im Speziellen, zur Abbildung der technischen Aspekte des Dienstzugriffs, der *ProtocolEndpoint* vorgesehen. Solch ein *ProtocolEndpoint* umfasst einen beliebigen Endpunkt, der eine Datenkommunikation unterstützt und sich durch ein bestimmtes Transferprotokoll (*ProtocolIFType*) auszeichnet. Die Heterogenität der Protokolltypen wird hierbei durch die Orientierung an einen durch die Internet Assigned Numbers Authority (IANA) definiertes Typsystem erfasst (Internet Assigned Numbers Authority 2009). Mit der Klasse *ServiceAccessURI* kann drüber hinaus modelliert werden, dass ein bestimmter Dienst direkt über eine gemäß einer spezifischen Syntax gearteten URI benutzt bzw. aufgerufen werden kann.

Neben der Nutzung des Konzepts des Dienstzugangspunkts zur Abbildung der funktionalen Schnittstelle eines Dienstes, besteht die Notwendigkeit zur Modellie-rung von nichtfunktionalen, zumeist einen Dienst ergänzenden Schnittstellen. Das Modell beinhaltet in diesem Zusammenhang den *DescriptionSAP*, der neben einer maschinenverständlichen auch eine für den Menschen verständliche Beschreibung des Leistungsumfangs eines Dienstes und die Modalitäten der Dienstnutzung zur Verfügung stellt. Diese Dienstbeschreibung, welche zumeist durch eine Transfor-mation der Konzepte aus der *Functional-* und *QoSSpecification* realisiert wird, ermöglicht gerade im Kontext höherwertiger Dienste die Einschätzung der Eignung eines Dienstes in Bezug auf die Befriedigung existierender Kundenwünsche und die nachgelagerte (automatisierte) Aushandlung des fallspezifischen Leistungsumfangs und der Dienstgütevereinbarungen. Mit dem Anspruch dem Kunden gegenüber qualitativ hochwertige Dienste zur Verfügung zu stellen, kommt der expliziten Ausge-staltung des Kundensupports als weitere Schnittstelle zwischen Dienstgeber und Dienstnehmer eine große Bedeutung zu. Im semantischen Modell existiert für die Spezifikation dieses weiteren, einem oder mehreren Diensten zugeordneten Dienst-zugangspunkt das Konzept des *SupportSAPs*. Entsprechend dem übergeordneten Konzept des *ServiceAccessPoint* ist der *SupportSAP* über die Beziehung *HostedSAP* mit einem schnittstellenunterstützenden System, welches sich beispielsweise aus technischen Elementen wie einer Telefonanlage sowie organisatorischen Entitäten wie Personen zusammensetzen kann, assoziiert.

5.2.2.5 Betriebsspezifische Rollen und Gruppen

Neben der Modellierung der technischen Elemente eines dienstorientierten Systems stellt die Abbildung organisatorischer Aspekte des komplexen Systems eine zentrale Anforderung an das Beschreibungsmodell dar. Mit dem Konzept der *Location* (vgl. Abschnitt 5.2.2.1) wird bereits die Spezifikation von räumlichen Strukturen und die Verknüpfung der einzelnen Systemelemente mit ortsbezogenen Informationen unterstützt (Buck, Majer, Schmitt, Freudenstein et al. 2008). Darüber hinaus ist die Definition einer Menge an allgemeingültigen, betriebsunterstützenden Rollen und deren konkrete Ausprägung durch die Zuweisung zu bestimmten Personen und Organisationen des Modells zur Abbildung des für dienstorientierte Systeme charakteristischen kooperativen Diensterbringungsmodell von zentraler Bedeutung. Dies stellt die Grundlage für die Organisation eines reibungsfreien Betriebs sowie die effiziente Entwicklung und Durchführung von Problemlösungsstrategien im Fall von Störungen dar.

Allgemein beschreibt das Konzept einer Rolle (*Role*) einerseits die Rollenerwartungen und -festlegungen (*Activities*) und andererseits die Kompetenzen und den Handlungsfreiraum in Bezug auf das mit der Rolle assoziierte Element der Systemlandschaft. Entsprechend dem Lebenszyklus eines Elements und im Besonderen eines (höherwertigen) Dienstes bestehen unterschiedliche Aufgaben und Interaktionsbedürfnisse, die durch deren Bündelung in einzelne Rollendefinitionen resultieren. Neben den Rollen, die für die Entwicklung der komplexen Systemlandschaften notwendig sind, werden im Rahmen dieser Arbeit vornehmlich neuartige Rollen für den Betrieb der durch Komposition geprägten Systeme im semantischen Modell abgebildet. In der Literatur finden sich bereits abstrakte Beschreibungen für solche Rollen. Beispielsweise werden im *Quality Model for Web Services* (Kim und Lee 2005), entsprechend dem Fokus des Standards auf Qualitätsaspekte, für die Entwicklung und den Betrieb von (Web-)Diensten die Rollen *Stakeholder*, *Developer*, *Provider*, *Consumer*, *QoS Broker*, *Quality Assurer*, *Quality Manager* definiert. In (Bieberstein, Bose, Fiammante, Jones et al. 2006) und (Kajko-Mattsson, Lewis und Smith 2007) werden weitere, stärker technisch und architekturorientierte Rollen wie der *Business Process Manager*, *Release Manager*, *Service Librarian*, *SOA Governance Manager* oder *SOA Architect* eingeführt. Darüber hinaus werden in der *Information Technology Infrastructure Library* (*ITIL*) (Cannon und Wheeldon 2007), einer Sammlung von Best Practises zur Umsetzung eines *ITSM*, eine Vielzahl weitere prozessspezifischer Rollen beschrieben. Hierbei werden beispielsweise in dem Prozess des Change Managements, der sich mit der systematischen und risikominimierten Durchführung von Anpassungen an der IT-Infrastruktur befasst, Rollen wie den *Change Requestor*, *Change Coordinator*, *Change Manager*, *Change Builder* und das *Change Advisory Board* spezifiziert.

Zusammenfassend wird die Anzahl der differenzierbaren Rollen, die mit unterschiedlichen Elementen des Systems in Beziehung gesetzt werden können, stark durch den Granularitätsgrad der identifizierten, betriebsrelevanten Aufgaben bestimmt. Im Kontext der dienstorientierten Systeme müssen, insbesondere aufgrund der Komposition von Elementen und der Nutzung von Ressourcen in unterschiedlichen Szenarien, spezielle organisatorische Abhängigkeiten abgebildet werden. Wie in Abbildung 5-8 dargestellt, wurden im Rahmen der Entwicklung des semantischen

Informationsmodell verschiedene Rollen definiert bzw. mit Elementen der Systemlandschaft assoziiert. Einerseits wurden allgemeingültige Rollen (*Common Roles*), die
über den gesamten Lebenszyklus eines Elements, Dienstes oder des gesamten
Systems bestehen, definiert. Hierunter fällt beispielsweise die Rolle des *Business
Analyst*, der anhand seines fundierten Wissens über die Geschäftsdomäne sich mit
der Sammlung und Analyse von dienstspezifischen Kundenanforderungen befasst
und daraus resultierende Implikationen für die Dienstrealisierung kontinuierlich in
die dienstassoziierten Entwicklungs- und Betriebsabteilungen trägt. Neben weiteren
Rollen, wie beispielsweise dem *IT Project Manager, Architect, Security Specialist,
Service Librarian*, umfassen die *Common Roles* auch Definitionen für den
Dienstnehmer (*Customer*), Dienstnutzer (*User*) und Dienstgeber (*Provider*). Eine
detaillierte Vorstellung der Rollen und der damit assoziierten Aufgaben und
Informationsbedürfnisse erfolgt im Abschnitt 6.1. Darüber hinaus wurden aufgrund
der Verbreitung von *ITIL* etablierte Rollendefinitionen aus der Sammlung von Best
Practices in das semantische Modell aufgenommen und mit den anderen Rollen in
Beziehung gesetzt. In Bezug auf den Betrieb dienstorientierter Systemlandschaften
finden sich die hierfür benötigten Konzeptualisierungen der Rollen im Bereich
OperationalRoles des Modells und umfassen Rollen wie den *Support, Business
Process Support Engineer, Service Owner, Quality Manager*.

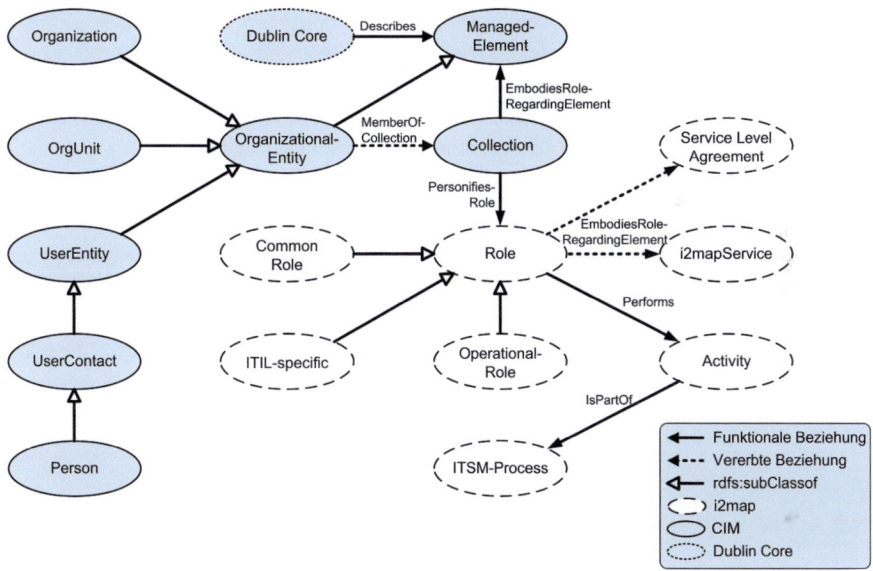

Abbildung 5-8: Rollenkonzept in der Ontologie i2mapCore

Im Common Information Model zeichnen sich die Konzepte *Systems* und *Services*
lediglich durch die Eigenschaften *PrimaryOwnerName* und *PrimaryOwnerContact*
aus, die eine Spezifikation einer Person als Eigentümer der Ressource ermöglichen.
Darüber hinaus existiert ein Konzept *Role*, welches eine äußerst rudimentäre Definition von Rollen ermöglicht und über spezifische Assoziationen Rollen mit Elementen
verknüpft (bspw. *SystemAdministratorRole* zum Konzept *System*). Aufgrund der
Inflexibilität des existierenden Konzepts der Rolle wurde dieses um wichtige Aspekte

wie die Zuordnung zu den neu konzeptualisierten Klassen *Activity* und *ITSM-Process* erweitert. Hierdurch wird im Rahmen des Wandels vom technologieorientierten zum dienstorientierten IT-Management die Einordnung einer Rolle in den Kontext etablierter betriebsunterstützender Prozesse (*ITSM-Processes*) und die Zuordnung zu abstrakt definierten Aufgaben (*Activities*) oder Aufgabenprofilen (als *Collection* von *Activities* realisierbar) unterstützt.

Die inhaltliche Zusammensetzung einer Rolle ist in dem semantischen Modell äußerst generisch realisiert. So können die innerhalb der Ontologie umfassend konzeptualisierten Elemente Organisation (*Organization*), Organisationseinheit oder Fachabteilung (*OrgUnit*) und Person (*UserContact* bzw. *Person*) entsprechend dem *Party-Pattern* (Fowler 1999) als Ausgestaltungen einer organisatorischen Entität (*OrganizationalEntity*) einzeln oder in einer beliebiger Kombination (*Collection*) eine Rolle repräsentieren. Einzeln oder als logischer Verbund aus organisatorischen Elementen wird die Rolle personifiziert (*PersonifiesRole*) und abstrakt definierte Kommunikationskanäle der Rolle wie Email, Telefon und die physische Adresse ausgeprägt. Im Kontext der mit einem Dienst assoziierten Rolle *Support* stellen diese Informationen zumeist eine Grundlage für die Spezifikation des Zugangspunkts für den Kundensupport (vgl. *SupportSAP* in Abschnitt 5.2.2.4) dar.

Über die Beziehung *EmbodiesRoleRegardingElement* erfolgt die Verknüpfung einer Rolle mit einem beliebigen Element des dienstorientierten Systems. Dementsprechend kann eine Rolle mit einem technischen Element, aber auch mit einem abstrakten Element verknüpft werden. Diese Generik ermöglicht beispielsweise die Einbindung einer Organisation über die Rolle des *Providers* als diensterbringende Partei im Rahmen einer Dienstgütevereinbarung (vgl. Abschnitt 5.2.3).

Zusammenfassend wird ein entscheidender Beitrag zur Abbildung der organisatorischen Sicht der Diensterbringung durch die iterative Modellierung der organisatorischen Entitäten (Personen und Organisationen) und die logische Zuweisung von Rollen zu Elementen der Systemlandschaft oder übergreifenden, betriebsunterstützenden Prozessen erreicht. Darüber hinaus ermöglicht das semantische Informationsmodell die Verknüpfung der organisatorischen Elemente mit den Rollen und somit die für den Betrieb bedeutsame Zusammenführung von Personen und elementbezogenen Verbindlichkeiten und Kompetenzen.

5.2.3 Dienstgütevereinbarungen

Neben den funktionalen Aspekten eines Dienstes, die im Rahmen der *Functional-Specification* beschreiben werden, stellt die Qualität (*Dienstgüte*) in Bezug auf die gegenüber dem Kunden geleistete Dienstleistung ein wesentliches Differenzierungsmerkmal im globalen Wettbewerb dar. Vor diesem Hintergrund kommt der Spezifikation und Gewährleistung von (vertraglich) zugesicherten Dienstgütevereinbarungen (Service Level Agreement, SLA) eine hohe Bedeutung im Kontext der Zufriedenstellung und damit einhergehenden Bindung der Kunden zu (Cannon und Wheeldon 2007; Kontogiannis, Lewis und Smith 2008). Die inhaltliche Ausgestaltung eines SLAs erfolgt während der Verhandlungsphase zwischen dem Kunden und dem Dienstgeber über die Modalitäten der Dienstnutzung. In diesem Zusammenhang wird der im Rahmen der *ServiceSpecification* (vgl. Abschnitt 5.2.2.3) abstrakt spezifizierte Funktions- und Qualitätsumfang eines Dienstes entsprechend der Bedürfnisse eines konkreten Nutzungsszenarios ausgeprägt und in Form eines SLAs festgehalten. Die hierbei definierten Zielvorgaben der Dienstleistung aus Sicht des Dienstnehmers umfassen, neben der tatsächlichen Ausprägung der funktionalen Aspekte, vor allem Aussagen bezüglich der Verfügbarkeit, Zuverlässigkeit und Performanz des Dienstes sowie in Bezug auf Support- und Reaktionszeiten im Falle von Störungen (Kim und Lee 2005).

Im Zuge der Aushandlung und Definition von Dienstgüteparametern werden den einzelnen *QoSParameters* der Dienstgütespezifikation (*QoSSpecification*) konkrete und plausible Werte entsprechend der Nutzerbedürfnisse und in Übereinstimmung mit den vordefinierten und somit zulässigen Wertebereichen zugewiesen. Wie in Abbildung 5-9 dargestellt, setzt sich ein kundenspezifisches *ServiceLevelAgreement* aus einer Menge an *SLAParameters* zusammen. Ein einzelner *SLAParameter* spezifiziert in diesem Kontext eine dienstgütespezifische Zielvorgabe (*Service Level*) der gesamten Dienstleistung und zeichnet sich durch eine Metrik (*Metric*) zur Bestimmung des Erfüllungsgrads der Qualitätsanforderung anhand der definierten Soll-Werte aus. Die Metriken lassen sich hierbei in verschiedene Kategorien einordnen. So existieren Metriken, die sich mit der funktionalen Performanz eines Systems auseinandersetzen und beispielsweise die Reaktionszeit, den Durchsatz oder die Latenzzeit bestimmen. Darüber hinaus existieren weitere qualitative Parameter bzw. Metriken, die Aussagen in Bezug auf sicherheitsspezifische Aspekte (z. B. Datensicherheit gemessen anhand der eingesetzten Verschlüsselungstechnologien) oder die Betriebszuverlässigkeit, wie die mittlere Zeit bis zum ersten Ausfall (*Mean Time to Failure*) oder die mittlere Zeit bis zur Wiederherstellung (*Mean Time to Restore*), treffen. Das tatsächlich durch einen Dienst realisierte Laufzeitverhalten wird anhand einer abstrakt definierten *Funktion* gemessen. Diese gibt Auskunft über die relevanten Kenngrößen, die zur Berechnung des Verhaltens eines Elements benötigt werden, wie die konkret gemessenen Werte interpretiert werden und wie schlussendlich das Ist-Verhalten quantifiziert wird. Eng hiermit verknüpft sind die unterschiedlichen Messverfahren, die eingesetzt werden können, um die Kenngrößen aus dem dienstorientierten System zu extrahieren. Diese fließen nicht zwangsläufig in die Dienstgütevereinbarung ein und beschreiben vielmehr die relevanten metrikspezifischen Mechanismen in Bezug auf die nachgelagerte Überwachung und Durchsetzung der vertraglichen Übereinkunft. Diese Entkopplung zwischen der abstrakten Beschreibung der Funktion zur Bestimmung des Dienstgüteverhaltens und den potenziellen Messverfahren gestattet die lose Assoziation von Messprozessen und im Besonderen von Überwachungswerkzeugen bzw. dedizierten Prozeduren mit Metriken im Rahmen der Ontologie. Im Kontext der hohen Diversität und Dynamik der dienstrealisierenden Elemente und der damit einhergehenden Vielfalt an Umsetzungen der Überwachungsmechanismen ermöglicht dies die allgemeingültige und vergleichbare Spezifikation des Inhalts der Ist-Wertbestimmung von der tatsächlichen Realisierung.

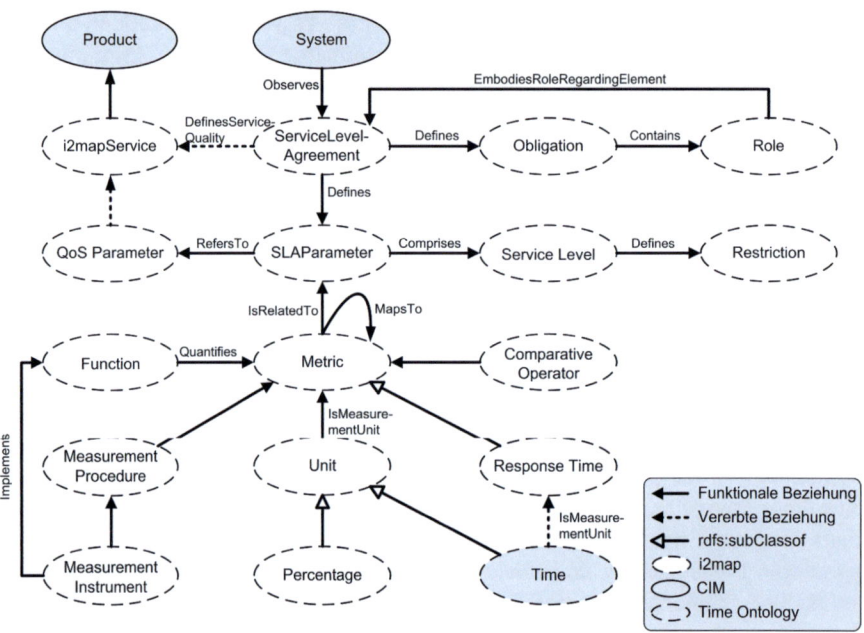

Abbildung 5-9: Dienstgütevereinbarungen als Vertragsgrundlage zwischen
Dienstnehmer und Dienstgeber

Neben der Spezifikation der Überwachungsmechanismen stellt die Beschreibung der
Einheit (*Unit*) der Metrik einen wesentlichen Aspekt dar. Durch die Angabe der
Maßeinheit werden die definierten Zielvorgaben in einen interpretierbaren Kontext
gesetzt. Im Zusammenhang von *i2mapCore* wurde hierbei beispielsweise auf eine
bestehende Ontologie, die Konzepte zur Definition von zeitlichen Aspekten zur
Verfügung stellt (Hobbs und Pan 2006), zurückgegriffen. Somit können Zeitintervalle
und temporäre Messgrößen definiert und anhand der Ontologie interpretiert werden. Dies ermöglicht auch die Messwerte verschiedener Dienstgüteparameter in
Beziehung zu setzen, um eine fundiertere Sicht auf das spezifizierte und tatsächlich
erreichte Laufzeitverhalten zu erhalten. Explizit kann der Bezug zwischen den
Metriken über die Beziehung *MapsTo* und einer assoziierten Abbildungsvorschrift
hergestellt werden. Dies wird benötigt, um in einem SLA für den Kunden verständliche und weniger technische Qualitätsaussagen treffen zu können (z. B. natürlichsprachliche Aussagen wie „gold", „silber", „bronze"), die über die Relation auf
technische und eindeutig quantifizierbare Dienstgüteparameter abgebildet werden
können. Darüber hinaus gestattet dies die Berechnung von höherwertigen Dienstgüteaussagen durch die Aggregation feingranularer Werte (vgl. Abschnitt 7.2). Die
Abbildungsvorschrift stellt in diesem Zusammenhang die Beschreibung einer
automatisiert verarbeitbaren Transformationsfunktion zur Abbildung des Wertebereichs einer Metrik auf den einer anderen dar.

Über die Angabe des Vergleichsoperators (*Comparative Operator*) wird das über ein
bestimmtes Verfahren identifizierte Ist-Verhalten dem geforderten Soll-Werten
gegenübergestellt. In Abhängigkeit der Metrik und der assoziierten Einheit

beziehungsweise dem Wertebereich (z. B. Nominal-, Ordinal- oder Intervallskala) können verschieden ausdrucksstarke Operatoren (beispielsweise „identisch", „ungleich", „größer oder gleich") zum Einsatz kommen. Hat die Auswertung zum Ergebnis, dass das SLA erfüllt wurde, erfolgt die Protokollierung des Sachverhalts und die Bereitstellung der Informationen. In Fällen, in denen im Rahmen der Dienstgüte-vereinbarung die Überprüfung der Einhaltung der Diensterbringung an eine neutrale Partei übertragen wurde, erfolgt ein Reporting an die beiden zentralen Vertrags-parteien - den Dienstnehmer und den Dienstgeber. Werden im Rahmen der Über-wachung der Service Levels Verstöße gegen die Vereinbarungen identifiziert, geben die *Obligations* des SLAs Aufschluss über die weitere Verfahrensweise. Hierbei kann die Auflösung des Vertrags vorgesehen sein oder der Dienstgeber zu Kompensations-zahlungen in Verbindung mit einer definierten Dienstwiederherstellung verpflichtet sein. In diesem Kontext umfasst die Definition eines SLAs in der i2mapCore-Ontologie die Spezifikation des Inkrafttretens bzw. des Gültigkeitsbereichs.

5.2.4 Abhängigkeiten in dienstorientierten Systemen

Neben der Beschreibung der einzelnen technischen oder organisatorischen System-bestandteile wird die Signifikanz der Abbildung der inhärenten Kompositions- und Abhängigkeitsaspekte dienstorientierter Systeme als Grundlage für die Betriebs-unterstützung in der Literatur betont (Basu, Casati und Daniel 2008; Fulton, D'Silva und Heffner 2008; Pettey und Stevens 2009) und stellt einen wesentlichen Aspekt des semantischen Informationsmodell *i2mapCore* dar. Das Wissen über die struktu-relle Zusammensetzung sowie die organisatorischen Abhängigkeiten und Zuständig-keiten werden in diesem Zusammenhang vor allem für die Entwicklung von lokalen oder globalen Fehlerkompensations- oder Optimierungsmaßnahmen eingesetzt (Bodenstaff et al. 2008). Ein Beispiel stellt die Identifikation der Fehlerursache einer Betriebsbeeinträchtigung im Rahmen des Problem Managements und die nachge-lagerte Ableitung von organisatorischen Fehlerbehandlungsmaßnahmen des Change Managements dar.

Das im Rahmen dieser Arbeit entwickelte Abhängigkeitsmodell für dienstorientierte Systeme ist Teil des semantischen Modells und ermöglicht die Beschreibung der rele-vanten Abhängigkeitsbeziehungen dienstorientierter Systeme. Wie in Abbildung 5-10 ersichtlich, wurden die bei der Entwicklung von *i2mapCore* aus bereits existierenden Modellen integrierten sowie die neu definierten Relationen in die Kategorien der organisatorischen (*OrganizationalRelation*) und funktionalen (*FunctionalRelation*) Abhängigkeiten unterteilt, um diese differenzierter für bestimmte Szenarien der Betriebsunterstützung einsetzen zu können. So können beispielsweise funktionale Abhängigkeiten Aufschluss über eine Fehlerursache geben und organisatorische Sichten bei der Vorbereitung der Fehlerbehebung helfen. Der Begriff der *Relation* unterstreicht in diesem Zusammenhang den Umstand, dass es sich abstrakt um Beziehungen zwischen Elementen handelt, die nicht zwingend eine Abhängigkeit (*Dependency*) darstellen müssen.

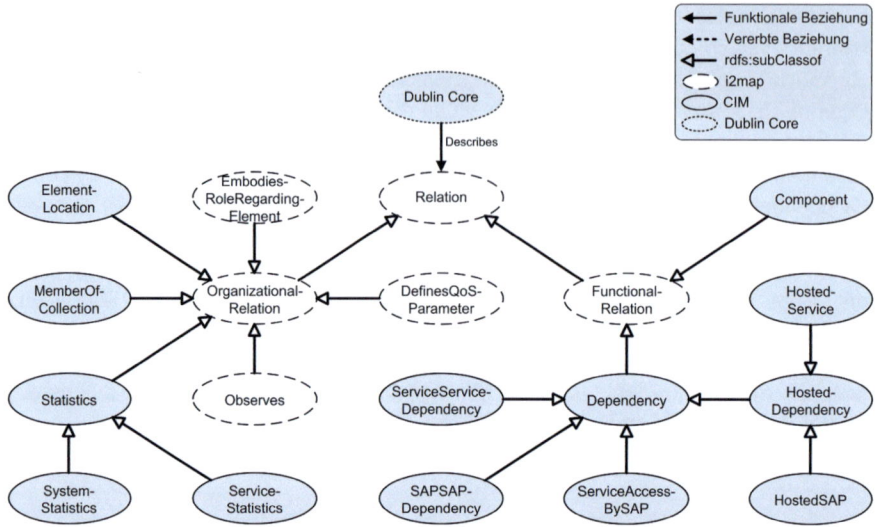

Abbildung 5-10: Überblick über die funktionale und organisatorische
Klassifizierung von Abhängigkeiten

Die Gruppe der *OrganizationalRelations* umfasst nichtfunktionale Beziehungen
zwischen Elementen der Systemlandschaft. Hierunter fallen zum einen die physische
Verortung einzelner *ManagedSystemElements* in der Systemlandschaft (*Element-
Location* und *PhysicalElementLocation*) sowie die logische Ordnung von beliebigen
Elementen in Domänen (*AdminDomains*). Über die Nutzung der Relation *Member-
OfCollection* können logische – zumeist ungeordnete – Sammlungen von Elementen
(*Collections* bzw. *CollectionOfMSEs*), die sich beispielsweise durch eine gleichartige
Konfiguration auszeichnen oder denselben Richtlinien unterliegen, modelliert wer-
den. Eine weitere ordnende, organisatorische Beziehung stellt die Beziehung *IsSpare*
dar, da sie die Abbildung einer Redundanzbeziehung zwischen beliebigen Kompo-
nenten oder Verbünden (*RedundancySet*) des Systems ausdrückt. Innerhalb der
organisatorischen Perspektive der Systemabhängigkeiten umfasst die Abbildung von
Zuständigkeiten einen weiteren, wichtigen Bereich (Caswell und Ramanathan 2000).
In diesem Zusammenhang ermöglicht die Erweiterung des *Common Information
Models* um die Beziehung *PersonifiesRole* die Assoziation von Personen und
Organisationen mit einer Rolle und das Konzept *EmbodiesRoleRegardingElement* die
logische Zuweisung von Rollen zu Elementen der Systemlandschaft (technisch oder
abstrakt, wie im Falle von vertragsbeteiligten Parteien einer Dienstgütevereinbarung). In diesem Kontext stellt die neuartige Relation *Observes* ein verwandtes
Konzept dar, da es die Abbildung der Verknüpfung einer Ressource mit einem
betriebsüberwachenden Element im Modell ermöglicht. Auch wenn die Beziehung
die Modellierung der Überwachung von funktionalen Aspekten zulässt, so ist der
Sachverhalt, wie die Zuweisung von Verantwortlichkeiten, organisatorischer Natur,
da er lediglich potenziellen Einfluss auf die Dienstqualität hat, aber primär für die
funktionale Diensterbringung nicht benötigt wird. Neben den verortenden und
ordnenden Relationen sowie den die Betreuung der Elemente beschreibenden
Beziehungen existieren auch stärker technisch orientierte Beziehungen in der

Kategorie der organisatorischen Abhängigkeiten. Hierunter versteht sich beispielsweise das Abhängigkeitskonzept *Statistics*, welches die Verknüpfung von Performanzinformationen mit den dazugehörigen Elementen des Systems zulässt, die Zuordnung der *Capabilities* über die *IsRelatedTo*-Beziehung zu einem Dienst oder die Abbildung der logischen Gleichheit (*LogicalIdentity*).

Neben den organisatorischen Relationen ist die Modellierung der funktionalen Abhängigkeiten eines Systems von zentraler Bedeutung. Die funktionale Perspektive charakterisiert in diesem Zusammenhang die Eigenschaft, dass bei der Abhängigkeit ein erbringendes Element einer konsumierenden Entität eine definierte Funktionalität zur Verfügung stellt. Zumeist führt der Ausfall einer diensterbringenden Ressource und der damit einhergehende Bruch der Beziehung dazu, dass die konsumierende Ressource ihrerseits den Funktionsumfang nicht mehr im vollen Umfang oder nur qualitativ eingeschränkt erbringen kann. Die allgemeinste Art der funktionalen Abhängigkeit kann über das Konzept *Dependency* zwischen zwei *ManagedElements* ausgedrückt werden. Verfeinerungen stellen die Relationen *SAPSAPDependency*, *ServiceServiceDependency* und *ServiceSAPDependency*, die die Abbildung von verschiedenen Kombinationen an funktionalen Zugriffen zwischen Diensten und Dienstzugangspunkten ermöglichen. Mit dem Konstrukt der *Component* wird, im Gegensatz zur beliebigen Abhängigkeit (*Dependency*), der Kompositionscharakter dienstorientierter Systeme fokussiert und beispielsweise über die Nutzung der *ServiceComposition* die Modellierung einer funktionalen Abhängigkeit eines Dienstes zu mehreren Subdiensten unterstützt. Die Beziehung *ServiceAccessBySAP* beschriebt die Beziehung eines Dienstes zu seinen existierenden Zugangspunkten und über die Relation *BindsTo* kann der tatsächliche Zugriff auf einen technischen *ProtocolEndpoint* modelliert werden. Die Verfeinerung *HostedDependency* konzeptualisiert in der Ausprägung auf einen Dienst oder Dienstzugangspunkt den Sachverhalt dessen funktionaler Bereitstellung durch ein unterstützendes *System* an Elementen. Darüber hinaus bestehen noch weitere spezifische Abhängigkeiten wie *RessourceOfSystem*, *SystemDevice* oder *InstalledSoftwareIdentity*, um Abhängigkeiten zu weiteren Elementen des Systems zu definieren und ermöglicht die Klassifizierung der funktionalen Abhängigkeiten in die Dimensionen InterService, ServiceRessource und InterRessource.

Neben der Definition neuartiger Beziehungstypen und der Klassifizierung aller Beziehungen bezüglich ihrer organisatorischen bzw. funktionalen Natur wurden bei der Konzeptualisierung der Superklasse *Relation* weitere zentrale Aspekte berücksichtigt. Wie in Abbildung 5-11 ersichtlich, wurde eine *Relation* mit der Eigenschaft *Significance* versehen, die den Stellenwert bzw. die Wichtigkeit der Abhängigkeit beschreibt und somit eine Bewertung des Gefährdungspotenzials der Verletzung der Beziehung auf den Betrieb des gesamten Systems unterstützt. Diese wird beispielsweise für die Abschätzung der Tragweite von Änderungen im Bereich des Change Managements benötigt.

```
1    <rdf:RDF
2        xmlns:rdf="http://www.w3.org/1999/02/22-rdf-syntax-ns#"
3        xmlns:rdfs="http://www.w3.org/2000/01/rdf-schema#"
4        xmlns:owl="http://www.w3.org/2002/07/owl#"
5        xmlns:i2map="http://mwrg.tm.uka.de/ontologies/i2map/core/v3.1"
```

```
6       /*Weitere Namespace-Deklarationen*/ >
7    // Definition des Konzepts Relation
8    <owl:ObjectProperty rdf:about="#i2map_Relation">
9       <rdfs:comment rdf:datatype="http://www.w3.org/2001/XMLSchema#string">
10          Superclass definition of a generic association between
11          ManagedElements in i2mapCore.</rdfs:comment>
12       <rdfs:range rdf:resource="#CIM_ManagedElement"/>
13       <rdfs:domain rdf:resource="#CIM_ManagedElement"/>
14    </owl:ObjectProperty>
15    // Definition des Attributs Significance
16    <owl:DatatypeProperty rdf:ID="i2map_Relation__Significance">
17       <rdfs:comment rdf:datatype="...">Significance or weight of the
18          relation between an antecedent and dependent class.</rdfs:comment>
19       <rdfs:range rdf:resource="http://www.w3.org/2001/XMLSchema#string"/>
20       <rdfs:domain rdf:resource="#i2map_Relation"/>
21    </owl:DatatypeProperty>
22    // Dublin Core Element Coverage
23    <owl:FunctionalProperty
24        rdf:about="http://purl.org/dc/elements#coverage">
25       <rdfs:domain rdf:resource="#i2map_Relation"/>
26       <rdfs:range rdf:resource="http://www.w3.org/2001/XMLSchema#string"/>
27       <rdf:type
28           rdf:resource="http://www.w3.org/2002/07/owl#DatatypeProperty"/>
29    </owl:FunctionalProperty>
30 </rdf:RDF>
```

Abbildung 5-11: Auszug aus der Definition des Konzepts Relation

Aufgrund der flexiblen und an die aktuellen Rahmenbedingungen und (Kunden-) Bedürfnisse orientierte Diensterbringung zeichnet sich das zugrundeliegende Beziehungsgeflecht durch eine hohe Dynamik aus (Basu, Casati und Daniel 2008; Mabrouk, Georgantas und Issarny 2009). Um im Zuge der Betriebsunterstützung den Betreibergruppen ein ausreichend aktuelles Abbild des gesamten Systems zur Verfügung stellen zu können, existieren Arbeiten und Mechanismen zur automatisierten Identifikation ausgewählter Beziehungen zwischen einzelnen technischen Elementen der Systemlandschaft (Bagchi, Kar und Hellerstein 2001; Agarwal, Gupta, Kar, Neogi et al. 2004). Die Pflege weiterer, zumeist organisatorischer Beziehungen wie Zuständigkeiten oder Kooperationsbeziehungen, erfolgt oftmals manuell. Neben der Identifikation von neuen Beziehungen und der Bereitstellung eines aktuellen Abbilds des Beziehungsgeflechts, stellt die geeignete Protokollierung und Darstellung der Veränderlichkeit des Abhängigkeitsgeflechts eine wichtige Anforderung aus Sicht des Betriebs dar. Hierbei unterstützen die historischen Informationen über Abhängigkeiten die Identifikation aufgrund veränderter Beziehungen auftretender Fehler, ermöglichen die Darstellung der temporären Abhängigkeiten sowie der Evolution des Systems und bieten eine Grundlage für die strategische Weiterentwicklung des gesamten Systems. In diesem Kontext erfolgt in der vorliegenden Arbeit die neuartige Verknüpfung des Konzepts der *Relation* mit dem Konzept des zeitlichen Bezugs *Coverage* aus dem Standard für Meta-Informationen der Dublin Core (Dublin Core Metadata Initiative 2008). Neben weiteren Attributen wie das Erstellungsdatum (*CreationDate*), wird *Coverage* im Rahmen dieser Arbeit im Sinne eines Zeitstempels bzw. einer Gültigkeit eingesetzt und ermöglicht die freie Assoziation einer Beziehung mit einem zeitlichen Aspekt. Somit können zum einen punktuelle, funktionale Aufrufe, die in (Caswell und Ramanathan 2000) als *Execution* bzw. *Link Dependency* bezeichnet werden, über die Angabe des Ausführungszeitpunkts spezifiziert und protokolliert werden und darüber hinaus länger bestehende Beziehungen über die Nutzung eines Zeitintervalls definiert werden. Das Konzept *Coverage* lässt in diesem Zusammenhang auch abstrakte Zeitbezüge, wie beispielsweise die Phasen im Lebenszyklus eines Elements zu. Gerade im Bereich der organisatorischen Beziehungen ermöglicht dies generische und mächtige Konstrukte. Als Beispiel kann ein in der Entwicklung befindlicher Dienst für die Phasen Design, Entwicklung und Testing sowie für die Phasen Deployment und Betrieb jeweils mit einer Organisationseinheit als (technischer) Ansprechpartner verknüpft werden. Die Zeitperioden sind hierbei nicht an ein konkretes Datum gebunden und die Gültigkeit der einen Beziehung (in Bezug auf die Phasen Design, Entwicklung und Testing) endet, sobald der Dienst seinen Status ändert und in die Phase Deployment übergeht.

5.3 Informationsintegration über Dienstverzeichnisse und normierte Informationszugangspunkte

Das im vorherigen Abschnitt vorgestellte semantische Informationsmodell *i2map-Core* ermöglicht die plattformunabhängige und standardisierte Beschreibung der wesentlichen Eigenschaften, Zusammenhänge und Zustände dienstorientierter Systeme und leistet somit einen entscheidenden Beitrag für die Realisierung eines homogenisierten Informationsraum. Mit dem Ziel, die semantischen Beschreibungen für die Unterstützung des Betriebs der fokussierten Systemlandschaften zu nutzen, sind ergänzende Konzepte, Mechanismen und Systeme, die Auskunft über das Vorhandensein von betriebsrelevanten Informationen über die Systeme geben und den (normierten) Zugriff auf den Informationsraum gemäß dem Informationsmodell zur Laufzeit ermöglichen, unabdingbar. Im Besonderen stellt die Realisierung einer holistischen Sicht bzw. Zugriffsschicht auf den Informationsraum unter der Prämisse des inhärenten föderativen Charakters dienstorientierter Systeme und der damit einhergehenden Verteilung der Managementinformationen über Datenquellen unterschiedlicher Organisationen, Abteilungen und Systeme eine große Herausforderung dar (Meinecke, Majer und Gaedke 2007b; Meinecke, Majer und Gaedke 2007a).

Im übertragenen Sinne entspricht solch eine holistische Sicht auf den Informationsraum dem verbreiteten Konzept einer *Configuration Management Database* (*CMDB*), die als zentrale Datenbank einer Organisation den Zugriff und die Verwaltung von Informationen über die wesentlichen Betriebsmittel der Informationstechnologie und deren Beziehungen untereinander ermöglichen soll (International Organization for Standardization 2004; Office of Government Commerce 2007). Im Kontext dienstorientierter Systeme und der assoziierten Domäne des *ITSM* erweist sich die Realisierung eines zentral verwalteten, physischen Datenbestands als nicht realisierbar (Research and Markets 2007; O'Donnell und Casanova 2009). Die zentralen Hinderungsgründe bestehen hierbei in der Heterogenität und dem teilweise hohen Detailierungsgrad der im Rahmen der kooperativen Diensterbringung in den einzelnen spezialisierten Abteilungen bzw. Organisationen bezüglich einzelner Systemelemente vorhandenen Managementinformationen, die vereinheitlicht und zusammengeführt werden müssten. Darüber hinaus müssen im Kontext der Zentralisierung der Managementinformationen Fragestellungen in Bezug auf die Aktualität der Informationen sowie der Organisation bzw. Handhabung der Dynamik der Kooperationsbeziehungen im Umfeld der dienstorientierten Systeme adressiert werden.

Um die betriebsspezifischen Prozesse des *ITSM* dennoch adäquat mit organisationsübergreifenden Managementinformationen versorgen zu können, wird im Folgenden ein auf den Prinzipien der Föderation und der Bedarfsorientierung aufbauender Ansatz zur Realisierung eines holistischen Informationsraums im Kontext dienstorientierter Systeme vorgestellt.

5.3.1 Föderierte Verwaltung der Managementinformationen

Um das Wissen über die Zustände, das Verhalten und den Status der einzelnen Systemelemente zur Unterstützung des Betriebs der gesamten Systemlandschaft und den damit verbundenen Prozesse zur Verfügung zu stellen, wird das gesamte dienstorientierte System um verschiedene Elemente erweitert. Neben dem im Abschnitt 5.2 vorgestellten semantischen Informationsmodell *i2mapCore* umfasst dies vor allem die Einführung von *normierten Zugangspunkten* auf die Managementinformationen der einzelnen Abteilungen bzw. Organisationen und einen *Verzeichnisdienst*. Wie in Abbildung 5-12 dargestellt, bieten die einzelnen Zugangspunkte (*Management Information Access Point, MIAP*) eine standardisierte Zugriffsmöglichkeit auf bestimmte, dezentral strukturierte bzw. organisierte Segmente des gesamten Informationsraums und liefern als Rückgabe den gewünschten Kontext zur Unterstützung der betriebsrelevanten Prozesse gemäß dem semantischen Modell. Somit wird die holistische Nutzung der betriebsrelevanten Informationen durch die Gesamtheit aller *MIAPs* in Kombination mit dem homogenisierenden Informationsmodell realisiert. Für die Beantwortung der Fragestellung, welche Managementinformationen für die Erstellung eines konkreten Informationskontexts zur Verfügung stehen, und über welchen Zugangspunkt diese in welcher Form konsumiert werden können, stellt der *Verzeichnisdienst* die notwendigen Informationen bereit. Hierfür werden die elementspezifischen Daten in den Quellen der verantwortlichen Abteilungen bzw. Organisationen (*Management Data Repositories, MDR*) belassen und lediglich global eindeutige Verweise auf die lokalen Informationsentitäten und deren Typ entsprechend dem semantischen Modell *i2mapCore* im Verzeichnis vorgehalten. Darüber hinaus werden durch Inferenz-Mechanismen (MacKay 2003; Ha, Sohn und Cho 2005) Redundanzen und Inkonsistenzen innerhalb des Informationsraums identifiziert sowie neues Wissen über die Systemlandschaft erschlossen. Im Folgenden wird ein Überblick über die einzelnen Elemente des auf Basis des Standards

Configuration Management Database Federation (Carlisle, Eisinger, Johnson, Kowalski et al. 2009) erarbeiteten Ansatzes gegeben.

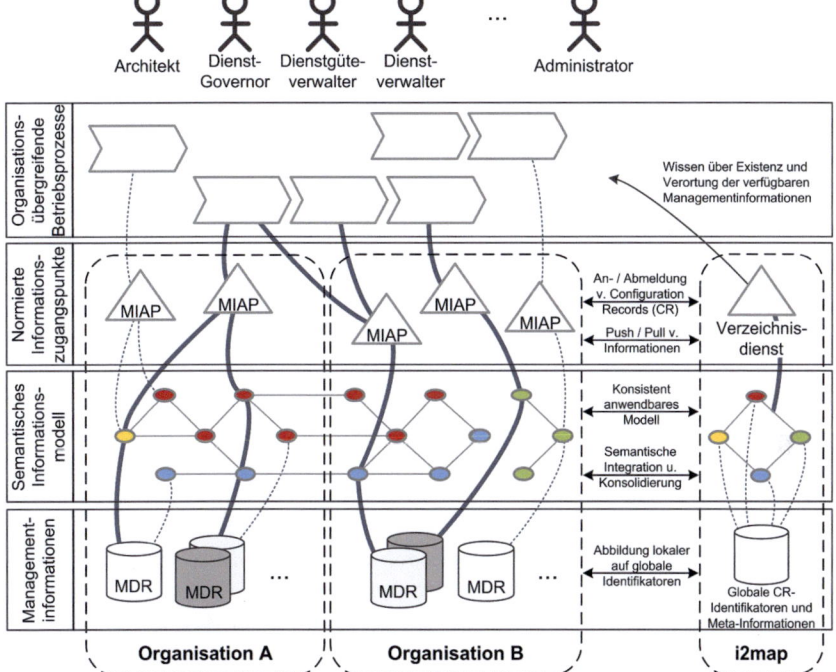

Abbildung 5-12: Realisierung des holistischen Informationsraums

5.3.1.1 Management Data Repository (MDR)

Ein *Management Data Repository* umfasst eine beliebige Anzahl an abteilungs- bzw. organisationsspezifischen Datenquellen für elementbezogene Managementinformationen und beinhaltet infolgedessen eine Menge an Daten über *verwaltete Objekte* (*Configuration Items, CIs*) der Systemlandschaft. Die Verwaltung eines *MDR* und der darin enthaltenen Daten über *CIs*, sogenannte *Configuration Records*, erfolgt in diesem Kontext dezentral und autonom. In diesem Zusammenhang obliegt die Etablierung von (automatisierten) Mechanismen und Protokollen zur Erfassung und Speicherung der relevanten Informationen im Einflussbereich der *MDR*-zuständigen Organisationseinheiten. Infolgedessen zeichnen sich die Daten durch proprietär gestaltete Datenformate, unterschiedliche syntaktische Strukturen, eine ungleiche Granularität und Aktualität sowie durch Redundanzen und Inkonsistenzen aus und können nur schwer zusammengeführt bzw. in einen übergeordneten Kontext gesetzt werden.

5.3.1.2 Management Information Access Point (MIAP)

Der Zugriff auf die Daten der einzelnen *MDRs* zur Unterstützung der betriebsrelevanten *ITSM*-Prozesse wird durch dedizierte Schnittstellen, die *Management*

Information Access Points (*MIAPs*), realisiert. Ein solcher *MIAP* kapselt den systemspezifischen Zugriff auf die Daten eines *MDRs* und deren Abbildung auf die Konzepte des homogenisierenden semantischen Informationsmodells. Die konkrete Abfrage der Managementinformationen über die Schnittstelle erfolgt anhand lokal eindeutiger Bezeichner (*Identifier*) für die einzelnen *Configuration Items* bzw. *Configuration Records*. Neben der geeigneten Ausgestaltung der Abbildung der Daten auf das semantische Modell sowie der Implementierung von Sicherheits-mechanismen an der Dienstschnittstelle bestimmt sich der Umfang und der Detail-lierungsgrad des von einer föderationsbeteiligten Organisationen bereitgestellten Segments des Informationsraums im Besonderen durch die Registrierung der verfügbaren Managementinformationen bei dem *Verzeichnisdienst*.

5.3.1.3 Verzeichnisdienst

Durch die dezentrale Verwaltung und die föderierte Strukturierung des gesamten Informationsraums wird ein zentrales Verzeichnis, das Auskunft über das Vorhanden-sein von relevanten Managementinformationen sowie über deren Speicherort bzw. den assoziierten Zugangspunkt (*MIAP*) gibt, benötigt. Für die Erfassung der Meta-Informationen über die betriebsrelevanten Daten der Systemlandschaft existieren ein *Push-* und ein *Pull-Modus*. Im *Push-Modus* nutzt die *MDR* zur aktiven An- bzw. Abmeldung der über den assoziierten *MIAP* und gemäß dem homogenisierenden Informationsmodell zur Verfügung gestellten *Configuration Records* einen dedizier-ten Zugangspunkt des Verzeichnisdienstes. Darüber hinaus kann sich das *MDR* dieser Schnittstelle bedienen, um im Falle von Änderungen an der verwalteten Datenbasis Aktualisierungen an den Einträgen im Verzeichnisdienst zu initiieren. Im *Pull-*Modus werden die zum föderierten Informationsraum beitragenden *MIAPs* bzw. *MDRs* ausgewählt und der Verzeichnisdienst fragt die einzelnen Datenquellen nach rele-vanten *Configuration Records* ab.

In beiden Fällen werden zu identifizierten *CRs* bzw. *CIs* Meta-Informationen, wie beispielsweise der Typ der Managementinformation oder das Erstellungsdatum des Eintrags, unter einem global eindeutigen Bezeichner im Verzeichnis abgelegt. Der global eindeutige Identifikator wird in diesem Zusammenhang durch die Konkate-nation des lokal gültigen, *MDR*-spezifischen Bezeichners einer Entität mit dem Identifikator des verwaltenden *MDRs* (*mdrId*) erreicht. Dies entspricht dem Konzept eines *Information Space Identifiers* (Nussbaumer 2008).

5.3.1.4 Semantisches Informationsmodell

Das im Abschnitt 5.2 inhaltlich vorgestellte semantische Informationsmodell für dienstorientierte Systeme *i2mapCore* stellt einen zentralen konzeptionellen Baustein für die Realisierung des holistischen Zugriffs auf den zugrundeliegenden Informationsraums entsprechend des durch die DMTF veröffentlichten Standards *Configuration Management Database Federation* (Carlisle et al. 2009) dar. Zwar werden in der CMDBf-Spezifikation die Konzepte des *Management Data Repository (MDR)* und des *Verzeichnisdienstes* in ähnlicher Weise vorgestellt, aber in Bezug auf das Informationsmodell gibt der Standard keinen Aufschluss. Entsprechend dem Standard sind in dem föderierten Informationsraum lediglich *Configuration Records*, deren Typen dem Verzeichnisdienst bekannt sind, zulässig. Hier schließt die Anwendung des entwickelten *semantischen Informationsmodell* im Rahmen des *Verzeichnisdiensts* sowie innerhalb der *Management Information Access Points* der *MDRs* die Kluft einer fehlenden gemeinsamen Sprache im Umfeld der durch Hetero-genität geprägten Domäne der Managementinformationen und ermöglicht ein fundiertes Verständnis über Art und Zweck der vorhandenen Informationen. Darüber hinaus ermöglicht der semantische Charakter des Modells die verfeinerte Ausge-staltung der im Standard vorgesehenen *Identity Reconciliation Rules*, die die Zusammenführung redundanter Sachverhalte aus unterschiedlichen Datenquellen ermöglichen sollen. Neben der Identifikation von Redundanzen stellen die Möglich-keit der semantischen Interpretation der Daten und der Einsatz von semantischen Technologien zur Analyse der Informationen die Grundlage für die fortgeschrittene und automatisierte Verknüpfung der Informationen und die Ableitung neuer Fakten bzw. Wissens dar.

5.3.2 Evolution des Informationsraums

Aufgrund der Dynamik dienstorientierter Systeme unterliegt der assoziierte Informa-tionsraum betriebsrelevanter Managementinformationen über die Eigenschaften der gesamten Systemlandschaft kontinuierlichen Veränderungen. Zum einen liegt der Ursprung dieser Weiterentwicklung in der Variation der Kooperationsbeziehungen zwischen den diensterbringenden Organisationseinheiten und deren betriebsunter-stützenden Systeme und Datenquellen. Darüber hinaus wandelt sich der Informa-tionsraum aufgrund von Reifeprozessen und neuartigen Methodiken und Technolo-gien der Diensterbringung sowie der Betriebsunterstützung, die Veränderungen der Informationsbedürfnisse der Betreibergruppen nach sich ziehen und konzeptionell auf das semantische Informationsmodell *i2mapCore* abgebildet werden müssen.

Um einerseits den Herausforderungen der strukturellen und datenorientierten Kompositionsdynamik des Informationsraums und andererseits der Weiterentwick-lung des zugrundeliegenden Informationsmodells zu begegnen, wurde, basierend auf den im Abschnitt 5.3.1 vorgestellten Konzepten, ein Vorgehensmodell zur Begeg-nung dieser beiden Arten der Evolution entwickelt.

5.3.2.1 Kompositionsdynamik des Informationsraums

Die (temporäre) Einbindung bzw. das Ausscheiden von *Management Data Reposi-tories* sowie die inhaltliche Ausweitung der verfügbaren Informationen bestehender Datenquellen auf vordefinierte Konzepte des semantischen Modells stellen die zentralen Ursachen für strukturelle und datenorientierte Veränderungen des Informationsraum dar. Um auf der Datenebene einen homogenen und holistischen Informationsraums zu gewährleisten, adressiert das entwickelte Vorgehensmodell unterschiedliche Evolutionsfälle.

Im Falle einer neu identifizierten Datenquelle sieht das Methodik vor, dass in einem ersten Schritt durch die für die Datenquelle zuständige Organisation die darin enthaltenen Managementinformationen analysiert und dabei die Daten, die der Föderation zur Verfügung gestellt werden sollen, identifiziert und auf konzeptioneller Ebene Elementen des Informationsmodells zugewiesen werden. In diesem Schritt werden die technischen Betreuer des *MDRs* (*System & Service Operator*) im Besonderen durch einen *Information Space Librarian (Informationsraumverwalter)*, der über ein fundiertes Verständnis über die relevanten Konzepte des Informationsmodells *i2mapCore* verfügt, unterstützt. Sollte die Analyse ergeben, dass im Speziellen neuartige Managementaspekte nicht adäquat auf das Informationsmodell abgebildet werden können, führt dies zu einer Erweiterung der Konzepte von *i2mapCore* (vgl. Abschnitt 5.3.2.2). Der Analyse der Daten nachgelagert ist die Entwicklung des *Management Information Access Points*, um den Zugriff auf die Daten zu ermöglichen. Hierbei orientiert sich die Ausgestaltung der Dienstschnittstelle am Standard *Configuration Management Database Federation* (Carlisle et al. 2009), wodurch lediglich die Abbildung der Daten auf die homogenisierten Konzepte des semantischen Modells als Rückgabewerte für zulässige Anfragen und bei Bedarf Sicherheitsmechanismen umgesetzt werden müssen. Für die Verknüpfung der Daten mit den Konzepten müssen fallspezifische Funktionen die relevanten Daten entsprechend den Anfragekontexten aus dem *MDR* extrahieren und in die Zielschemata transformieren. Zur Realisierung dieser Funktionalität steht dem Dienstentwickler (*Service Developer*) in Bezug auf technische Aspekte der zugrundeliegenden Ontologie ein *Ontology Engineer* (*Ontologie-Entwickler*) zur Seite. Sobald der *MIAP* umgesetzt ist und der technische und organisatorische Betrieb des Informationsdienstes vornehmlich durch die Rollen des *System & Service Operators* und dem *Service Manager* gewährleistet wird, kann der Dienst in die Föderation eingebunden und genutzt werden. Die Veröffentlichung der darin enthaltenen Informationen funktioniert über die Anmeldung der *Configuration Records* am *Verzeichnisdienst*. Hierfür kann der im Abschnitt 5.1.3.1 vorgestellte *Pull-* oder *Push-Modus* genutzt werden, wodurch die Informationen den gesamten, föderiert strukturierten Informationsraum erweitern.

Neben der beliebigen (zeitlich begrenzten) Eingliederung von Datenquellen der Föderationspartner bieten die vorgestellten Konzepte zur Realisierung eines holistischen Informationsraums die Möglichkeit der schrittweisen Erweiterung der Einbindung von Managementinformationen eines *MDRs*. Dies wirkt sich vorteilhaft im Falle einer gewünschten Minimierung der initialen Kosten und einer sukzessiven Ausweitung der Beteiligung am Informationsraum sowie bei der Evolution der Datenbasis eines Systems aus. Entsprechend der Anmeldung einer weiteren Datenquelle müssen in diesem Fall die erweiternden Daten analysiert, auf die relevanten Konzepte des Modells abgebildet und der technische Zugriff implementiert werden. In Abhängigkeit des mit dem *MDR* assoziierten Modus der Veröffentlichung der Informationen muss die Datenquelle den Verzeichnisdienst über die neuen *Configuration Records* benachrichtigen (*Push-Modus*) oder diese werden durch den Verzeichnisdienst aktiv abgefragt (*Pull-Modus*).

Die Einschränkung der von einem *Management Data Repository* zur Verfügung gestellten Managementinformationen bzw. dessen komplette Abmeldung aus dem Verbund erfolgt über den Widerruf (*Revocation*) eines Teils oder aller Einträge im *Verzeichnisdienst* und der entsprechenden Anpassung des *MIAPs*. Für die *Revocation* wird die *Deregister*-Funktion zur Verfügung gestellt die das Löschen aller zu einem *MDR* assoziierten Einträge (anhand der *mdrID*), aller Einträge eines bestimmten Konzepttyps eines *MDR* (anhand *mdrID* und Konzept) und einzelner Einträge (anhand der *mdrID* und dem Bezeichner einer Entität) ermöglicht.

5.3.2.2 Evolution des semantischen Informationsmodells

Neben der Unterstützung der schrittweisen und zeitlich begrenzten Eingliederung von Datenquellen der Föderationspartner bietet das Vorgehensmodell eine Methodik zur inhaltlichen Ausweitung und Anpassung der Konzepte des semantischen Informationsmodells. Die Evolution lässt sich überwiegend auf den technologischen Fortschritt der dienstorientierten Systemlandschaften und der damit verbundenden Notwendigkeit der Erfassung neuartiger Konzepte zurückführen. Darüber hinaus bedingt eine veränderte technologische sowie organisatorische Diensterbringung Anpassungen der betriebsbezogenen Aufgaben und assoziierten Informationsbedarfe der Betreibergruppen, die kontinuierlich auf das semantische Modell *i2mapCore* abgebildet werden müssen.

In (Holsapple und Joshi 2002; Maedche, Motik, Stojanovic, Studer et al. 2003) werden Methodiken zur kollaborativen Entwicklung und Evolution von verteilten Ontologien präsentiert, die auf die vorliegende Problemdomäne angepasst eingesetzt werden. Der Ausgangspunkt einer jeden Modifikation des semantischen Modells besteht in einem Änderungsantrag, der auf eine struktur-, nutzungs- oder datengetriebene Ursache zurückgeführt werden kann. Beispiele stellen veränderte Informationsbedarfe von Betreibergruppen oder die Existenz von neuartigen Managementinformationen in einem *MDR* dar. Mit der Analyse des Sachverhalts durch einen oder mehrere Personen der Rolle des *Ontology Engineers* wird daraus eine konkrete Evolutionsanforderung an das Modell generiert und mit dedizierten Techniken die Auswirkungen auf die jeweilige und die davon abhängigen Ontologien veranschaulicht bzw. die Effekte auf deren Konsistenz beurteilt. Dies stellt, im Besonderen aufgrund der Verteilung der Ontologie *i2mapCore* auf unterschiedliche Knoten des Systems (datenhaltende Systeme, *MIAPs* sowie *Verzeichnisdienste*) und der Einbindung existierender Ontologien, einen wichtigen Aspekt dar. Eng damit verbunden ist – in Abhängigkeit der Tragweite der identifizierten Auswirkungen – die lokale bzw. globale Verbreitung von Informationen über die bevorstehenden Modifikationen an den Konzepten der Ontologien und der hieraus resultierenden Implikationen auf den gesamten Informationsraum sowie auf den Einsatz der Ontologien. Mit der homogenisierenden Wirkung des semantischen Informationsmodells über dessen Installation an den Verzeichnisdiensten erfolgt die Propagierung über bevorstehende, globale Modifikationen über diese zentralen Stellen des verteilten Systems. Neben der Ankündigung der Änderungen stellt die eigentliche Implementierung der Modifikationen an einer Instanz des semantischen Modells und die Überprüfung der Anpassungen bzw. der Probebetrieb einen zentralen Schritt im Evolutionsprozess dar. Hierbei wird, wie bereits erwähnt, auf etablierte Methodiken und Best Practices zurückgegriffen. Für die Verteilung einer im Idealfall kooperativ entwickelten, neuen Version einer Ontologie besteht ein *Push-* und *Pull-Modell*, welches, leicht modifiziert, auch für die Propagierung von Ankündigungen von Änderungen genutzt werden kann. Im *Push-Modus* werden die Informationen den bekannten Knoten des Systems, wie beispielsweise den föderationsbeteiligten *Management Data Repositories* oder zwischen *Verzeichnisdiensten* proaktiv zugestellt und diese können fallspezifisch auf die Veränderungen reagieren bzw. sich einstellen. Der *Pull-Modus* unterstützt die dezentrale Abfrage von Änderungen, der Änderungshistorie und von neuen Versionen der Ontologie *i2mapCore* über eine dedizierte Schnittstelle des *Verzeichnisdienstes*. Dieser Modus ermöglicht es im Besonderen Systemen und Akteuren, die bisher noch nicht Teil des föderierten Informationsraum sind, sich über die Konzepte und darauf aufbauend über verfügbare *Configuration Records* anderer Datenquellen zu informieren.

Die Verwaltung der unterschiedlichen Versionen der *i2mapCore*-Ontologie in der verteilten Umgebung erfolgt über die Versionierung der Ontologie und der darin beinhalteten Konzepte entsprechend dem *Ontology Metadata Vocabulary* (Hartmann, Palma, Sure, Suárez-Figueroa et al. 2005; Haase, Palma und Lewen 2009). Neben der allgemeinen Beschreibung der Ontologie durch Attribute wie Name, Beschreibung, Schlagworte, Typ und Anwendungsbereich können Angaben in Bezug auf die Entwicklungsmethodik der aktuellen Version spezifiziert werden, um eine spätere Evolution bestmöglich zu unterstützen. Hierunter fällt beispielsweise die Beschreibung der Methodik zur Erstellung der Ontologie, der eingesetzten Werkzeuge und der Sprache sowie der Syntax der Ontologie. Darüber hinaus können verschiedene Konzepte der *Provenance*, die Auskunft über die Herkunft und Historie der Ontologie geben, genutzt werden. Analog zur inhaltlichen Ausgestaltung des semantischen Informationsmodells für die durch Komposition und Verteilung geprägten dienstorientierten Systeme stellt im Kontext verteilter Ontologien die Abbildung der Relationen einer Ontologie zu anderen Versionen oder Ontologien ein zentraler Aspekt der Beschreibung dar. Hierfür existieren die Konzepte *useImports*, *hasPriorVersions*, *isImcompatibleWith*, *isBackwardCompatible*, um die relevanten Beziehungen als Meta-Informationen zu pflegen.

5.4 Technische Realisierung

Basierend auf den in den letzten Abschnitten entwickelten Konzepten, Modellen und Methodiken wird im Folgenden ein technisches Rahmenwerk zu deren Umsetzung vorgestellt. Abbildung 5-13 gibt in diesem Zusammenhang einen Überblick über die verschiedenen technischen Elemente der Realisierung, die eine Referenzimplementierung zur Entwicklung eines homogenen und holistischen Informationsraum im Kontext der dienstorientierten Systemlandschaften darstellen. Wie in der Abbildung ersichtlich, wurden zum einen Lösungsbausteine entwickelt, die in Kombination mit dem semantischen Informationsmodell *i2mapCore* die zentrale Funktionalität eines Verzeichnisdienstes für verteilte Systeme erbringen (*i2map-Registry*). Entsprechend dem übergeordneten Rahmenwerk der *integrated information map* werden diese Elemente dem Managementaspekt der Beschreibung zugeordnet. Darüber hinaus werden Komponenten, die die Teilnahme von beliebigen Fachabteilungen und Organisationen an dem föderiert strukturierten und organisierten Informationsraum ermöglichen, vorgestellt.

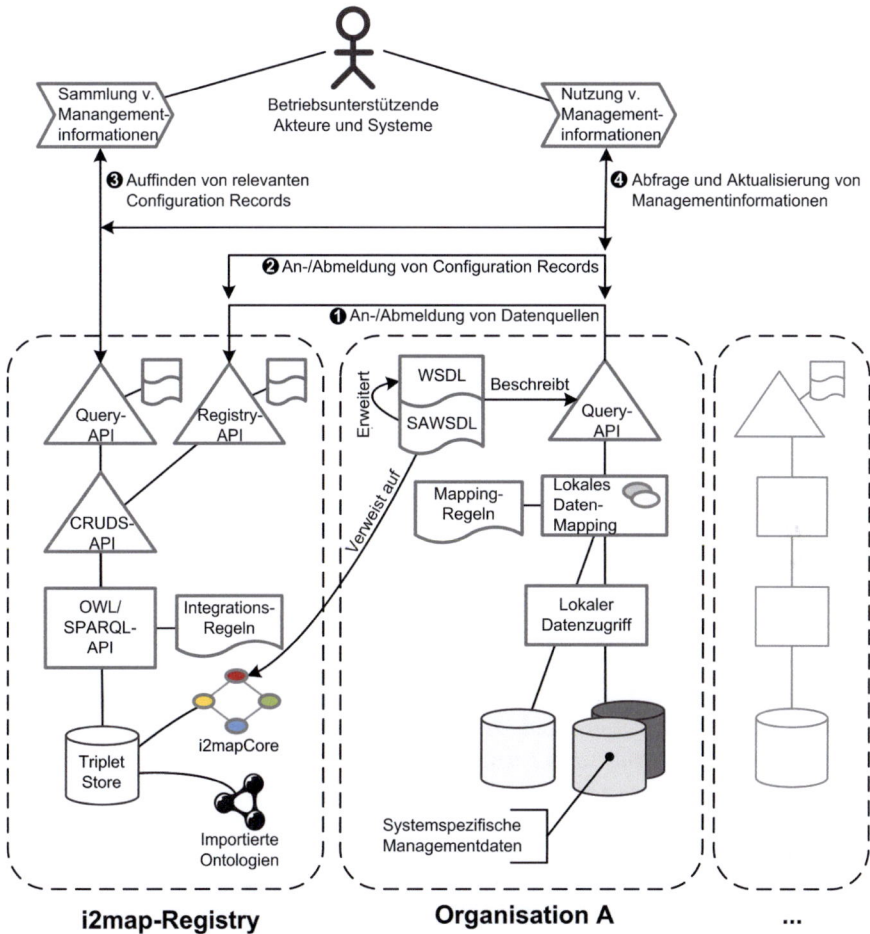

Abbildung 5-13: Technischer Überblick über die Referenzimplementierung

5.4.1 Die i2map-Registry als Verzeichnisdienst

5.4.1.1 Überblick

Die *i2map-Registry* stellt eine exemplarische Implementierung der Konzepte und Modelle in Bezug auf die Funktionalitäten eines *Verzeichnisdienstes* dar. Ein zentraler Aspekt stellt hierbei die Zusammenführung der erarbeiteten Konzepte und Methodiken auf der Basis des Standards *Configuration Management Database Federation* (*CMDBf*) (Carlisle et al. 2009) mit dem ontologiebasierten Informationsmodell *i2mapCore* dar. Im Zuge der Realisierung werden verschiedene Standards und Technologien aus dem Bereich des *Semantic Webs* eingesetzt.

Auf unterster Ebene der *i2map-Registry* werden Mechanismen zur Verwaltung und Bereitstellung des semantischen Informationsmodells benötigt. Einerseits umfasst dies einen *Triplet Store* (Rusher 2009), welcher die Speicherung der semantischen Informationen in Form von *Tripels* ermöglicht. Darüber hinaus bedarf es Komponenten, die den Zugriff auf die Informationen gemäß etablierter Standards, wie der *SPARQL Query Language for RDF* (*SPARQL*) (Prud'hommeaux und Seaborne 2008), zur Verfügung stellen und Inferenz-Mechanismen zur Ableitung von neuem Wissen unterstützen. Im Rahmen dieser Arbeit wird das *Jena Semantic Web-Framework* (Hewlett-Packard Development Company 2009) verwendet. Um generell einen plattformunabhängigen Zugriff auf das eingesetzte *Semantic Web*-Framework zu realisieren und dessen Austauschbarkeit zu gewährleisten, wurde ein *CRUDS*-basierter Web Service entwickelt (*CRUDS-API*). Dessen *CRUDS*-Methoden dienen zum Anlegen (`Create`), Lesen (`Read`), Ändern (`Update`), Löschen (`Delete`) und Suchen (`Search`) von Datenobjekten bestimmter Typen (Zimmermann, Krogdahl und Gee 2004). Im vorliegenden Fall realisiert der CRUDS-Dienst den Zugriff auf die Informationen aus Jena bzw. für *SPARQL*-Anfragen aus der *Jena SPARQL Database (JenaSDB)* und bietet – auch im Falle des Austauschs des zugrundeliegenden semantischen Rahmenwerkes – eine stabile Schnittstelle auf die semantischen Informationen für höhere Schichten. Eine detaillierte Beschreibung der Funktionsweise des entwickelten CRUDS-Dienstes und der Anbindung an das *Jena-Framework* findet sich in (Huber 2008).

5.4.1.2 Beschreibung der Schnittstelle

Auf Basis der auf dem *Triplet Store* und dem Jena-Rahmenwerk aufgesetzten CRUDS-Schnittstelle wird der Zugriff auf die semantischen Informationen im Kontext des föderierten Informationsraums realisiert. Dies umfasst die als Web Services realis-ierten, *CMDBf*-konformen Schnittstellen *Registry-API* und *Query-API*. Die *Registry-API* dient zur An/-Abmeldung von *Management Data Repositories* sowie von *Configuration Records* (vgl. Schritt 1 und 2 in Abbildung 5-13). Die *Query-API* ist eine Schnittstelle zur Abfrage dieser Einträge und, falls die *i2map-Registry* selbst auch als *MDR* fungiert, bietet den Zugriff auf verwaltete Managementinformationen (vgl. Abschnitt 5.4.2) . Wie in Abbildung 5-14 dargestellt, umfasst die *Registry-API* die beiden *CMDBf*-konformen Methoden `Register` und `Deregister` für die An/-Abmeldung von *MDRs* und *CRs* sowie als Erweiterung die Funktion `GetISTypes` für die Abfrage der durch den *Verzeichnisdienst* unterstützten Typen und Versionen des semantischen Informationsmodells.

```
1   /* Öffentliche Methoden der Registry-API */
2   public RegisterResponse Register(XmlElement RegisterRequest);
3   public DeregisterResponse Deregister(XmlElement DeregisterRequest);
4   public XmlElement GetISTypes(XmlElement getISTypesRequest);
```

Abbildung 5-14: Implementierte Methodensignatur der Registry-API

Die Anmeldung eines *MDRs* sowie der verwalteten Elemente erfolgt über einen entsprechend ausgestalteten `RegisterRequest` vom Typ `RegisterRequest-Type`. Wie in Abbildung 5-15 ersichtlich, setzt sich dieser aus dem global eindeutigen Bezeichner des *MDRs* (`mdrId`) und einer optionalen Liste an `Items` und `Relationen` zwischen den `Items`, die bei dem *Verzeichnisdienst* angemeldet werden sollen, zusammen.

```
1     <!-- Definition für den Anfragekontext 'RegisterRequestType' -->
2     <xs:complexType name="RegisterRequestType">
3       <xs:sequence>
4         <xs:element name="mdrId" type="xs:anyURI" />
5         <xs:element name="itemList" type="cmdbf:ItemListType"
6             minOccurs="0" maxOccurs="1" />
7         <xs:element name="relationshipList"
8             type="cmdbf:RelationshipListType" minOccurs="0"
9           maxOccurs="1" />
10      </xs:sequence>
11    </xs:complexType>
```

Abbildung 5-15: Schema-Definition für RegisterRequestType

Die Typen ItemListType und RelationshipListType können eine Menge an
Items (*Configuration Records* bzw. *Items*) bzw. Relationen beinhalten.
Exemplarisch ist in Abbildung 5-16 die Schemadefinition für die Liste der Items
aufgeführt. Dementsprechend umfasst ein einzelnes Item eine beliebige Anzahl an
Aussagen (Records) über das in der *MDR* verwaltete Element. Diese Aussagen
stellen beispielsweise Attribute der Klasse bzw. des Typs gemäß dem semantischen
Modell dar. Sollte eine spezifische Ausprägung eines Typs nicht durch den
Verzeichnisdienst nativ unterstützt werden, so besteht die Möglichkeit über das
Element additionalRecordType erweiternde Informationen dem Eintrag hinzu-
zufügen. Von zentraler Bedeutung für die Deklaration eines Items ist das Attribut
instanceId, welches über die Verknüpfung der globalgültigen mdrId und einem
MDR-spezifischen Objekt-Bezeichners das Auffinden und die Abfrage eines
Configuration Records ermöglicht. Entsprechend dem *CMDBf*-Standard werden bei
der Anmeldung bzw. der Aktualisierung eines *CR* alle im *Verzeichnisdienst* bereits
existierenden Einträge in Bezug auf das Element verworfen.

```
1     <!-- Definition von ItemListType -->
2     <xs:complexType name="ItemListType">
3       <xs:sequence>
4         <xs:element ref="cmdbf:item" minOccurs="1" maxOccurs="unbounded" />
5       </xs:sequence>
6     </xs:complexType>
7     <!-- Definition von ItemType -->
8     <xs:element name="item" type="cmdbf:ItemType" />
9     <xs:complexType name="ItemType">
10      <xs:sequence>
11        <xs:element ref="cmdbf:record" minOccurs="0"
12            maxOccurs="unbounded" />
13        <xs:element ref="cmdbf:instanceId" minOccurs="1"
14            maxOccurs="unbounded" />
15        <xs:element name="additionalRecordType" type="cmdbf:QNameType"
16            minOccurs="0" maxOccurs="unbounded" />
17      </xs:sequence>
18    <!-- Definition von InstanceId -->
19    <xs:element name="instanceId" type="cmdbf:MdrScopedIdType" />
20    <xs:complexType name="MdrScopedIdType">
21      <xs:sequence>
22        <xs:element name="mdrId" type="xs:anyURI" minOccurs="1"
```

```
23          maxOccurs="1" />
24      <xs:element name="localId" type="xs:anyURI" minOccurs="1"
25          maxOccurs="1" />
26      </xs:sequence>
27   </xs:complexType>
```

Abbildung 5-16: Schema-Definition für ItemListType und assoziierte Typen

5.4.1.3 Ableitung neuer Fakten über die Systemlandschaft

Im Rahmen des *CMDBf*-Standards werden abstrakt sogenannte *Identity Reconciliation Rules* beschrieben, die eine Zusammenführung von Management-informationen zu Elementen aus verschiedenen Datenquellen und die Aufdeckung von redundanten Sachverhalten ermöglichen sollen. Im Rahmen dieser Arbeit erfolgte die Umsetzung solcher, zu einer qualitativ besseren Informationsintegration führenden Mechanismen auf verschiedenen Ebenen. Zum einen wurde die Spezifikation von sogenannten Integrationsregeln, die zusammengehörige Sach-verhalte anhand der Attributinhalte der Elemente, wie beispielsweise datenquellen-übergreifende eindeutige Bezeichner wie die Seriennummer eines technischen Elements und definierter Muster identifizieren und miteinander verknüpfen. Details zur Anwendung der Regeln sowie zur technischen Umsetzung finden sich in (Majer, Nussbaumer, Riexinger und Simon 2009) sowie in (Simon 2009). Aufgrund des semantischen Charakters des Informationsmodells *i2mapCore* können die Integra-tionsregeln auch auf semantischer Ebene umgesetzt werden. Hierbei erfolgt die semantische Interpretation der Daten und eine darauf aufbauende automatisierte Verknüpfung der Informationen (Singh 2007). Mit der Nutzung des *Jena Semantic Web-Frameworks* als verwaltende Komponente der semantischen Informationen wird darüber hinaus die Nutzung von automatischen Inferenz-Mechanismen zur Ableitung von neuen Fakten bzw. Wissen aus den bestehenden Aussagen über die gesamte Systemlandschaft ermöglicht. Grundlage hierfür stellt die bedarfsorientierte Erweiterung des semantischen Modells dar, damit über den Einsatz der Mechanismen die benötigten Zusammenhänge erschlossen werden können und hierdurch der Informationsraum für die Abfrage spezifischer Sachverhalte vorbereitet ist.

```
1    <owl:class rdf:ID="i2map_Premium_ApplicationSystem">
2    <owl:equivalentClass>
3     <owl:Class>
4       <owl:intersectionOf rdf:parseType="collection">
5        <owl:Restriction>
6          <owl:onProperty rdf:resource="#i2map_Relation__runsOn"/>
7          <owl:allValuesFrom rdf:resource="#CIM_ComputerSystem"/>
8        </owl:Restriction>
9        [...]
10       <owl:Restriction>
11         <owl:onProperty rdf:resource="#i2map_Relation__runsOn"/>
12         <owl:allValuesFrom>
13          <owl:intersectionOf rdf:parseType="collection">
14            <owl:Class rdf:about="#CIM_RedundancySet"/>
15            <owl:Restriction>
```

```
16                    <owl:onProperty rdf:resource="#
                          http://purl.org/dc/elements#type"/>
17                    <owl:allValuesFrom rdf:resource="#HotStandby"/>
18                  </owl:Restriction>
19                </owl:unionOf>
20              </owl:allValuesFrom>
21            </owl:Restriction>
22          </owl:intersectionOf>
23        </owl:Class>
24     </owl:equivalentClass>
25 </owl:class>
```

Abbildung 5-17: Erweiterung der Ontologie zur Ableitung neuer Sachverhalte

Abbildung 5-17 gibt in diesem Zusammenhang einen Auszug aus einer Erweiterung der Ontologie i2mapCore wieder. Hierbei wird die Klasse i2map_Premium_Appli-cationSystem definiert, die eine spezielle Art eines Anwendungssystems darstellt. Dementsprechend handelt es sich bei einer Anwendung um eine Instanz einer solchen Klasse, falls sich die zugrundeliegenden Systeme durch besondere qualitative Eigenschaften, wie beispielsweise eine hohe Ausfallsicherheit aufgrund geeigneter Redundanzen, auszeichnen. In der *i2map-Registry* werden die vorhandenen Informationen kontinuierlich auf diese Erweiterungen hin überprüft und beim Vorliegen eines solchen Sachverhaltes ein neuer Eintrag automatisch hinzugefügt. Schlussendlich können die konkreten Instanzen, die dem komplexe Sachverhalts entsprechen, über die in Abbildung 5-18 dargestellte *SPARQL*-Anfrage direkt abgefragt werden.

```
1  PREFIX rdf: <http://www.w3.org/1999/02/22-rdf-syntax-ns#>
2  PREFIX i2map: <http://mwrg.tm.uka.de/i2map/2009/03/02/extensions#>
3  SELECT DISTINCT ?Identifier
4      WHERE
5      {
6        ?Identifier rdf:type i2map_Premium_ApplicationSystem .
7      }
```

Abbildung 5-18: SPARQL-Template für die Suche nach Objekten vom Typ
„i2map_Premium_ApplicationSystem"

5.4.2 Zugriff auf die Managementinformationen über die Query-API

Die *Query-API* realisiert den tatsächlichen Zugriff auf die Managementinformationen und stellt eine Web Service-basierte Umsetzung des Konzepts des *Management Information Access Points* dar. Hierbei wird die Schnittstelle zum einen von der *i2map-Registry* zur Verfügung gestellt und ermöglicht den Zugriff auf die selbst verwalteten Elemente des Informationsraums sowie die Verzeichniseinträge und, in Abhängigkeit der Konfiguration, die direkte Rückgabe von Manangementinformationen anderer *MDRs*, die über die *Registry-API* angemeldet wurden und in den Zuständigkeitsbereich des *Verzeichnisdienstes* fallen. Darüber hinaus implementieren die einzelnen föderationsbeteiligten *MDRs* jeweils einen *MIAP*, um den Zugriff auf die enthaltenen Informationen verschiedenen Systemen zur Verfügung zu stellen.

Anfragen an die *Query-API* erfolgen über die Methode `GraphQuery` und umfassen als Eingabeparameter einen `QueryRequest`, der entsprechend der unterstützten Anfrage-Modi die konkreten Suchparameter beinhaltet. Der in Abbildung 5-19 dargestellte Ausschnitt einer WSDL-Beschreibung eines QueryServices gibt eine konkrete Ausprägung der potenziellen Anfragemöglichkeiten wieder. Demnach kann ein Dienst innerhalb der `queryCapabilities` beschreiben, in welchem Detailgrad die Ergebnismenge zurückgegeben wird (`contentSelectorSupport`) und in welchem Umfang Filtermechanismen bei der Suchanfrage Einsatz finden können (`record-ConstraintSupport`). In dem vorliegenden Beispiel kann bei einer Anfrage über den `recordTypeSelector` spezifiziert werden, ob als Rückgabe lediglich die `instanceIds` (vgl. Abschnitt 5.4.1) der Elemente oder die vollständigen Objekte mit allen ihren Attributen zurückgegeben werden sollen. Ersteres ist gerade im Kontext der *Query-API* eines *Verzeichnisdienstes* und der Methode der Sammlung von relevanten Configuration Records (Schritt 3 in Abbildung 5-13) sowie der nachgelagerten Abfrage des vollständigen Objekts über die *Query-API* des zuständigen *MDRs* (Schritt 4 in Abbildung 5-13) von Bedeutung. Darüber hinaus kann ein Dienst über den `propertySelector` spezifizieren, ob die Menge der Attribute eines Rückgabeobjekts explizit eingeschränkt werden soll. In Bezug auf die Einschränkung der Ergebnismenge besteht die Möglichkeit, die Suche auf bestimmte Typen einzuschränken (`recordTypeConstraint`) und innerhalb dieser Typen über die Nutzung der unterstützten Vergleichsoperatoren (`propertyValueOperators`) einzelne Attributwerte (`propertyValueConstraint`) abzufragen. Die konkrete Ausprägung dieser Konfigurationsparameter der umgesetzten Query-Dienste ist eng an die übergreifende Struktur und die Sicherheits- und Vertrauensverhältnisse des föderierten Informationsraums gekoppelt.

```
1   <queryServiceMetadata xmlns="http://schemas.dmtf.org/../serviceMetadata">
2    <serviceDescription>
3     <mdrId>376DA01A-6ABA-4DC1-80C7-72A285C82234</mdrId>
4    </serviceDescription>
5    <queryCapabilities>
6     <contentSelectorSupport propertySelector="false"
7                            recordTypeSelector="true" />
8     <recordConstraintSupport recordTypeConstraint="true"
9                              propertyValueConstraint="true">
10     <propertyValueOperators equal="true" less="false" greater="false"
11                             lessOrEqual="false" contains="false" ... />
12    </recordConstraintSupport>
13   <queryCapabilities>
14   <recordTypeList>
15    <recordTypes namespace="http://mwrg.tm.uka.de/.../i2map/core/v3.1"
16      schemaLocation="http://mwrg.tm.uka.de/.../i2map/core/v3.1"/>
17     <recordType localName="#CIM_AdminDomain"/>
18    </recordTypes>
19   </recordTypeList>
20  </queryServiceMetadata>
```

Abbildung 5-19: Beschreibung der unterstützten Suchmechanismen und Konzepte innerhalb der WSDL eines konkreten Query-Dienstes

Die Verarbeitung von Suchanfragen nach *Configuration Records* und Abfrage von Managementinformationen über die bereitgestellte *Query-API* erfolgt innerhalb der Komponente und in Abhängigkeit des zugrundeliegenden, datenhaltenden Systems. Hierbei werden die gemäß dem homogenisierenden Informationsmodell definierten Suchparameter auf die proprietäre Syntax und Zugriffsmechanismen der lokalen Datenstrukturen umgesetzt und die Ergebnisse des Abfrage auf die Konzepte der gemeinsamen Sprache umgewandelt. Beispielsweise werden in Bezug auf die *Query-API* der *i2map-Registry* und dem zugrundeliegenden Jena Semantic Web-Framework die Suchanfragen durch die dynamische Parametrisierung vordefinierter *SPARQL*-Templates umgesetzt. Abbildung 5-20 zeigt in diesem Zusammenhang ein solches *SPARQL*-Template, welches zur Umsetzung der Suche nach Objekten eines bestimmten Typs, die in einer beliebigen Relation zu einem Objekt stehen, eingesetzt wird. Hierbei wird in dem *SPARQL*-Ausdruck der Bezeichner des relevanten Objekts aus der Anfrage (als `propertyValueConstraint` in der Ausprägung `equal` übergeben) und die gewünschte Objektklasse (als `recordTypeConstraint` übergeben) ausgeprägt.

```
21  PREFIX rdf: <http://www.w3.org/1999/02/22-rdf-syntax-ns#>
22  PREFIX i2map: <http://mwrg.tm.uka.de/i2map/2009/03/02/extensions#>
23  SELECT DISTINCT ?mdrId ?Identifier
24      WHERE
25      {
26        ?Identifier i2map:mdrId ?mdrId
27        ?Identifier rdf:type [recordTypeConstraint] .
28        [propertyValueConstraint] i2map:relation ?Identifier .
29      }
```

Abbildung 5-20: SPARQL-Template für die Suche nach zu einem Objekt in Relation stehenden Objekten eines bestimmten Typs

Das Resultat der durch den *CRUDS-Dienst* umgesetzten *SPARQL*-Anfrage stellt eine Menge an *Triplets* dar, die von der *Query-API* entsprechend der Konventionen des *CMDBf*-Standards umgewandelt und zurückgegeben wird. Eine detaillierte Beschreibung eines technischen Lösungsansatzes zur Überführung von syntaktische unterschiedlichen Daten aus unterschiedlichen Systeme in ein gemeinsames Zielschema unter Verwendung von Templates und wiederverwendbarer Funktionen wird im Rahmen von (Asi 2009) beschrieben.

5.4.3 i2mapCore und Beschreibung der CMDBf-Dienste

Das semantische Informationsmodell *i2mapCore* stellt eine äußerst umfangreiche Ontologie zur Beschreibung der zentralen betriebsrelevanten Aspekte dienstorientierter Systeme zur Verfügung und überwindet die Defizite bzw. fehlende Praxistauglichkeit bestehender Modelle und Ansätze. Die Ontologie ist entsprechend dem in der Wissenschaft und Industrie etablierten Standard der *Web Ontology Language* (*OWL*) in der Variante *OWL-Description Logic* (*OWL-DL*) formalisiert (Horrocks, Patel-schneider und Harmelen 2003; Bechhofer et al. 2004) und steht auf der Homepage der Forschungsgruppe *IT Management und Web Engineering* öffentlich zur Verfügung (MWRG 2009).

Entsprechend der Vorstellung der Ontologie im Abschnitt 5.2 setzt sich diese aus einer Vielzahl von neu definierten und im Rahmen anderer Ontologien bereits bestehender Konzepte zusammen. Der Ausgangspunkt bei der Entwicklung der Ontologie bestand in der Verwendung der CIM-Ontologie (Quirolgico et al. 2004; Kryza et al. 2007) zur plattformunabhängigen und standardisierten Konzeptualisierung der Heterogenität in Bezug auf die technischen Ressourcen der dienstorientierten Systeme. Neben den spezifischen Erweiterungen im Modell, um beispielsweise Aspekte wie Dienstgütevereinbarungen, Metriken und Rollen adäquat abbilden zu können, wurden weitere Ontologien per Referenz importiert (`<owl:imports rdf:resource="URI"/>`). Hierzu zählen beispielsweise der *Dublin Core*-Standard (Dublin Core Metadata Initiative 2008) für Meta-Informationen über Elemente des Systems sowie die *Web Service Modeling Ontology* (Bruijn et al. 2005a) für die Beschreibung des funktionalen Verhaltens von Diensten.

Neben der Nutzung von *i2mapCore* als gemeinsame Sprache für die Abbildung und den Austausch der relevanten Eigenschaften in der föderierten Umgebung, kann das Modell entsprechend seines Charakters zur dezentralen Auszeichnung von Systemelementen genutzt werden. Hierbei können die modellkonformen Beschreibungen direkt mit den jeweiligen Elementen verknüpft und für unterschiedliche Szenarien zur Verfügung gestellt werden. In Bezug auf die im vorherigen Abschnitt vorgestellten Web Services wurde das semantische Modell für deren Beschreibung eingesetzt. Aus technischer Sicht wurde die mit einem Web Service assoziierte WSDL-Datei mit Hilfe des Standards *Semantic Annotations for WSDL and XML Schema* (*SAWSDL*) (Farrell und Lausen 2007) erweitert. Wie in Abbildung 5-21 skizziert, erweitert *SAWSDL* hierbei die WSDL lediglich um Verweise auf semantische Konzepte – in diesem Fall zur Kategorisierung der Schnittstelle gemäß der Terminologie von *i2mapCore*. Die Verknüpfung der Elemente der WSDL mit Konzepten der Ontologie erfolgt über die Referenzierung der Konzepte mittels einer URI und können somit von Konsumenten semantisch interpretiert werden. Schlussendlich zeigt sich in diesem Beispiel der konkrete Einsatz des Informationsmodells zur semantisch reichhaltigen Auszeichnung von Elementen der Systemlandschaft, die durch unterschiedliche Systeme ausgelesen und im Rahmen der Betriebsunterstützung Einsatz finden können.

```
1   <wsdl:descriptions
2     targetNamespace="http://.../wsdl/i2map/cmdbf/cmdbf10Service/"
3     xmlns="http://.../wsdl/i2map/cmdbf/cmdbf10Service/"
4     xmlns:wsdl="http://www.w3.org/ns/wsdl"
5     xmlns:xsd="http://www.w3.org/2001/XMLSchema"
6     xmlns:i2map="http://mwrg.tm.uka.de/ontologies/i2map/core/v3.1">
7     <wsdl:interface name="i2mapQueryServiceInterface"
8      sawsdl:modelReference="i2map:i2mapService__Category#Infrastructure ">
9       ...
10    </wsdl:interface>
11  </wsdl:descriptions>
```

Abbildung 5-21: Nutzung von SAWSDL zur Beschreibung eines Web Services anhand der Konzepte aus der Ontologie i2mapCore

5.5 Zusammenfassung

Als Resultat des charakteristischen kooperativen Diensterbringungsmodells sind die Managementinformationen über Elemente dienstorientierter Systeme über eine Vielzahl von Datenquellen in unterschiedlichen Abteilungen und Organisationen verstreut. Aufgrund ungenügender Zugriffsmechanismen, proprietärer Datenformate und einer inkonsistenten Syntax und Semantik sind die Daten im Kontext eines umfassenden IT Service Managements von begrenztem Nutzen und können nur unzureichend für die Unterstützung eines ganzheitlichen Betriebs und der damit verbundenen Prozesse eingesetzt werden. Vor diesem Hintergrund wurden in diesem Kapitel übergreifende Konzepte, Modelle, Mechanismen und Systeme aus dem querschnittlichen Aspekt der *Beschreibung* der *integrated information map* (*i2map*) vorgestellt, die einen *homogenisierten und holistischen Informationsraum* gemäß der in Kapitel 2 definierten Anforderungen ermöglichen. In diesem Zusammenhang stellt die Unterstützung der organisationsübergreifenden Integration, Konsolidierung und Bereitstellung von Managementinformationen aus den isolierten, heterogenen Datensilos ein zentraler Aspekt dar.

Kern des Lösungsansatzes stellt die Ontologie *i2mapCore* dar, die durch die neuartige Zusammenführung und Erweiterung existierender anwendungs- und organisationsunabhängiger Ontologien entwickelt wurde und die semantische Beschreibung der betriebsrelevanten Aspekte dienstorientierter Systemlandschaften ermöglicht. Dies umfasst insbesondere die Abbildung der spezifischen Heterogenität der technischen und organisatorischen Elemente der Systemlandschaften, deren facettenreicher Abhängigkeitsbeziehungen sowie der Dienstgüteaspekte auf ein konsistent anwendbares Modell. Mit der Ausgestaltung des Informationsmodells in Form einer Ontologie wird zum einen die Etablierung einer semantisch reichhaltigen und einheitlichen Taxonomie für die fokussierte Domäne erreicht. Darüber hinaus stellt die *i2mapCore*-Ontologie durch ihre maschinenverarbeitbare und -interpretierbare Form eine gemeinsame Sprache zwischen den unterschiedlichen betriebsbeteiligten Systemen der Fachabteilungen und Organisationen, die im Zuge der Diensterbringung miteinander kooperieren, zur Verfügung.

Neben der Konzeptualisierung der Problemdomäne durch das semantische Modell wird mit der Abbildung der organsiationsspezifischen Daten auf das Modell ein *homogenisierter Informationsraum* geschaffen. Um den holistischen Zugriff auf Managementinformationen zur Unterstützung des Betriebs und der damit verbundenen Prozesse zu ermöglichen, wurden *normierte Informationszugangspunkte*, sogenannte *Management Information Access Points* (*MIAPs*), vorgestellt. Diese, als Dienste umgesetzten Schnittstellen, bieten eine standardisierte Zugriffsmöglichkeit auf ein spezifisches Segment des Informationsraums und liefern als Rückgabe den gewünschten Kontext gemäß dem zugrundeliegenden, homogenisierenden Informationsmodell. Das vorgelagerte Auffinden der prozessrelevanten Informationen in dem föderativ strukturierten und organisierten Informationsraum erfolgt über die Nutzung dedizierter *Verzeichnisdienste*.

Schlussendlich wurde für die entwickelten Konzepte, Modelle und Mechanismen eine *Referenzimplementierung*, die Aufschluss über die einzelnen technischen Lösungsbausteine sowie deren Zusammenspiel gibt, vorgestellt. Neben der Beschreibung der Zusammenführung der verschiedenen Standards und Technologien aus den Bereichen IT Service Management, serviceorientierte Architekturen und Semantic Web wird insbesondere die schrittweise Umsetzung eines föderierten, homogenisierten Informationsraums auf technischer Ebene erläutert.

6 Visuelle Darstellungskonzepte für die Betriebsunterstützung

Vor dem Hintergrund der gestiegenen Komplexität bei der Erbringung höherwertiger Dienste und dem einhergehenden mangelnden Verständnis für die Zusammenhänge und Zustände des Gesamtgefüges benötigen die betriebsbeteiligten Gruppen eine adäquate Informationsversorgung, um die prozessbezogenen Aufgaben im Rahmen der Betriebsunterstützung effizient und effektiv durchführen zu können. Wie in Abschnitt 3.2 ausgeführt, bieten existierende Ansätze und Werkzeuge zur visuellen Aufbereitung lediglich eine isolierte Betrachtungsweise einzelner Aspekte bzw. komponentenbeschränkte Managementsichten an.

Um den Defiziten des aktuellen Stands der Technik adäquat zu begegnen, werden im Abschnitt 6.1 zunächst die *Informationsbedürfnisse der betriebsbeteiligten Akteure* identifiziert. Neben der Berücksichtigung der spezifischen Charakteristika dienstorientierter Systemlandschaften und deren Einfluss auf assoziierte Betriebsprozesse und -aufgaben erfolgt die Erhebung der relevanten Informationen vornehmlich durch die Analyse *etablierter Modelle und Standards* zur Betriebsunterstützung.

Basierend auf den Ergebnissen der Anforderungsanalyse werden im Abschnitt 6.2 *Modelle, Methodiken und ein technisches Rahmenwerk* zur Realisierung *adäquater, holistischer Dienstsichten* vorgestellt. Zur inhaltlichen Ausgestaltung setzen diese auf dem in Kapitel 5 entwickelten homogenisierten Informationsraum auf und geben, entsprechend den vorhandenen Informationen und Bedürfnissen, Auskunft über die höherwertigen Dienste und die gesamte Systemlandschaft. Durch die Kombination der graphischen Darstellung der komplexen und hochdynamischen Strukturen und der Nutzung der überwiegend stark ausgeprägten Fähigkeit des Menschen für das Lesen von Karten reduziert der Ansatz den kognitiven Aufwand zur Erfassung der komplexen Zusammenhänge. Darüber hinaus wirken sich spezifische *Konzepte zur geeigneten Partitionierung* des bedarfsträgerorientierten Informationsraumsegments, dessen adäquate *Strukturierung auf dem Kartengrund* sowie *intuitive Interaktionsmechanismen* für den Benutzer ebenfalls komplexitätsreduzierend aus.

6.1 Informationsbedürfnisse betriebsunterstützender Rollen

Im Rahmen der kooperativen Betriebsunterstützung dienstorientierter Systeme nehmen verschiedene Akteure unterschiedliche Betriebsaufgaben wahr. Die logische Ordnung dieser Aufgabenstellungen und Aktivitäten sowie der benutzten Methoden erfolgt im Rahmen von Vorgehensmodellen. In diesem Zusammenhang umfasst die *Information Technology Infrastructure Library* (*ITIL*) eine hersteller- und technologie-neutrale Sammlung an *Best Practices* für eine mögliche Umsetzung eines *IT Service Managements* (Office of Government Commerce 2007). Aufgrund der hohen Marktdurchdringung – beispielsweise greifen ca. 75 % der IT-Entscheider in Deutsch-land und Österreich zur Gestaltung der ITSM-Prozesse auf ITIL zurück (MATERNA GmbH 2009) – nimmt das Rahmenwerk die Stellung eines De-facto-Standard in dem Umfeld ein. In der dritten Version des Rahmenwerks steht im Besonderen die IT-gestützte Planung und Bereitstellung von Dienstleistungen für den Kunden und ein damit verbundenes strukturiertes Dienstmanagement als Mehrwert für die Organisation im Vordergrund. Kernaspekt stellt in diesem Zusammenhang die Bestrebung einer stärkeren Verzahnung der IT mit der Geschäftsperspektive der Organisation dar.

ITIL gliedert sich entsprechend dem Dienstlebenszyklus in die fünf Bereiche Service-strategie (*Service Strategy*), Serviceentwurf (*Service Design*), Serviceüberführung (*Service Transition*), Servicebetrieb (*Service Operation*) und kontinuierliche Serviceverbesserung (*Continual Service Improvement*) und definiert in den einzelnen Abschnitten sowie übergreifend dedizierte *Managementprozesse* und *Funktionen*. Entsprechend der Fokussierung der vorliegenden Arbeit auf den Aspekt der Betriebs-unterstützung stellen die in ITIL definierten Prozesse und Funktionen des Service-betriebs, die sich mit der operativen Sicherstellung der IT-gestützten Erbringung der vereinbarten (Dienst-)Leistungen auseinandersetzen, die zentrale Grundlage für die Identifikation der Informationsbedürfnisse der betriebsbeteiligten Personen dar.

Im Kontext von ITIL umfasst eine Funktion einen abgegrenzten und spezialisierten Aufgaben- und Verantwortungsbereich innerhalb einer Organisation und trägt maßgeblich zur Umsetzung der ITIL-Prozesse bei. Die Ausgestaltung einer Funktion zeichnet sich durch eine Menge an Personen, feingranulareren Rollendefinitionen und Hilfsmitteln, die eingesetzt werden, um einen oder mehrere Prozesse oder Aktivitäten durchzuführen, aus. Am Service Operation gemäß ITIL sind folgende Funktionen beteiligt (Cannon und Wheeldon 2007):

- Service Desk
- Technical Management
- IT Operations Management
- Application Management

Ein Prozess stellt einen strukturierter Satz an zielorientierten Aktivitäten dar und wandelt eine oder mehrere definierte Eingaben in Ausgaben um. Im Rahmen der Service Operation in ITIL existieren folgende Kernprozesse (Cannon und Wheeldon 2007):

- Event Management
- Incident Management
- Problem Management
- Request Fulfilment
- Access Management

Darüber hinaus wird eine Vielzahl von Prozessen, die logisch anderen Lebenszyklus-bereichen zugeordnet sind, im Servicebetrieb eingesetzt bzw. ausgeführt. Hierunter fallen die folgenden Prozesse:

- Change Management
- Capacity Management
- Availability Management
- Financial Management
- Knowledge Management
- IT Service Continuity Management
- Service Reporting and Measurement

Aufgrund der Vielzahl der Kernprozesse und der weiteren betriebsrelevanten Prozesse wird im Folgenden eine Auswahl entsprechend ihrem Zweck und der betei-ligten Rollen gebündelt untersucht. Basierend auf einer kurzen Beschreibung der Ziele sowie der beinhalteten Aktivitäten und Rollen werden die benötigten Konzepte und Informationen zur bedarfsträgerspezifischen Unterstützung der Prozesse in Abschnitt 6.1.3 präsentiert. Eine ausführliche Untersuchung der betriebsrelevanten Prozesse und detaillierte Erhebung der Informationsbedürfnisse findet sich in (Au 2006; Pehlivanov 2009).

6.1.1 Event-, Incident- und Problem Management

Die Prozesse *Event*, *Incident* und *Problem Management* stehen in enger Beziehung, da sie sich alle mit der Identifikation von und Reaktion auf signifikante Ereignisse (*Events*) befassen, um eventuelle Abweichungen vom Normalbetrieb im Sinne von Serviceeinschränkungen zu kompensieren bzw. schnellstmöglich zu beseitigen. Im Besonderen stellt die kontrollierende Funktion des Event Managements in Bezug auf den Soll-Ist-Vergleich einer beliebigen Ressource zu definierten Standards bzw. Dienstgütevereinbarungen im Betrieb den Aufpunkt für eine Vielzahl weitere Prozesse aus dem Bereich der kontinuierlichen Serviceverbesserung dar.

6.1.1.1 Prozessbeschreibungen

Sobald ein beliebiges, für die Verwaltung der Systemlandschaft signifikant erachtetes Ereignis eingetreten ist, erfolgt über eine geeignete Instrumentierung der betreffenden Ressource die Benachrichtigung über den Sachverhalt (*Notification*). Durch die im Rahmen des Event Managements installierten Mechanismen und Systeme wird dieses Ereignis identifiziert (*Detection*) und es schließt sich die strukturierte Reaktion auf die Abweichung an. In ersten Schritten erfolgt hierbei vor allem die Filterung und Klassifikation des Vorfalls in Bezug auf die Wichtigkeit bzw.

Dringlichkeit. Ein wichtiger Aspekt zur Beurteilung der Situation stellt die Korrelation des Ereignisses mit anderen Ereignissen und die Existenz von eindeutig definierten Grenzwerten dar. Die Einstufung als *informatives* bzw. *warnendes* Ereignis zieht zumeist dessen Protokollierung und eventuell eine Benachrichtigung einer zuständigen Instanz (Person oder System), die sich mit einer angemessenen (präventiven) Reaktion auf den Sachverhalt befasst, nach sich. Wird das Ereignis als *Fehler* bzw. *Ausnahme* klassifiziert, erfolgt die Übergabe an das Incident, Problem oder Change Management, welches sich dediziert mit der Analyse der Situation und der strukturierten Behebung der Betriebsbeeinträchtigung auseinandersetzt.

Die Übergabe an das Change Management in Form eines Änderungsantrags (*Request for Change, RfC*) erfolgt, falls die Beurteilung des Sachverhalts die Ableitung einer eindeutig definierbaren Änderung zum Ergebnis hat. Im Falle einer nicht geplanten Unterbrechung oder Qualitätsminderung eines Dienstes (*Incident*), wird die Generierung eines *Incident*-Eintrages und dessen Bearbeitung im Incident Management, welches sich mit der schnellstmöglichen Wiederherstellung des definierten Betriebszustands eines Dienstes für die Anwender befasst, vorgenommen. Die Ursachenforschung und die nachhaltige Beseitigung von Störungen sowie Betriebsbeeinträchtigungen stehen im Mittelpunkt des Problem Managements. Hierbei werden zum einem dem Incident Management temporäre Lösungen (*Workarounds*) zur Verfügung gestellt und darüber hinaus Lösungen für einen oder mehrere Incidents verursachende Probleme erarbeitet und mit Hilfe des Change Managements umgesetzt.

6.1.1.2 Aufgabenbeschreibung

Die Aufgaben im Rahmen des Event Managements zerfallen zum einen in den Bereich der *Etablierung* von effektiven Mechanismen zur Identifikation und Bearbeitung (E1-E3) von signifikanten Ereignissen und zum anderen in den Bereich des konkreten Einsatzes der Mechanismen (E4-E9). Eine Übersicht über die verschiedenen Aufgaben findet sich in Abbildung 6-1.

E1 – Event Management bewerten und optimieren
Die Etablierung eines effektiven Event Managements ist keine einmalige Aufgabe, sondern ein kontinuierlicher Prozess. Im Kontext der dienstorientierten Systeme muss das Event Management zum einen die Veränderungen im Zuge der Evolution der Systemlandschaften identifizieren und sich dementsprechend anpassen und darüber hinaus der Vielfalt an Ereignissen aufgrund der Heterogenität der Systeme begegnen. Somit umfasst die hauptsächlich durch den *Event Manager* und *Service Level Manager* durchgeführte Aktivität die Beurteilung des Event Managements in Bezug auf die Durchdringung und die Effektivität. Hierfür werden anhand von Berichten über historische Sachverhalte sowie der Systemstruktur und -Konfiguration unberücksichtigte Aspekte bzw. Schwächen des aktuellen Zustandes identifiziert und deren Beseitigung geplant. Dies umfasst, neben dem Entwurf einer entsprechenden Instrumentierung der relevanten Elemente und geeigneter Mechanismen zur Definition von Regeln zur Identifikation der Ereignisse, die Konzeption neuer elementspezifischer oder aggregierter Ereignistypen.

E2/E3 – Instrumentierung und Identifikationsmechanismen umsetzen
Im Anschluss an den Entwurf von Optimierungsstrategien durch den *Event Manager* werden die geplanten Anpassungen an den überwachten Elementen, deren Instrumentierung sowie an den Mechanismen zur Identifikation der als signifikant erachteten Ereignisse vorgenommen. Die Umsetzung der Änderungen wird durch die für die Elemente und Systeme zuständigen Betriebsgruppen durchgeführt und die Arbeiten durch den *IT Operations Manager* koordiniert.

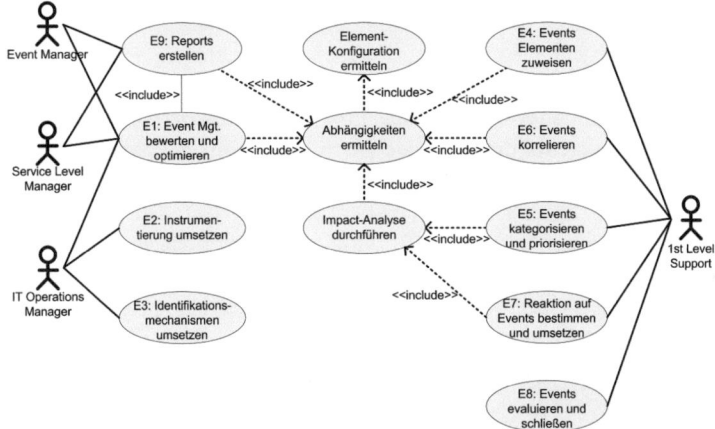

Abbildung 6-1: Überblick über die Anwendungsfälle im Event Management

E4/5 – Events Elementen zuweisen/Events kategorisieren und priorisieren
Während des Betriebs der Systemlandschaft werden ununterbrochen Event automatisiert identifiziert oder gelangen über Kundenanfragen in den Prozess des Event Managements. In beiden Fällen müssen die Ereignisse mit einem Element der Systemlandschaft assoziiert und unter weiteren Gesichtspunkten klassifiziert werden, um die Signifikanz des Sachverhaltes besser einschätzen zu können. Hierbei stellt die *Impact-Analyse* eine wichtige Methode zur Abschätzung der Auswirkungen eines Ereignisses dar.

E6/7 – Events korrelieren/Reaktion auf Events bestimmen und umsetzen
Um ein konkretes Ereignis besser einschätzen zu können bzw. um weitere Informationen zu sammeln, wird über Korrelationsmechanismen nach weiteren mit dem Vorfall in Beziehung stehenden Events gesucht. Auf dieser Basis und den bereits vorhandenen Informationen über den Sachverhalt wird eine geeignete Reaktion abgeleitet. Wie bereits beschrieben, kann dies einen schnellen Lösungsversuch des *1st Level Supports*, die Übergabe des Vorfalls an das Incident-, Problem- oder Change Management oder dessen einfache Protokollierung umfassen.

E8/9 – Events evaluieren und schließen/Reports erstellen
Dieser Schritt umfasst die Evaluierung, ob die Events angemessen bearbeitet wurden und geschlossen werden können. Darüber hinaus befasst sich der Prozessschritt mit der Erstellung von Berichten, die Aufschluss über Trends und Muster geben und den Ausgangspunkt für die Ableitung von optimierenden Maßnahmen für die Event-Filterung und -Korrelierung (*E1*) darstellen.

Aufgrund der Verzahnung der Prozesse des Incident und Problem Management mit dem Event Management ergeben sich eine Vielzahl von Ähnlichkeiten. So erfolgt beim Vorliegen eines Incidents bzw. Problems Records, wie im Falle eines Events, die initiale Klassifizierung bzw. Korrelation des jeweiligen Eintrages anhand definierter Regeln. Signifikante Unterschiede ergeben sich in der Behandlung bzw. in der Eskalation. Im Falle eines Incidents versucht die Kundenbetreuung (*1st Level Support*) eine schnellstmögliche Wiederherstellung des definierten Betriebszustands eines Dienstes für die Anwender zu erreichen (*I1*) und informiert den Kunden (pro aktiv) über den Vorfalls bzw. dessen Bearbeitung (*I2*). Scheitern diese Bestrebungen aufgrund unzureichender Fachkenntnis oder wird die zulässige Dauer der Lösungs-findung überschritten, erfolgt die Eskalation (*I3*) an den *2nd Level Support*, der mit Hilfe von speziellen Support-Gruppen (*3rd Level Support*) den Incident weiter untersucht. Kann auch auf dieser Ebene die Störung nicht behoben werden, wird ein Problem Record angelegt und der Vorfall an das Problem Management übergeben. Über das weitere Hinzuziehen von Experten sowie der Anwendung dedizierter Techniken (*Root Cause Analysis, RCA*) wird das zugrundeliegende Problem weiter analysiert, *Workarounds* für die Symptome der Störung sowie Lösungen für die Ursachenbehebung erarbeitet (*P1, P2*) und schlussendlich umgesetzt.

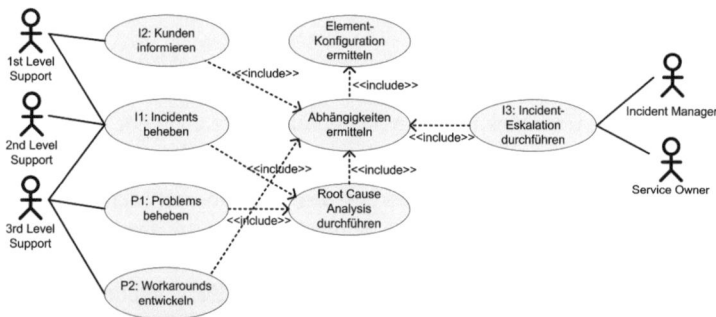

Abbildung 6-2: Ausgewählte Anwendungsfälle im Incident und Problem Management als Erweiterungen des Event Management

6.1.2 Request Fulfilment und Change Management

Das *Request Fulfilment* und das *Change Management* stehen in enger Beziehung, da sich beide Prozesse mit der Behandlung von Änderungen (*Changes*) befassen. Neben beratenden und informativen Tätigkeiten konzentriert sich das Request Fulfilment vor allem auf die Bearbeitung von speziellen, zumeist in geringfügigen Changes resultierenden Service-Anfragen der Kunden, wie zum Beispiel das Zurücksetzen eines Passwortes. Im Gegensatz dazu steuert das Change Management die Verwaltung und Durchführung von größeren Änderungen unter der Prämisse der minimalen Unterbrechung der Dienste.

6.1.2.1 Prozessbeschreibungen

Die Service-Anfragen (*Service Requests*) des Request Fulfilments stellen in den meisten Fällen geringfügige, wiederkehrende Standard-Changes oder Anfragen nach Informationen bzw. Beratung dar. Diese Änderungen werden in der Regel von der Kundenbetreuung (*1st Level Support*) oder einer speziellen *Service Request Fulfilment Group* bearbeitet und erfordern üblicherweise nicht die Einreichung eines Änderungsantrags (*RfC*). Die Annahme der Service Requests erfolgt oftmals im Rahmen des *Incident Managements*, weist aber im Gegensatz zu *Incidents* bzw. *Problems* eine andere, bereits im Vorfeld geplante Abfolge von fachspezifischen Arbeitsschritten auf. Die Änderungsanträge des Change Managements ergeben sich zumeist als Reaktion auf Betriebsbeeinträchtigungen und im Zuge der Evolution der gesamten Systemlandschaft und benötigen ein strukturiertes Vorgehen zu dessen Einschätzung bzw. effizienten Umsetzung.

6.1.2.2 Aufgabenbeschreibung

Mit der Möglichkeit der teilweisen Eingliederung des Request Fulfilments in das bereits vorgestellte Incident Management und der Abwicklung kritischer Anfragen im Rahmen des Change Managements konzentriert sich die folgende Beschreibung der Aufgaben auf das Change Management.

C1/2 – RFCs erfassen/klassifizieren
Initiale Aktivitäten, die sich mit der Erfassung von Änderungsanträgen (teilweise automatisiert aus dem Incident und Problem Management) und deren Vorab-Bewertung in Bezug auf Vollständigkeit und Umsetzbarkeit beschäftigen. Während der Klassifizierung wird die durch den Initiator (*Change Owner*) vergebene Priorität des RfCs überprüft und in Abhängigkeit davon die zuständige Instanz entsprechend der hierarchischen Organisationsstruktur für die Freigabe oder Zurückweisung des Änderungsantrags bestimmt.

C3 – RfCs bewerten
Im Normalfall erstellt der *Change Manager* die erste Planung für einen vorgeschlagenen RfC und koordiniert darüber hinaus den weiteren zeitlichen Ablauf und die Aufnahme des Changes in den *Change Schedule*. Auf der Basis der Vorplanung entscheidet das *Change Advisory Board* (*CAB*), welches sich aus Vertretern aller beteiligten Bereiche zusammensetzt, über die endgültige Freigabe des RfCs. Als Sonderfall kann die Rolle des *Emergency Change Advisory Board (ECAB)* in Notfällen, die unmittelbaren Handlungsbedarf und die Umgehung des normalen Prozessablaufes erfordern, entsprechende RfCs ad hoc freigeben und deren Umsetzung veranlassen.

C4 – Changes planen und umsetzen
Auf Basis der Vorplanung durch den Change Manager erfolgt die detaillierte Planung der Umsetzung der Changes unter Berücksichtigung aller beteiligten Bereiche und Akteure. Dies schließt die Abstimmung eines Terminplans für die Implementierung der Änderung, die Übertragung von entsprechenden Verantwortlichkeiten (beispielsweise für das finale Testen und Deployment) und die Verbreitung von Informationen über die Änderungen und eventuelle Betriebsbeeinträchtigungen während der Arbeiten mit ein. Während der Umsetzung des Changes koordiniert der Change

Manager die einzelnen im Change-Plan vordokumentierten Arbeiten in enger Zusammenarbeit mit den beteiligten Akteuren.

C5 – Changes abschließen und Reports erstellen
Während dieses Prozessschritts wird der Verlauf und die erzielten Ergebnisse der Umsetzung der Changes analysiert und bewertet. Von zentraler Bedeutung ist hierbei die Protokollierung aller relevanten Tätigkeiten und Veränderungen, um diese Informationen wiederholt einsetzen und eventuell verzögert auftretende Beeinträchtigungen zurückverfolgen zu können. Darüber hinaus generiert der Change Manager periodisch Reports für den Bereich des Change Managements, um die Effizienz der Prozessdurchführung sowie den Einfluss auf den Betrieb darzustellen.

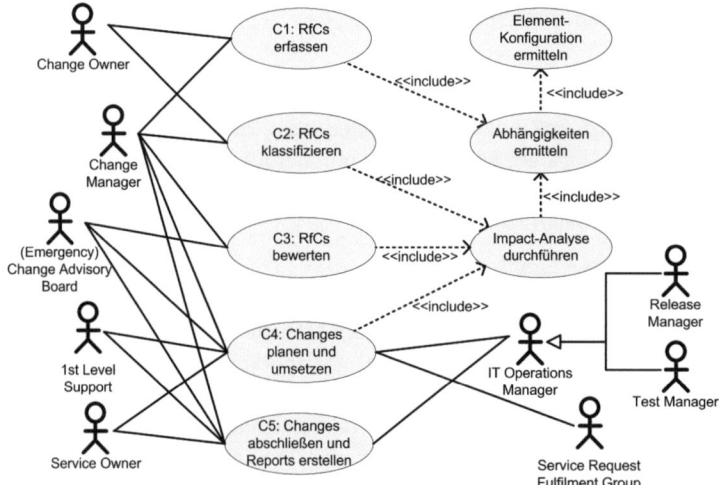

Abbildung 6-3: Überblick über Anwendungsfälle im Change Management

6.1.3 Abgeleitete Informationsbedürfnisse

Auf der Basis der im vorherigen Abschnitt vorgestellten betriebsrelevanten Prozesse und Aktivitäten werden im Folgenden die damit verbundenen Informationsbedürfnisse der beteiligten Rollen beschrieben. Von zentraler Bedeutung ist hierbei die Identifikation von Fragestellungen, die aufgrund der Charakteristika der zugrundeliegenden dienstorientierten Systemlandschaften an Relevanz gewinnen und aufgrund der Komplexität der Problemdomäne für die Akteure nur mit hohem Aufwand zu erfassen sind. Diese Sachverhalte stellen, neben dem im Abschnitt 2.2.2 präsentierten allgemeinen Anforderungskatalog an einen Ansatz zur Entwicklung von prozessunterstützenden Dienstsichten für ein effektives IT Service Management, die Anforderungen für deren inhaltliche Ausgestaltung dar.

Bei einer Vielzahl von prozessbegleitenden Aktivitäten im Zusammenhang mit der Betriebsunterstützung dienstorientierter Systeme stellen Informationen über das zugrundeliegende Abhängigkeitsgeflecht einen essentiellen Aspekt dar. Hierbei sind im Besonderen die Beziehungen von einem Element zu anderen (Typen von) Elementen von Bedeutung und es lassen sich folgende Informationsbedürfnisse formulieren:

IB.1 – Funktionales Dienstabhängigkeitsgeflecht
Funktionale Dienstabhängigkeiten beschreiben den Sachverhalt, dass ein erbringen-des Element einer konsumierenden Entität eine definierte Funktionalität zur Verfügung stellt. Hierbei führt zumeist der Ausfall der diensterbringenden Ressource zur qualitativen oder quantitativen Einschränkung des Leistungsumfangs der konsu-mierenden Entität. Somit stellen Informationen über die Art, Häufigkeit oder Gültigkeit der funktionalen Abhängigkeiten eines Dienstes zu technischen Elementen der Systemlandschaft eine wichtige Grundlage für die Analyse von Fehlersituationen und die Entwicklung von übergreifenden Fehlerbehandlungsmaßnahmen (*I1/P1*) dar. Darüber hinaus spiegeln die funktionalen Abhängigkeiten den topologischen Aspekt der Produktionssicht des Dienstportfolios (vgl. *IB.3*) wider.

IB.2 – Organisatorische Dienstbeziehungen
Aufgrund der Dienstkomposition und kooperativen Diensterbringung besteht in zahlreichen Prozesskontexten ein Informationsbedarf an den organisatorischen Beziehungen eines Dienstes und seiner diensterbringender Elemente. Dies umfasst das Wissen über die physische Lokation (Verortung), die logische Zugehörigkeit zu (Bereichen) einer Organisation und die gemäß ihrer Rollendefinition zu einem Dienst bzw. Element assoziierten, betriebsbeteiligten Personen, Organisationseinheiten und Systeme. Diese Informationen ermöglichen die Ableitung von Informationen über die mit einem Dienst in Verbindung stehenden Kompetenzen und Zuständigkeiten, die beispielsweise für die *hierarchische Eskalation* (*I3*) im Incident Management, die Zuweisung von Service Requests oder die organisatorische Planung von Changes (*C4*) benötigt werden. Darüber hinaus fällt in den Bereich der organisatorischen Beziehungen die Verknüpfungen einer Ressource mit seinen betriebsüberwachenden Elementen und Richtlinien (*Policies*), die für die Optimierung des Event Managements (*E1*) und die Überprüfung der Richtlinienkonformität eines Dienstes unerlässlich sind.

Mit dem Dienst als zentrales Element der dienstorientierten Systemlandschaften bestehen während des Betriebs eine Reihe von betriebsunterstützender Aktivitäten und damit einhergehend verschiedene Informationsbedürfnisse der beteiligten Personen in Bezug auf die Entität des Dienstes.

IB.3 – Konsolidiertes Dienstportfolio
Sobald ein Dienst in den Wirkbetrieb übergeht, wird eine natürlichsprachliche Beschreibung des zu erwartenden Leistungsumfangs und der Dienstnutzungs-modalitäten benötigt. Im Kontext des zunehmenden Konkurrenzdrucks stellt hierbei die Beschreibung der Soll-Zustände der Dienstgüteparameter ein zunehmendes Differenzierungsmerkmal für die Beurteilung der Eignung eines Dienstes im Rahmen des Selektionsprozesses des Kunden dar. Die systematische Zusammenführung und Strukturierung der Dienstbeschreibungen einer Organisation in Form eines Dienstportfolios und die Bereitstellung adäquater Zugriffsmechanismen auf die Informationen wird für verschiedene planende Aktivitäten und im Besonderen im

Rahmen der Kundenbetreuung benötigt. Letzteres umfasst beispielsweise die Unterstützung bei der Bearbeitung von Service Requests und die Assoziation von Events mit den entsprechen Diensten (*E4*). Neben der Beschreibung der funktionalen und qualitativen Aspekte eines Dienstes benötigen die für den technischen Betrieb der Dienste verantwortlichen Personen zur Etablierung eines effektiven Event Managements Informationen über deren Managementfähigkeit und -mechanismen (*E1*).

IB.4 – Dienstzugangspunktprofile

Neben der funktionalen Beschreibung der Dienste (*IB.3*) kommt den Dienstzugangs-punkten als Schnittstellen zwischen dem Dienstnehmer und dem Dienst eine besondere Bedeutung zu. Zum einen benötigt die Kundenbetreuung umfassende Informationen über deren Nutzung, um den Kunden adäquat beraten zu können. Darüber hinaus benötigt die Kundenbetreuung Informationen über die zulässigen Dienstzugangsnutzer, um die Zulässigkeit und Priorität eingehender Service Requests bzw. Incidents abschätzen zu können. In Bezug auf die Unterstützung des technischen Betriebs und der effektiven Einbindung der Dienste in etablierte Überwachungskonzepte bzw. das Event Management (*E1*) werden Informationen über vorhandene Managementschnittstellen und deren Funktionsweise benötigt.

IB.5 – Holistische Dienstkonfigurationen

Neben der Beschreibung eines Dienstes (*IB.3*) und seiner Dienstschnittstelle (*IB.4*) ist die konkrete Dienstkonfiguration für die Betriebsunterstützung von zentraler Bedeu-tung. Diese, entsprechend dem Anwendungsfall zusammengesetzte und ausgeprägte Beschreibung einer, eventuell auf eine bestimmte Kundengruppe zugeschnittenen Dienstinstanz umfasst eine Vielzahl von Konfigurationsparametern des Dienstes und der zugrundeliegenden relevanten technischen Elemente. Für die Erstellung des Abbilds der aktuellen Dienstkonfiguration werden die Informationen über die funktionalen und organisatorischen Dienstabhängigkeiten (*IB.1/IB.2*) genutzt. Darüber hinaus wird die Dienstkonfiguration oftmals mit weiteren anwendungsfall-spezifischen Kontextinformationen ergänzt und eingesetzt. Beispielsweise wird im Incident Management die zu einer Störung führende Dienstkonfiguration mit den Informationen aus dem Incident verknüpft und ermöglicht auch bei einer (temporären) Veränderung der produktiven Dienststruktur die Reproduktion des Fehlerfalls zu dessen Analyse (*I1*). Ein weiterer Fall stellt die Darstellung der Evolution eines Dienstes über die Verknüpfung der Dienstkonfigurationen mit umgesetzten Änderungen des Change Managements dar.

IB.6 – Zielerfüllungsgrad von Dienstgütevereinbarungen

Eine Dienstgütevereinbarung drückt die vertragliche Übereinkunft zwischen dem Dienstgeber und dem Dienstnehmer für wiederkehrende Dienstleistungen aus und definiert den funktionalen und qualitativen Leistungsumfang in messbaren Größen. Zum einen stellt die generelle Kenntnis über die Existenz von SLAs und der statischen Bestandteile wie der assoziierte Dienstzugangspunkt, die Dienstnutzer und die Soll-Werte der Diensterbringung wichtige Einflussgrößen für das Event und Change Management dar. So ermöglichen die Kundeninformationen die (proaktive) Benachrichtigung der Kunden über Incidents oder Changes (Wartungsfenster), damit sich dieser auf die erwarteten Beeinträchtigungen einstellen kann. Darüber hinaus stellt, aufgrund der engen Wechselwirkung zwischen den Betriebsprozessen und der resultierenden Dienstgüte, der berechnete Zielerfüllungsgrad eines SLAs eine wichtige Kenngröße dar. Die Kopplung dieses Wertes mit den gemäß einem SLA definierten Vertragsstrafen bei Nichterfüllung der Dienstleistung hat entscheidenden Einfluss auf eine Vielzahl von prozessspezifischen Entscheidungen, wie beispielsweise die Klassifikation, Planung und Umsetzung von Changes (C4) oder die Eskalation von Incidents (I3) .

IB.7 – Aggregierter Dienststatus
Neben der Konfiguration einer Dienstinstanz (*IB.5*) werden während des Dienst-betriebs kontinuierlich Informationen über dessen Status benötigt. Dabei setzt sich der Status eines höherwertigen Dienstes aus unterschiedlichen Bewertungs-dimensionen zusammen und muss durch die Kombination der performanzbezogenen Ist-Zustände der, entsprechend der Dienstkonfiguration (*IB.5*) beitragenden tech-nischen und organisatorischen Elemente und definierten Aggregationsvorschriften, abgeleitet werden. Die Bewertung der ermittelten Informationen im Kontext unterschiedlicher, kundenspezifisch ausgeprägter Soll-Werte von SLAs (*IB.6*) stellt die Grundlage für die Identifikation und Beseitigung von Kapazitätsengpässen und Fehlersituationen (*I1/P1*) von Diensten und in der Folge der gesamten Systemland-schaft dar.

IB.8 – Signifikanzeinschätzung von dienstbezogenen Ereignissen
Aufgrund der Heterogenität der Bestandteile dienstorientierter Systeme treten im Rahmen des Betriebs der Systemlandschaften eine Vielzahl von Ereignissen auf, die verarbeitet werden müssen. Neben der Berechnung von statistischen Kenngrößen über die Events, wie Anzahl, Häufigkeit und Verteilung, ist der Aspekt der Ereignis-Korrelation für die Einschätzung eines Sachverhalts in einem übergeordneten Kontext von essentieller Bedeutung. Aufgrund der hohen Unterschiedlichkeit und Verteilung der Events müssen hierfür die Ereignisse gesammelt und entsprechend ihrem Ursprung, Typ, Inhalt, der zugrundeliegenden Diensttopologie und definierter Regeln korreliert werden. Das hieraus abgeleitete Wissen über Beziehungen zwischen einzelnen Ereignissen selbst ermöglicht eine bessere Bewertung der einzel-nen Sachverhalte sowie der Gesamtsituation und stellt eine wichtige Grundlage für planende oder korrigierende Maßnahmen dar. Darüber hinaus können auf diese Weise erschlossene Sachverhalte ein Indiz für bisher noch nicht identifizierte Beziehungen zwischen Elementen der Systemlandschaft geben.

IB.9 – Trends und Muster
In Bezug auf die vorgestellten Informationsbedürfnisse der betriebsbeteiligten Akteure und der Nutzung der Informationen in verschiedenen Anwendungsszenarien ist der Aspekt der Veränderlichkeit der einzelnen Sachverhalte von zentraler Bedeutung. Hierbei wird eine Vielzahl an Informationen (gleichen oder unterschiedlichen Typs) in einen zeitlichen Kontext gesetzt und ausgewertet. Die hierdurch darstellbaren Trends bzw. identifizierten Muster können den Betreiber-gruppen als Input für die strategische Planung der Systemlandschaften dienen und beispielsweise temporäre Schwachstellen der Diensttopologie unter Berücksichti-gung der Dienstnutzungsgewohnheiten der Kunden aufdecken.

6.1.4 Zusammenfassung

Nachdem in den Abschnitten 6.1.1 und 6.1.2 die zentralen Betriebsprozesse aus dem ITIL-Rahmenwerk beschrieben wurden und sich Abschnitt 6.1.3 mit der Vorstellung davon abgeleiteter Informationsbedürfnisse befasst hat, findet sich in Tabelle 6-1 eine Übersicht über die Nutzung der Informationen im Rahmen der Betriebsaktivitäten. Hierbei wird ersichtlich, dass in den einzelnen Prozessschritten zumeist ein Bedarf an verschiedenen Informationen besteht bzw. diese oft im Rahmen der Aufgabenbearbeitung kombiniert eingesetzt werden. Ein Beispiel hierfür stellt die Anwendung der Technik der *Impact Analyse* zur Abschätzung der Tragweite von Ereignissen oder Änderungen (*E5*, *C3*, *C4*) dar. Zur effektiven Umsetzung der Methode im Rahmen dienstorientierter Systeme werden Informationen über die technischen und organisatorischen Abhängigkeiten mit dem Wissen über die relevanten Dienstzugangspunktprofile und dem aktuellen Zielerfüllungsgrad der assoziierten SLAs zusammengeführt. Weitere solche Kombinationsvorgänge zwischen für die Aufgabenstellung essentiell benötigter oder lediglich nützlicher Informationen können der Tabelle entnommen werden.

Tabelle 6-1: Informationsbedürfnisse im Zusammenhang mit der Durchführung betriebsunterstützender Aufgaben

Aufgabe	IB.1 Funktionales Dienst-abhängigkeitsgeflecht	IB.2 Organisatorische Dienstbeziehungen	IB.3 Konsolidiertes Dienstportfolio	IB.4 Dienstzugangspunktprofile	IB.5 Holistische Dienst-konfigurationen	IB.6 Zielerfüllungsgrad von Dienstgütevereinbarungen	IB.7 Aggregierter Dienststatus	IB.8 Signifikanzeinschätzung von Ereignissen	IB.9 Trends und Muster
C5 Changes abschließen und Reports erstellen	○	○	○		●	●	●		●
C4 Changes planen und umsetzen	●	●		○	●	●	○		
C3 RfCs bewerten	●	○	○	○	●	●	●	○	
C2 RfCs klassifizieren	○	●	○	○	○	●	○		
C1 RfCs erfassen	○	○	○		○				
P2 Workarounds entwickeln	●	●			●	●	●	○	○
P1 Problems beheben	●	●			●	●	●	○	○
I3 Incident-Eskalation durchführen		●			●		●		
I2 Kunden informieren		●		●			○		
I1 Incident beheben	●	●			●	●	●	○	○
E9 Reports erstellen	○	○	●			○	○		●
E8 Events evaluieren und schließen				○		○			
E7 Reaktion auf Events bestimmen und umsetzen	●	●			●	●	●	●	○
E6 Events korrelieren	○		○		○			●	○
E5 Events kategorisieren und priorisieren	●	○		●		●	○	●	○
E4 Events Elementen zuweisen	●		●		○		○		
E3 Identifikationsmechanismen umsetzen		○			○				
E2 Instrumentierung umsetzen		○			○				
E1 Event Management bewerten und optimieren	●	●	●	●	●	●	●	○	●

● : Essenzielle aufgabenunterstützende Information
○ : Nützliche aufgabenunterstützende Information

6.2 Bedarfsträgerorientierte Dienstsichten

Basierend auf den im vorherigen Abschnitt identifizierten Informationsbedürfnissen der betriebsbeteiligten Rollen und den in Abschnitt 2.2.2 definierten Anforderungen werden in diesem Abschnitt Konzepte, Modelle und ein technisches Rahmenwerk zur Bereitstellung visueller Darstellungen dienstorientierter Systeme, sogenannte Dienstsichten, präsentiert. In Abschnitt 6.2.1 wird ein Vorgehensmodell zur bedarfsträgergetriebenen Realisierung der Dienstsichten vorgestellt und ein Überblick über die benötigten Lösungskonzepte und -bausteine gegeben. In dem folgenden Abschnitt 6.2.2 werden die konzeptionellen Darstellungsmodelle als Bindeglied zwischen dem semantischen Informationsmodell und den Visualisierungen eingeführt. Das technische Rahmenwerk, das durch die anforderungsgetriebene Selektion der semantischen Informationen sowie der Anwendung von Transformationsregeln deren Umwandlung in adäquate Visualisierungen realisiert, steht im Mittelpunkt von Abschnitt 6.2.3. Abschließend werden im Abschnitt 6.2.4 ausgewählte Visualisierungen für spezifische Problemstellungen der Betriebsunterstützung dienstorientierter Systeme präsentiert.

6.2.1 Vorgehensmodell zur Realisierung bedarfsorientierter Sichten

Im Rahmen der kooperativen Betriebsunterstützung dienstorientierter Systeme nehmen verschiedene Akteure vielschichtige Betriebsaufgaben war. Damit einhergehend bestehen äußerst unterschiedliche Informationsbedürfnisse in Bezug auf die Eigenschaften und die Struktur der dienstorientierten Systeme zur Bewältigung der assoziierten Herausforderungen. Im Kontext der Reduzierung der Komplexität der Problemdomäne durch eine Unterstützung in Form visueller Darstellungsmodelle verschärft sich die Fragestellung nach der Erhebung des problemlösungsrelevanten Informationsraumsegments um *Usability*-Aspekte (International Organization for Standardization 2005; Komiyama 2008). Neben dieser, auf die Informationsmenge bezogene Wirkung zur Reduzierung der kognitiven Last für den Benutzer, konzentrieren sich die Aspekte auf die Steigerung der Gebrauchstauglichkeit und Benutzungsfreundlichkeit von Software-Anwendungen. In Bezug auf die im Rahmen dieser Arbeit entwickelten Software-Karten umfasst dies im Besonderen die geeignete Partitionierung der bedarfsträgerorientierten Informationsmenge, deren adäquate Verortung auf dem Kartengrund und die Umsetzung intuitiver Interaktionsmechanismen zur Erfassung der Sachverhalte.

Für die Gestaltung benutzergerechter, interaktiver Systeme wird Im Bereich der *Mensch-Computer-Interaktion* (*Human-Computer Interaction*, *HCI*) häufig auf das Konzept der *Persona* zurückgegriffen (Cooper 1999; Pruitt und Grudin 2003). Dieses stellt eine verfeinerte Betrachtungsweise von Rollen dar, da neben dem primär funktional orientierten Beschreibungsprofil von Rollen bei der Spezifikation einer Persona eine Art Prototyp für eine spezielle Nutzergruppe erstellt wird. Dies umfasst im Besonderen die äußerst konkrete Modellierung von Einflussfaktoren wie die

(Charakter-)Eigenschaften von Personen oder das Nutzungsverhalten (Zentner 2007). Im Rahmen dieser Arbeit wird das Konzept der Persona angewendet, um bei der Gestaltung der Dienstsichten die individuellen Informationsbedürfnisse und Erfahrungen sowie die (kognitiven) Fähigkeiten der Akteure bei der Informationsaufnahme mit einzubeziehen. Darüber hinaus werden aus der Gesamtheit der Persona bzw. der assoziierten Nutzungsprofile Kenngrößen abgeleitet und diese für die Neu- bzw. Weiterentwicklung von Dienstsichten eingesetzt. Abbildung 6-4 gibt einen Überblick über das iterative Vorgehensmodell zur Entwicklung von Dienstsichten. Entsprechend dem Anspruch der adäquaten Unterstützung betriebsbeteiligter Akteure durch dedizierte Sichten zeichnet sich das Vorgehen durch eine hochgradige Einbindung der Bedarfsträger während des Entwicklungsprozesses aus. Im Folgenden werden die einzelnen Phasen kurz vorgestellt.

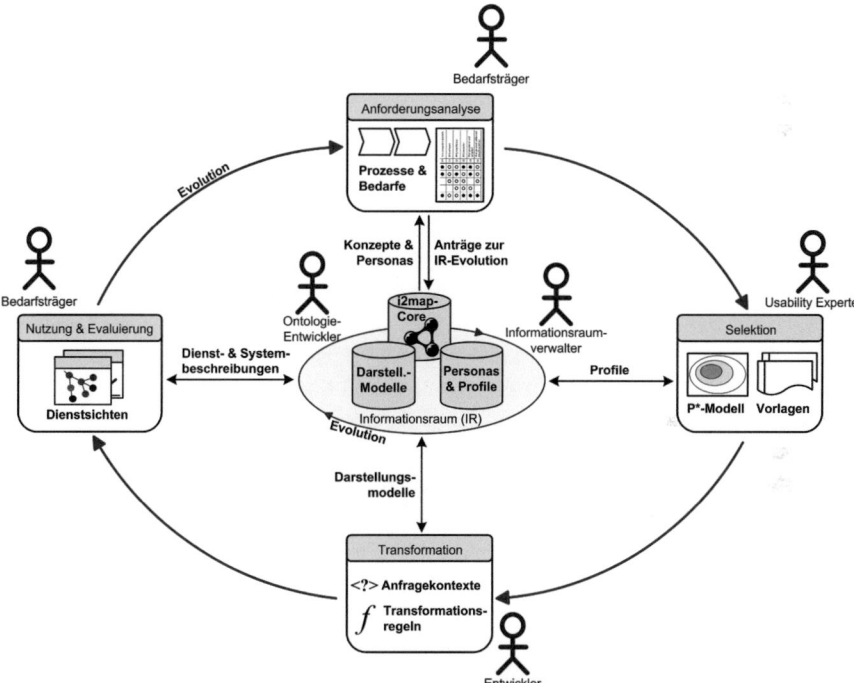

Abbildung 6-4: Vorgehensmodell zur bedarfsträgerorientierten Erstellung von betriebsunterstützenden Dienstsichten

6.2.1.1 Anforderungsanalyse

Die initiale Phase zur Entwicklung einer betriebsunterstützenden Dienstsicht stellt die Phase der *Anforderungsanalyse* dar. In dieser Phase setzt sich der Bedarfsträger in enger Zusammenarbeit mit dem *Informationsraumverwalter* mit der zugrundeliegenden Problemstellung bzw. den Lösungsstrategien auseinander. Das Ziel besteht hierbei in der Identifikation der Informationsentitäten und Zusammenhänge, die für eine adäquate Unterstützung der Lösungsaktivitäten benötigt werden und deren Abbildung auf Konzepte des Informationsmodells. Bei der Anforderungsanalyse können eine Vielzahl von Techniken und Strategien zur Erhebung der Anforderungen eingesetzt werden (Wiegers 1999; Höllrigl und Schell 2005). Beispielsweise stellen, wie in Abschnitt 6.1 demonstriert, die Beschreibungen der Aktivitäten oder der jeweiligen Eingabeparameter der Prozesse aus der Betriebsdokumentation eine wichtige Grundlage für die Bestimmung der Informationsbedürfnisse dar. Darüber hinaus können in Gesprächen mit den Bedarfsträgern relevante Schlüsselwörter gesammelt und gezielt im Informationsraum nach passenden Konzepte gesucht werden. Gerade im Kontext dieser Arbeit und dem in Kapitel 5 auf der Basis von semantischen Technologien realisierten Informationsraum mit der damit verbundenen ambiguitätsfreien Taxonomie für die relevanten Aspekte der Problemdomäne (*i2mapCore*) sind äußerst mächtige Mechanismen zur inhaltlichen Recherche möglich. Neben einer Menge an problemlösungsrelevanten Konzepten aus dem Informationsmodell können, im Falle von fehlenden oder unzureichenden Konzepten, Änderungsanträge zur Erweiterung des Informationsraums ein Ergebnis der Anforderungsanalyse sein. Diese werden durch den Informationsraumverwalter an den Ontologie-Entwickler weitergeleitet und dediziert bearbeitet (vgl. Abschnitt 6.2.1.5).

6.2.1.2 Selektion

Neben der ersten inhaltlichen Ausgestaltung der Dienstsichten im Rahmen der Anforderungsanalyse werden in der *Selektionsphase* die identifizierten Konzepte detaillierter untersucht und erste prototypische visuelle Darstellungen erstellt. Hierbei führt der Informationsraumverwalter den Bedarfsträger auf einer feingranu-lareren Ebene in die relevanten Konzepte des Informationsraums ein und evaluiert das Vorhandensein bzw. die Anzahl von zu einem Konzept existierenden Instanzen. Basierend auf diesen Informationen klassifiziert der Bedarfsträger die Konzepte nach deren Relevanz in Bezug auf die Problemlösung und weist in diesem Zusammenhang die Konzepte bzw. deren Attribute einzelnen Prioritätsklassen zu (*P*-Modell*). In Abhängigkeit der Menge der verfügbaren Informationen und deren Prioritätsklassifi-zierung erfolgt die Erarbeitung bzw. Auswahl der visuellen Darstellungskonzepte. Neben der Berücksichtigung der szenariospezifischen, inhaltlichen Aspekte stellen die individuellen Erfahrungen, die (kognitiven) Fähigkeiten sowie die Medien-kompetenz (Baacke 1997) des Bedarfsträgers wichtige Einflussgrößen dar. Nach deren Einschätzung und Bewertung durch den *Usability-Experten* entwirft dieser mittels geeigneter Werkzeuge und *Vorlagen* erste Prototypen. Hierbei orientiert sich die Wahl der Visualisierungs-, Verortungs- und Interaktionsmechanismen an den beschriebenen Einflussgrößen. Darüber hinaus kann der Usability-Experte auch auf bewährte Design-Varianten zurückgreifen, indem er die vorhandenen Informationen über existierende Visualisierungsprofile in Abhängigkeit der assoziierten Persona (*Personas & Profile*) nutzt oder daraus gebildete Durchschnittswerte in Bezug auf Aspekte wie die als geeignet erachtete Informationsmenge als Grundlage heranzieht. Zur zentralen Verwaltung von Software-Artefakten und Darstellungsprofilen als Ausgangspunkt für die bedarfsträgerorientierte Wiederverwendung und Weiterent-wicklung kann beispielsweise das in (Freudenstein, Boettger und Nussbaumer 2008) vorgestellte Rahmenwerk – die *Web Engineering Reuse Sphere* – eingesetzt werden.

6.2.1.3 Transformation

Im Rahmen der Transformationsphase werden die konkreten Dienstssichten entsprechend den spezifizierten Bedarfsprofilen erstellt. Dies umfasst im Wesentlichen die Umsetzung des Zugriffs auf den Informationsraum zur Abfrage der benötigten Informationen über die Sachverhalte des dienstorientierten Systems sowie die Verknüpfung der inhaltlichen Konzepte mit symbolischen Elementen der *Darstellungsmodelle*. Auf der Basis des in Kapitel 5 präsentierten homogenisierten Informationsraum und den normierten Informationszugangspunkten realisiert der *Entwickler* die Abfrage der relevanten Informationen aus unterschiedlichen Datenquellen. Im Kontext des föderiert strukturierten Informationsraums nutzt er hierfür in einem ersten Schritt in enger Zusammenarbeit mit dem Informationsraumverwalter die installierten *Verzeichnisdienste*, um Auskunft über das Vorhandensein und den Speicherort der Managementinformationen zu bekommen. In weiteren Schritten setzt der Entwickler den Zugriff auf das relevante Segment der dezentral verwalteten Daten (*Anfragekontexte*) über die standardisierten *Management Information Access Points* um und grenzt die Informationsmenge weiter durch Filtermechanismen entsprechend der Profilspezifikation ein. Zur Realisierung der konkreten Visualisierungen werden in Abhängigkeit der Informationsentitäten und deren Prioritätsklassifizierung verschiedene zu den ausgewählten Darstellungsmodellen assoziierte *Transformationsregeln* ausgestaltet. Dies umfasst beispielsweise die Darstellung einzelner Informationen in textueller oder bildlicher Form sowie deren Verortung auf dem Kartengrund anhand der gewählten Darstellungsstruktur (beispielsweise graphenbasiert, hierarchieorientiert oder zeitbezogen).

6.2.1.4 Nutzung & Evaluierung

In der Phase *Nutzung & Evaluierung* erfolgt der Einsatz der entwickelten Dienstsichten durch die Bedarfsträger im Rahmen der Aktivitäten zur Betriebsunterstützung der dienstorientierten Systeme. Die Evaluierung fokussiert hierbei den Aspekt der kontinuierlichen Kontrolle und Bewertung der Dienstsichten unter dem Gesichtspunkt der Tauglichkeit bzw. deren Optimierung. Neben der Einschätzung der einwandfreien fachfunktionalen Leistungserbringung umfasst dies vor allem die Bewertung der Eignung der Visualisierung in Bezug auf die Unterstützung der betriebsrelevanten Aktivitäten. Hierbei müssen die inhaltliche Ausgestaltung, die eingesetzten Darstellungskonzepte sowie die Benutzungsfreundlichkeit der Anwendung durch den jeweiligen Bedarfsträger kritisch beurteilt werden und eventuelle Defizite die Neugestaltung bzw. Weiterentwicklung der Dienstsicht als weiteren Evolutionsschritt des iterativen Vorgehensmodells einleiten (vgl. Abschnitt 6.2.1.5).

6.2.1.5 Evolution

Wie in Abbildung 6-4 ersichtlich und bereits im letzten Abschnitt angedeutet, handelt es sich bei dem vorgestellten Vorgehensmodell zur Entwicklung bedarfsorientierter Dienstsichten um ein iteratives Vorgehen. Diese schrittweise (Weiter-) Entwicklung der Sichten lässt sich vor allem auf die Veränderung der Anforderungen der Bedarfsträger zurückführen. Einerseits resultiert dies durch den Wandel der individuellen Erfahrungen, der kognitiven Fähigkeiten sowie der Medienkompetenz der einzelnen Bedarfsträger. Andererseits trägt die Dynamik der dienstorientierten

Systeme, deren assoziierte Betriebsprozesse und -aufgaben sowie des zugrunde-
liegenden Informationsraums wesentlich zur Veränderung der Dienstsichten bei.
Gerade die Veränderung des Informationsraums zieht zumeist eine Ausweitung bzw.
Verfeinerung existierender Sichten nach sich, indem, teilweise durch den
Bedarfsträger getrieben (vgl. *Anträge zur IR-Evolution* in Abbildung 6-4), das
Informationsmodell durch den Ontologie-Entwickler um neue Konzepte erweitert
und die Informationen dementsprechend zur Verfügung gestellt und genutzt
werden. Hierbei kann der Informationsraumverwalter durch den in Abschnitt 5.3
vorgestellten *Push-Modus* pro aktiv über die Existenz neuer *Configuration Records*
unterrichtet werden und deren Analyse der Ausgangspunkt für einen weiteren
Evolutionsschritt ausgewählter Dienstsichten darstellen.

6.2.2 Konzeptionelle Darstellungsmodelle und Transformationsregeln

Ziel der Darstellungsmodelle ist es hochgradig intuitive und visuelle bzw. interaktive
Mechanismen zur Verfügung zu stellen, um für die Vermittlung der komplexen Sachverhalte dienstorientierter Systeme die stark ausgeprägte Fähigkeit des Menschen
für die Interpretation von graphischer Visualisierungen (Milgram und Jodelet 1976;
Tversky 1993), wie sie auch in der Kartographie Einsatz findet, auszunutzen. Die
Umsetzung der betriebsunterstützenden Dienstsichten, die in Analogie zu einer
geographischen Karte ein digitales Medium zur Abbildung der relevanten Informationen mit Hilfe eines Zeichensystems darstellen, erfolgt im Rahmen der *Transformationsphase* des im vorherigen Abschnitt präsentierten Vorgehensmodells.
Hierbei werden zum einen die gewählten Darstellungsmodelle entsprechend den in
der *Anforderungsanalyse* und *Selektionsphase* erhobenen Bedürfnisse der Bedarfsträger ausgewählt bzw. konfiguriert und darüber hinaus die Sachverhalte des
semantischen Informationsmodells anhand von Transformationsregeln auf eine mit
den Darstellungsmodellen assoziierte Symbolik abgebildet.

Wie in (Matthes 2008b) beschrieben, stellen *Cluster-Karten* und *Zeitintervall-Karten*
essentielle Typen von Software-Karten dar, da sie zum einen die Abbildung organisatorischer Sachverhalte und zum anderen die Abbildung der Dynamik bzw. Performanz der dienstorientierten Systeme unterstützen. Darüber hinaus hat die Analyse
einer Auswahl der im Rahmen der Betriebsunterstützung relevanten Prozesse in
Abschnitt 6.1 den hohen Informationsbedarf in Bezug auf die funktionale und organisatorische Komposition dienstorientierter Systeme (vgl. *IB.1* und *IB.2* in Tabelle 6-1)
aufgedeckt. Für die Abbildung der komplexen Beziehungsgeflechte werden im
Rahmen der vorliegenden Arbeit graphenbasierte Darstellungsmodelle eingesetzt. In
diesem Kontext werden die Elemente und die Beziehungen zwischen den Elementen
in Form eines Graphs visualisiert. Dabei ist die eigentliche Position eines Elements
auf dem Kartengrund von geringer Bedeutung, sondern die Platzierung eines
Elements in Bezug auf ein anderes und die verschiedenen Arten der Beziehungen
untereinander stehen im Vordergrund. Grundlage für ein solches Darstellungsmodell
und die resultierenden Dienstsichten stellt die Einbindung adäquater Layout-

Algorithmen zur Verortung der Elemente auf dem Kartengrund und von intuitiven Mechanismen zur Traversierung des Graphen dar.

Oftmals zeichnen sich die resultierenden, auf ein spezifisches Problemszenario zugeschnittenen Dienstsichten durch die Vermischung von Aspekten der unterschiedlichen Software-Karten aus. Darüber hinaus nutzen diese ähnliche Verortungs- und Interaktionsmuster bzw. greifen auf die gleiche Symbolik zurück, um den Wiedererkennungseffekt und somit die Lesbarkeit für den Bedarfsträger zu erhöhen. In diesem Zusammenhang können wiederkehrende und bewährte Kombinationen der Darstellungskonzepte in Vorlagen münden und vor allem während der Selektions- und Transformationsphase die Grundlage für eine effiziente Entwicklung optimaler Dienstsichten darstellen. Um den Prozess der Abbildung einzelner Sachverhalte aus der Dienst- und Systembeschreibung auf die visuellen Elemente zu erleichtern, kann der Entwickler während der Transformationsphase auf existierende Transformationsregeln zurückgreifen oder diese entsprechend seinen Wünschen anpassen.

In diesem Zusammenhang können verschiedene Darstellungssymbole und -modelle für einen bestimmten Sachverhalt definiert und einem abstrakten Darstellungskonzept zugeordnet werden. Wie in Abbildung 6-5 ersichtlich, existieren beispielsweise in dem Katalog an Visualisierungen unterschiedliche Symbole für die Konzepte *Aktivität* (*:Activity*) und *Akteur* (*:Actor*). Darüber hinaus bestehen unterschiedliche Methodiken (in Abhängigkeit der zugrundeliegenden Software-Karte) für die visuelle Interpretation der Beziehung zwischen einem unter- und einem übergeordneten Element (*:SubordinateTo*). Bei der Umsetzung einer konkreten Dienstsicht müssen nun nicht alle Informationen aus der Dienst- und Systembeschreibung einzeln auf visuelle Elemente abgebildet werden, sondern in einem ersten Schritt lediglich die relevanten, zugrundeliegenden Konzepte des semantischen Informationsmodells (*Relationen* und *Elemente*) mit den abstrakten Darstellungskonzepten verknüpft werden (vgl. Abbildung 6-5 – Schritt 1, zum Beispiel E_2 mit *:Actor*). Hierbei kann der Entwickler auf bereits etablierte Verknüpfungen zurückgreifen oder existierende Vorlagen nutzen und kann aufgrund der semantischen Natur des Informationsmodells durch semantische Mechanismen bei seiner Tätigkeit unterstützt werden. In einem zweiten Schritt erfolgt die szenario- bzw. bedarfsträgerspezifische Interpretation der Abbildungsvorschriften und die visuelle Ausgestaltung der Sicht in Form der geometrischen Ausprägung einzelner Elemente bzw. deren topologischen Strukturierung (vgl. Abbildung 6-5 – Schritt 2). In diesem Kontext muss für eine spezifische Dienstsicht definiert werden, welche visuellen Symbole bzw. Modelle konkret für abstrakte Darstellungskonzepte zum Einsatz kommen und diese realisiert werden. Diese Entkopplung zwischen den Elementen der Systembeschreibung und ihrer visuellen Darstellung im Kontext einer spezifischen Dienstsicht hat den Vorteil, dass im Zuge der (häufigen) visuellen Weiterentwicklung einer Dienstsicht das zugrundeliegende Darstellungsmodell unverändert bleibt und lediglich die Visualisierung oder die Mechanismen zur Gebietsgliederung angepasst bzw. ausgetauscht werden müssen. Beispielsweise kann hierdurch die Einbindung neuartiger Symbole für Elemente der Visualisierungen äußerst komfortabel umgesetzt werden und die (kontinuierliche) bedarfsträgerorientierte Anpassung der Sichten (*Personalisierung*) durch die individuelle Auswahl der Symbolik aus einem Katalog ermöglicht werden.

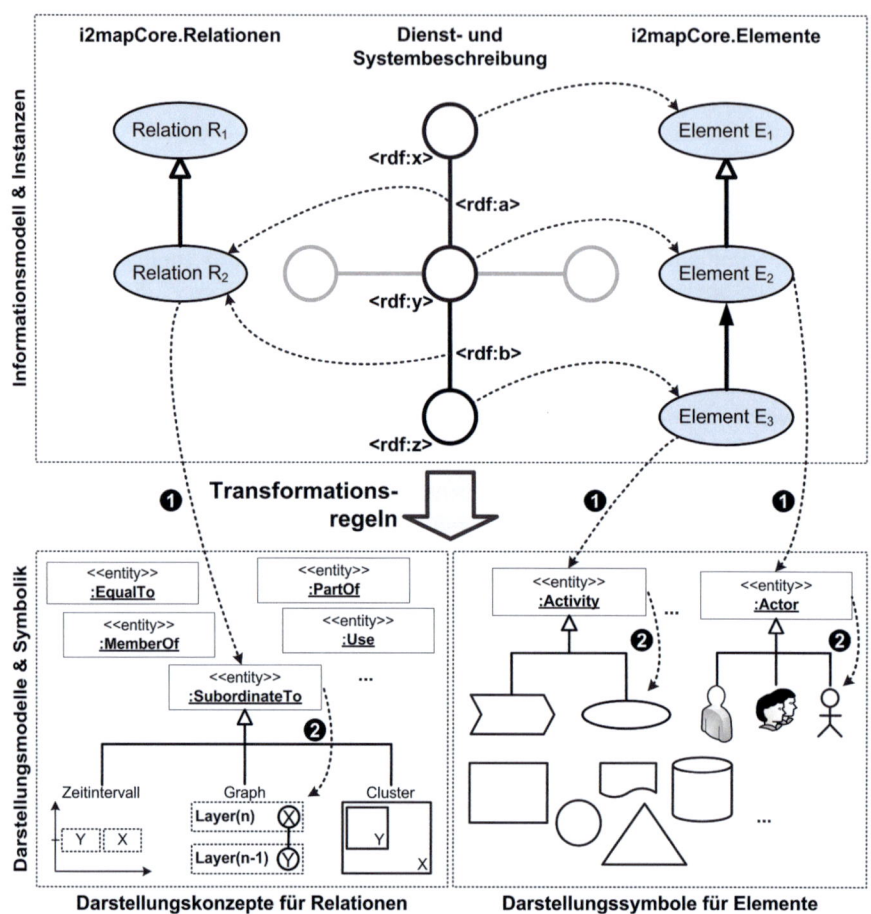

Abbildung 6-5: Abbildung der semantischen Konzepte aus dem Informationsmodell
auf Darstellungsmodelle der Visualisierungen

Neben der bedarfsträgerorientierten Auswahl bzw. Anpassung spezifischer Darstellungsmodelle besteht ein weiterer Aspekt in deren inhaltlichen Ausgestaltung mit den für ein bestimmtes Szenario relevanten Informationen. Wie bereits beschrieben, wählt der Bedarfsträger während der Anforderungsanalyse und Selektionsphase die benötigten Informationen aus und priorisiert diese gemäß seinen Bedürfnissen, um diese bedarfsgerecht konsumieren zu können und die kognitive Überlast zu verhindern. Dabei werden die einzelnen Konzepte und Attribute entsprechend dem P*-Modell verschiedenen Prioritätsklassen (P_1, ..., P_n) zugewiesen. Bei der Umsetzung der Transformationsregeln zwischen den semantischen Konzepten des Informationsmodells auf die Darstellungskonzepte der Visualisierungen werden diese Prioritäten ebenfalls berücksichtigt und abgebildet. Dies geschieht in Abhängigkeit der visuellen Beschaffenheit eines symbolischen Elements und dem Vorhandensein unterschiedlicher Konstrukte zur Verknüpfung von Informationen mit dem Element. Beispielsweise zeichnet sich eine Vielzahl symbolischer Elemente durch die Möglichkeit der Beschriftung aus, worauf in der Regel hochpriore Informationen (P_1) wie der

Titel oder der Bezeichner eines Objekts abgebildet werden. Darüber hinaus werden ergänzende Informationen zu einem Element mit der nächstprioren Wichtigkeit oftmals über den Interaktionsmechanismus der *aktiven Hilfe* (*Tooltip*) dem Benutzer zur Verfügung gestellt. Die konkrete Umsetzung der in diesem Abschnitt präsentierten Konzepte, findet sich im Rahmen der exemplarischen Vorstellungen einiger realisierten Dienstsichten in Abschnitt 6.2.4.

6.2.3 Technisches Rahmenwerk zur Interpretation konzeptioneller Darstellungsmodelle

Um den verschiedenen Bedarfsträgern die erwünschten Dienstsichten zur Verfügung stellen zu können, wurde auf der Basis der vorgestellten Konzepte und Modelle ein technisches Rahmenwerk entworfen und implementiert. Das resultierende *i2map-Portal*, welches als Web-Anwendung den Nutzern den zentralen und komfortablen Zugriff auf die visuellen Darstellungen ermöglicht, wurde auf der Basis des Microsoft Office SharePoint Server 2007 (MOSS) realisiert. Wie in Abbildung 6-7 ersichtlich, wurden einzelne Darstellungskonzepte in spezifischen Komponenten (*Webparts*) , die als atomare Elemente in anderen auf MOSS basierenden Portalen eingesetzt werden können, gekapselt (Freudenstein, Majer und Nussbaumer 2008). Entsprechend dem Konzept von Webparts unterstützen diese Steuerelemente die endnutzergetriebene Konfiguration des Inhalts, der Darstellung und des Verhaltens von Webseiten direkt aus dem Web-Browser heraus.

Der Funktionsumfang der im Rahmen dieser Arbeit entwickelten Webparts ermöglicht die Darstellung von Informationen und komplexen Sachverhalten in Form von graphen-, cluster und intervallbasierten Visualisierungen. In Abhängigkeit der Bedürfnisse kann der Bedarfsträger auf bereits eingebundene und vorkonfigurierte Webparts zugreifen und diese im Zuge der Bewältigung seiner Aufgaben nutzen. Darüber hinaus können gemäß dem in Abschnitt 6.2.1 beschriebenen Vorgehensmodell zur bedarfsträgerorientierten Erstellung von betriebsunterstützenden Dienstsichten die Komponenten an spezifische Bedürfnisse angepasst und somit äußerst personalisierte Sichten realisiert werden. Zur Bereitstellung der visuellen Darstellungen nutzen die Webparts zum einen spezielle Komponenten, die den Zugriff auf den zugrundeliegenden Informationsraum realisieren (*ContentSelector*). Hierbei werden unter Verwendung der in Abschnitt 5.3 vorgestellten normierten Informationszugangspunkten (*Query-API*) und den entsprechend der Nutzerbedürfnisse parametrisierten Anfragekontexten, die relevanten Managementinformationen aus den föderiert verwalteten Datenquellen extrahiert (Freudenstein, Nussbaumer, Majer und Gaedke 2007). Darüber hinaus werden die Informationen entsprechend der ausgewählten Darstellung und in Abhängigkeit der hierbei eingesetzten Bibliothek aufbereitet (*Transform-Engine*).

In Bezug auf die Realisierung der graphenorientierten Darstellungen der Informationen wird auf die *Graphviz DOT-Engine* (Ellson, Gansner, Koutsofios, Stephen et al. 2002) zurückgegriffen, welche die Knoten-, Gruppierungs- und Beziehungsobjekte entgegennimmt und aus dem Datenstrom eine Grafik im Format der *Scalable Vector*

Graphics (SVG) erzeugt. In diesem Zusammenhang umfasst der Transformations-
schritt die Übersetzung der strukturellen Informationen aus dem semantischen
Modell in das *DOT*-Format, einer speziellen Beschreibungssprache für die visuelle
Darstellung von Graphen (vgl. Abbildung 6-6). Die hieraus resultierende, gerichtete
oder ungerichtete Graphenstruktur wird von der Graphviz-Bibliothek verarbeitet,
eine Darstellung im SVG-Format erzeugt und mittels JavaScript um dedizierte
Interaktionsmechanismen erweitert. Als finaler Schritt wird der resultierende
Programmcode (*ChartBase*) im Webpart eingebunden und somit dem Benutzer die
relevanten Sachverhalte in Form einer Visualisierung zur Verfügung gestellt.

```
1   node_Campusplan -> node_WB_Campusplan [arrowtail=normal];
2   node_WB_Campusplan -> node_googleAPI [arrowtail=normal];
3   node_WB_Campusplan -> node_scc-nlb-01 [arrowtail=normal,
    ltail="cluster_MOSSStudium"];
4   node_WB_Campusplan -> node_AuthenticationProvider [arrowtail=normal,
    ltail=" cluster_MOSSStudium"];
5   node_RoleProvider -> node_MossDatabase [ltail="clusterEPMOSS"];
6   node_WB_Campusplan -> node_RoomService [arrowtail=normal];
7   node_RoleProvider -> node_Indexdb [ltail="clusterEPMOSS"];
8   node_Indexdb -> node_scc-kim-07 [arrowhead=none];
9   node_AuthenticationProvider -> node_KISSService [arrowhead=none,
    lhead="cluster_Studportal", ltail="cluster_provider"];
10  node_KISSService -> node_scc-kim-07 [arrowhead=none];
```

Abbildung 6-6: Auszug aus einer Graphenbeschreibung im DOT-Format

Für die Realisierung cluster- und intervallbasierter Visualisierungen kommt die
Bibliothek DevExpress XtraCharts (Developer Express Inc. 2009) zum Einsatz. Die
ASP.Net-basierte Komponente zeichnet sich durch eine Vielzahl bereits umfangreich
ausgestalteter Darstellungsmuster aus und ermöglicht darüber hinaus die werk-
zeugunterstützte Anpassung der zugrundeliegenden Darstellungsmodelle zur Umset-
zung von neuartigen und individuellen Sichten auf spezifische Sachverhalte. Im
Kontext dieser Bibliothek werden die relevanten Daten der zugrundeliegenden
Datenschicht in sogenannte *Serien* (*Series*) umgewandelt und an den gewünschten
Charttyp gebunden. Ein wesentlicher Vorteil besteht hierbei in der Tatsache, dass
der Darstellungstyp auch zur Laufzeit geändert werden kann und die Informationen
(*ChartBase*) somit auf unterschiedliche Art und Weise untersucht werden können.

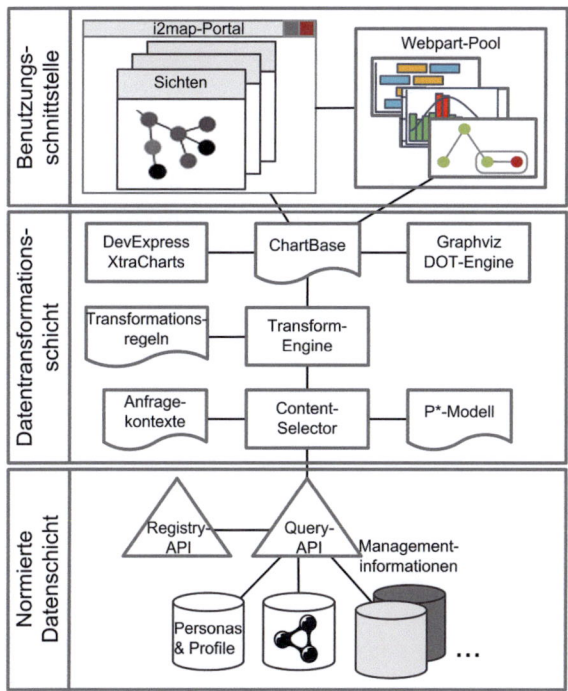

Abbildung 6-7: Überblick über die technische Plattform

6.2.4 Dienstsichten zur Betriebsunterstützung dienstorientierter Systeme

Auf der Basis des im vorherigen Abschnitt vorgestellten technischen Rahmenwerks konnte eine Vielzahl betriebsunterstützender Sichten realisiert und im Rahmen des i2map-Portals zur Verfügung gestellt werden. Im Folgenden wird das Potenzial des gesamten Ansatzes anhand einiger ausgewählter Dienstsichten präsentiert.

6.2.4.1 Dienstportfolio

Die Dienstsicht *Dienstportfolio* stellt für verschiedene Benutzergruppen den zentralen Einstiegspunkt in das i2map-Portal dar und verdeutlicht das wesentliche Konzept der Rezentralisierung der i2map. Im Gegensatz zur verstreuten Rückführung von Informationen über die angebotenen Dienste einer Organisation dient diese Sicht zur Bereitstellung eines visuellen Abbildes der gesamten, durch eine Organisation angebotenen Dienstleistungen (*IB.3*). Als Erweiterung bereits existierender katalogartiger Auflistungen ermöglicht die Sicht die einzelnen Dienste automatisiert in einem zweiachsigen Koordinatensystem zu verorten. Hierbei entspricht jeder Punkt in dem Koordinatensystem einem Dienst und die Position berechnet sich anhand einer vordefinierter Funktion. Die Funktion kann durch den Benutzer spezifiziert werden und richtet sich nach seinem Tätigkeitsprofil und den damit assoziierten Aspekten, die in

Bezug auf das Dienstportfolio von Relevanz sind. In diesem Kontext können Attribute wie der Status, das Datum der Inbetriebnahme oder assoziierte Personen den Wertebereich der Abszisse oder Ordinate umfassen. Darüber hinaus können auch dynamischere und komplexere Sachverhalte die Verortung der Dienste bestimmten.

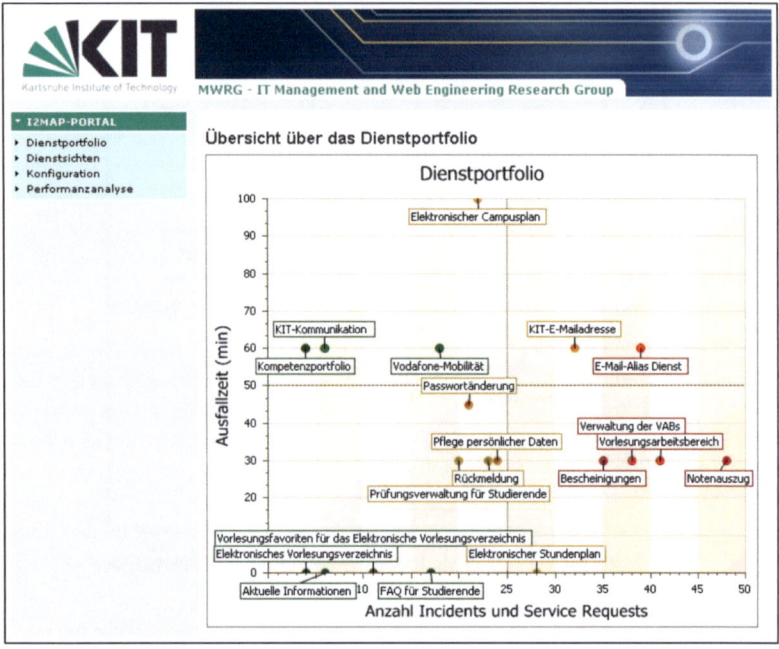

Abbildung 6-8: Überblick über das gesamten Dienstportfolio

In Abbildung 6-8 werden die Dienste beispielsweise anhand des Laufzeitverhaltens (Anzahl der Incident bzw. Problems und Dauer der Ausfallzeit in Minuten in den vergangenen 30 Tagen) im Koordinatensystem angeordnet und erleichtern durch diese visuelle Aufbereitung die Identifikation von optimierungsbedürftigen Diensten. Eine detaillierte Beschreibung der Sicht und des gesamten Funktionsumfangs findet sich in (Quast 2010).

6.2.4.2 Holistische Dienstsicht

Die im Folgenden vorgestellte Visualisierung *holistische Dienstsicht* ermöglicht es intuitiv einen Überblick über einen höherwertigen Dienst zu bekommen und darüber hinaus spezifische Aspekte des komplexen Abhängigkeitsgeflechts entsprechend der Informationsbedürfnisse zu konsumieren. Wie in Abbildung 6-9 ersichtlich, wird das dem Dienst zugrundeliegenden Abhängigkeitsgeflecht als Graph aufbereitet bzw. dargestellt und ermöglicht auf einfache Art und Weise ein Verständnis für die organisatorischen und funktionalen Beziehungen eines Dienstes und die Beiträge der dienstuntergeordneten Elemente zu gewinnen (*IB.1*, *IB.2*). Gegenüber einer linearen (textuellen) Informationsdarstellung erleichtert diese Hypertext-Anwendung (Nelson 1965) durch die Anlehnung an die Funktionsweise des menschlichen Denkens und den Einsatz von multimedialen Elementen zur Beschreibung der Informationsentitäten die Informationsaufnahme. Zusätzlich vermindert die Orientierung der Darstellungen an etablierte Muster aus der Kartographie und die überwiegend stark ausgeprägte Fähigkeit des Menschen für das Lesen von Karten zusätzlich den kognitiven Aufwand zur Erfassung der Strukturen.

Als exemplarische Visualisierung eines Abhängigkeitsgeflechts umfasst Abbildung 6-9 die grundlegende Darstellung der Zusammenhänge unterschiedlicher dienstunterstützender Elemente des höherwertigen Dienstes *elektronischer Campusplan* (vgl. Abschnitt 2.1.1). Hierbei wurden im Rahmen der mit der *Graphviz*-Bibliothek assoziierten Transformationsregeln die Konzepte des semantischen Informationsmodell *i2mapCore* auf die elementaren Konstrukte *Gruppe*, *Knoten*, *Kante* abgebildet. In diesem Zusammenhang sollen beispielsweise die Klasse *MemberOfCollection*, *AdminDomain*, *Organization* und *Product* auf eine Gruppierung sowie *i2mapService*, *Dienstzugangspunkt*, *Server*, *Datenbank* und *Person* auf Knoten abgebildet werden. Darüber hinaus werden alle Unterklassen von *Dependency* auf beidseitig gerichtete Kanten und organisatorische Relationen wie *EmbodiesRoleRegardingElement* oder *Observes* auf ungerichtete Kanten abgebildet. Aufgrund der Allgemeingültigkeit dieser Regeln können diese auf eine Vielzahl an Szenarien übertragen werden und sollen dem Anwender intuitiv vermitteln, welche Elemente und Akteure zur Diensterbringung Einsatz finden bzw. benötigt werden. Darüber hinaus ist eine Anpassung der Transformationsregeln möglich.

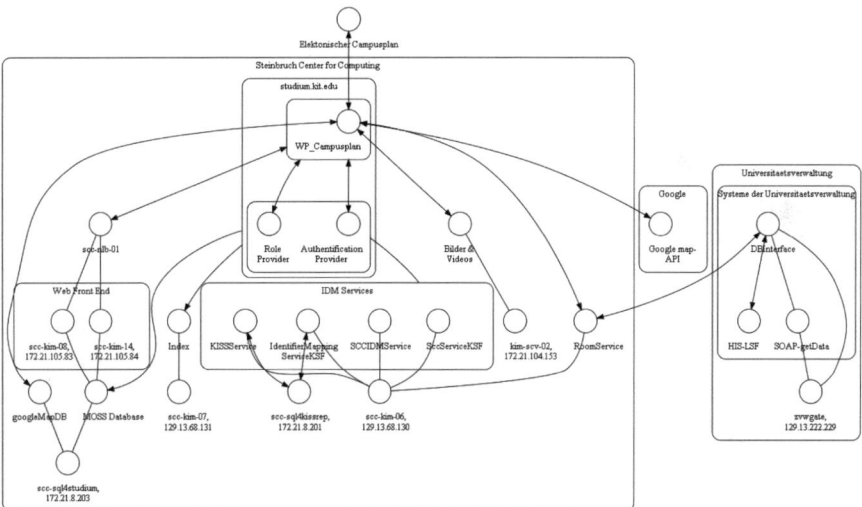

Abbildung 6-9: Graphenbasierte Darstellung des komplexen Abhängigkeitsgeflechts des höherwertigen Dienstes „Elektronischer Campusplan"

Neben den Transformationsregeln können auch die Darstellungskonzepte, welche die konkrete Ausgestaltung der Visualisierung der Informationen beschreiben, angepasst werden. Eine Möglichkeit besteht beispielsweise in der Veränderung der Symbolik zur Darstellung der einzelnen Konstrukte des Graphen, um für den Bedarfsträger das Erfassen der wesentlichen Elemente noch einfacher und in Entsprechung seiner persönlichen Präferenzen zu gestalten (vgl. Abbildung 6-11).

Hierbei kann die Wahl der Symbolik an Regeln geknüpft sein und eine gewisse Dynamik unterstützen. In diesem Zusammenhang kann das Symbol eines Elements oder die Färbung einer Kante in Abhängigkeit des Status verändert werden und hierdurch der Betrachter auf Probleme hingewiesen bzw. im Rahmen der Fehlersuche *(Root Cause Analysis)* effizient unterstützt werden.

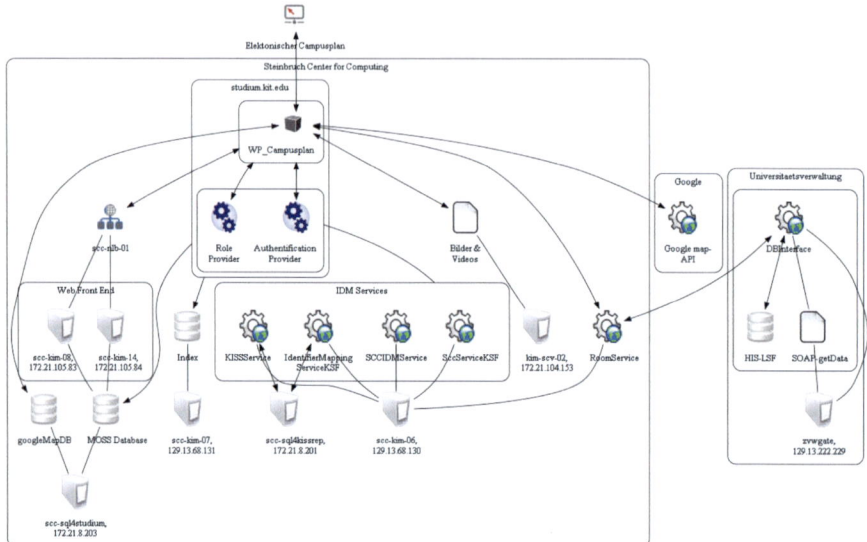

Abbildung 6-10: Angepasste Symbolik zur vereinfachten Erfassung der wesentlichen Zusammenhänge und Zustände

Darüber hinaus stellt die Aufteilung und Verortung der Meta-Informationen über die einzelnen Elemente ein zentraler Aspekt der Visualisierungen dar. In diesem Kontext besteht in dem P*-Modell, welches die Zuweisung von Informationsentitäten zu sogenannten Prioritätsklassen ermöglicht (vgl. 6.2.1.2), die Grundlage für die bedarfsträgerorientierte Verteilung der Informationen in dem realisierten Webpart. In dem vorliegenden Beispiel werden die hochprioren Informationen innerhalb des Kartengrundes dargestellt. Die P_1-Schale wird hierbei auf die Beschriftung der symbolischen Elemente und die Informationen aus der P_2-Schale auf den Interaktionsmechanismus der *aktiven Hilfe (Tooltip)* abgebildet. Hierbei zeigt sich, dass die P_1-Schale der *Server* neben dem *Titel* die *IP-Adresse* des Elements umfasst. Auch wenn die technische Plattform eine Beschriftung der Kanten unterstützen würde, ist im Falle der vorliegenden Darstellungskonfiguration diese nicht eingesetzt worden (P_1-Schale enthält keine Elemente), um die Übersichtlichkeit zu gewährleisten. In diesem Zusammenhang werden auch weiterführende Informationen über die Elemente (P_3-Schale) nicht direkt im zentralen Inhaltsbereich eingebunden, sondern befinden sich – neben Navigationsfunktionen – im rechten Bereich der Anwendung. Dieser Bereich zeigt in Abhängigkeit des durch den Benutzer in der graphischen Darstellung selektierten Elements (Gruppe, Knoten oder Kante) die hierfür im Rahmen der P_3-Schale vorhandenen Datenpaare, bestehend aus Parametername und Wert, an. Schlussendlich kann somit durch die Sicht das gesamte Abhängigkeitsgeflecht des höherwertigen Dienstes erfasst und darüber hinaus die Konfiguration der relevanten

Elemente (*IB.4, IB.5*) äußerst komfortabel konsumiert werden. Eine vertiefte Betrachtung und weitere Beispiele für graphenbasierte Visualisierungen des Rahmenwerks findet sich in (Reisch 2010).

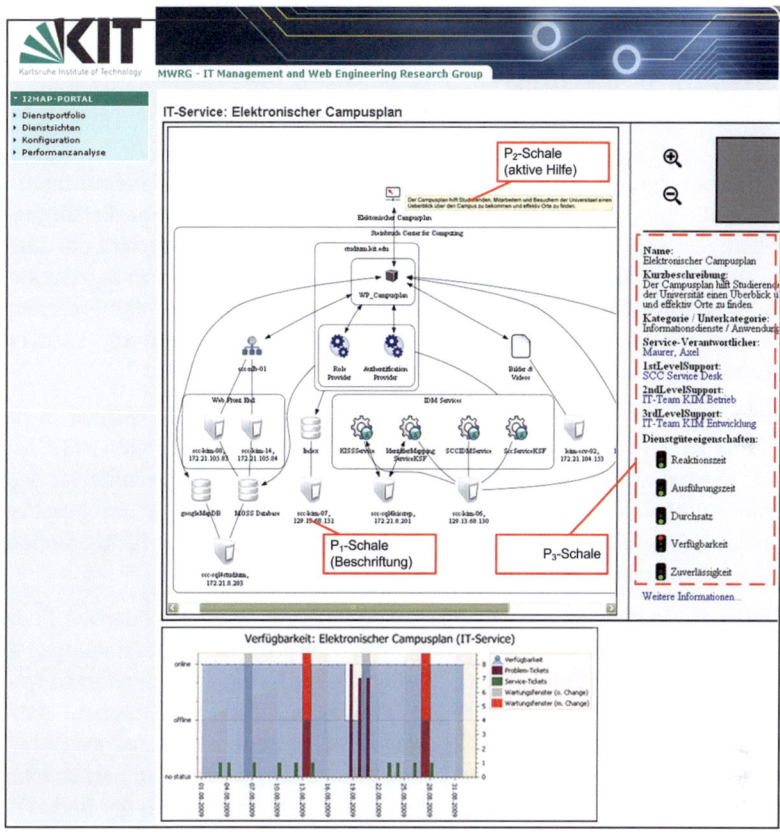

Abbildung 6-11: Interpretation des P*-Modells im Rahmen der Visualisierung „holistische Dienstsicht"

Der Aspekt des aggregierten Dienststatus (*IB.7*) und Trends und Muster (*IB.9*) kann mithilfe der entwickelten Webparts ebenfalls in die holistische Dienstsicht des i2map-Portals eingebunden werden. In diesem Kontext wird die graphenbasierte Darstellung um eine spezifische intervallbasierte Visualisierung erweitert. Diese im Rahmen eines separaten Webparts gekapselte Darstellung, ermöglicht die Darstellung von Informationen, die gemäß dem Informationsmodell mit einem Element in Verbindung stehen und einen zeitlichen Bezug aufweisen. Hierunter fallen beispielsweise zu einem Element assoziierte Laufzeitinformationen, Incident- oder Problem-Tickets oder die Personen, die den Dienst über seinen Lebenszyklus hinweg betreut haben. Über den Mechanismus der *WebPart Connections* kann nun die graphen- und die zeitintervallbasierte Sicht miteinander verknüpft werden und Letztere entsprechend der Auswahl eines Elements im Graphen durch den Benutzer vorhandene zeitorientierte Informationen darstellen (vgl. Abbildung 6-11 – unterer Bereich). Beide Webparts arbeiten dabei in Bezug auf die Anzeige der Informationen autark und die zeitintervallbasierte Sicht benötigt als Eingabeparameter lediglich den Bezeichner des ausgewählten Elements und bietet darüber hinaus die Möglichkeit zur weiteren Parametrisierung des Umfangs und der Art der Darstellung an.

6.3 Zusammenfassung

Vor dem Hintergrund der gesteigerten Komplexität bei der Betriebsunterstützung dienstorientierter Systeme bestand in der adäquaten Informationsversorgung der betriebsbeteiligten Akteure eine zentrale Herausforderung. Aufgrund der überwiegend stark ausgeprägten Fähigkeit des Menschen für das Lesen von Karten und dem damit einhergehenden verminderten kognitiven Aufwand bei der Erfassung der damit verbundenen Strukturen, wurde die Abbildung der komplexen Sachverhalte dienstorientierter Systeme auf graphische Visualisierung gewählt.

Als initialer Schritt zur Realisierung adäquater Visualisierungen wurden in diesem Kapitel die konkreten *Informationsbedürfnisse der betriebsbeteiligten Akteure* identifiziert. Hierfür wurden die spezifischen Charakteristika dienstorientierter Systeme untersucht und die Informationsbedürfnisse durch die Analyse der Best Practices der Information Technology Infrastructure Library (ITIL) – dem De-facto-Standard zur Betriebsunterstützung – konkretisiert.

Auf Basis der identifizierten Informationsbedürfnisse wurden neuartige *Konzepte, Modelle und Werkzeuge* zur Realisierung effektiver *graphischer Darstellungen* für die jeweiligen relevanten Sachverhalte in dienstorientierten Systemlandschaften vorgestellt. Den Rahmen zur Entwicklung der sogenannten *Dienstsichten* stellt ein *iteratives Vorgehensmodell* dar. Dieses zeichnet sich durch die explizite Einbindung der relevanten Bedarfsträger in den Entwicklungsprozess sowie die Berücksichtigung der Evolution der Informationsbedürfnisse und Medienkompetenz der Bedarfsträger sowie des zugrundeliegenden Informationsraums aus. Zur inhaltlichen Ausgestaltung der holistischen Dienstsichten setzt der Ansatz auf den in Kapitel 5 präsentierten Ergebnissen auf und ermöglicht die *effiziente und effektive Interaktion* der Betreibergruppen mit dem homogenisierten Informationsraum. Hierbei tragen Konzepte zur Verknüpfung der Informationsobjekte aus dem semantischen Informationsmodell mit *Darstellungsmodellen* wesentlich dazu bei, die Strukturen und wesentlichen Eigenschaften der Systemlandschaft kommunizierbar und erfahrbar zu machen. Die Wahl adäquater Modelle zur Ausprägung der hochgradig dynamischen und interaktiven Visualisierungen erfolgt – gemäß dem Vorgehensmodell – in Abhängigkeit der relevanten Informationen sowie der individuellen Erfahrungen und Medienkompetenz des Bedarfsträgers.

Abschließend wurde die konkrete Anwendung der Modelle und Konzepte demonstriert. In diesem Zusammenhang wurde ein *technisches Rahmenwerk*, welches verschiedene Darstellungsmodelle unterstützt und die Transformation der semantischen Konzepte in visuelle Elemente ermöglicht, vorgestellt. Darüber hinaus wurde eine Auswahl spezifischer Dienstsichten, die gebündelt im Rahmen des *i2map-Portals* zur Verfügung gestellt werden, präsentiert. Ein zentraler Mehrwert der

Sichten besteht in der bedarfsträgerorientierten Zusammenführung von Informationen über die verteilte und heterogene Systemlandschaft und deren adäquater Verortung auf dem Kartengrund. Als Einstiegspunkt in den umfangreichen Informationsraum kann das präsentierte Dienstportfolio dienen, von welchem durch die Auswahl eines bestimmten Dienstes in die holistische Dienstsicht gewechselt werden kann. Diese feingranularere Sicht eines Dienstes verdeutlicht äußerst anschaulich das Potenzial des gesamten Ansatzes zur Interaktion des Anwenders mit dem zugrundeliegenden Informationsraum. Darüber hinaus demonstriert die Sicht wie durch eine dedizierte Mischung von graphischen und textuellen Elementen die Erfassung der komplexen Zusammenhänge vereinfacht und ein Beitrag zur effizienten und effektiven Betriebsunterstützung dienstorientierter Systeme geleistet werden kann.

7 Effektive Unterstützung eines konsistenten Service Level Managements

Aufgrund der Realisierung höherwertiger Dienste durch die Verknüpfung verschiedener technischer Elemente und der Diensterbringung nach einem kooperativen Modell beeinflusst die Performanz und Effektivität aller beteiligten Elemente und Akteure die Dienstgüte des gesamten Dienstes. Bedingt durch die Komplexität des einhergehenden Abhängigkeitsgeflechts können hierbei fundierte Aussagen über die Dienstgüte als Ganzes nur schwer getroffen werden. Dies wurde im Besonderen im Rahmen dieser Arbeit durch ein *umfragebasiertes Experiment* mit im Wirkbetrieb beteiligten Personen bestätigt (vgl. Abschnitt 8.2). Schlussendlich resultiert dies zumeist in der Abwesenheit jeglicher Dienstgütevereinbarungen (SLAs) und einer nicht quantifizierbaren Diensterbringung nach dem Best Effort-Prinzip oder in der Definition inkonsistenter SLAs auf der Grundlage grober Schätzungen, was im Widerspruch zur kundenorientierten Dienstbereitstellung des IT Service Managements steht.

Zur Begegnung dieser Problematik werden im Rahmen dieses Kapitels dedizierte *Konzepte und Modelle zur Plausibilitätsüberprüfung und Überwachung von Dienstgütevereinbarungen* vorgestellt. Hierbei besteht eine wesentliche Grundlage in dem in Kapitel 5 präsentierten homogenisierten Informationsraum und den gemäß dem semantischen Informationsmodell *i2mapCore* zur Verfügung gestellten Informationen über die Elemente und Strukturen dienstorientierter Systeme. Darauf aufbauend wird in Abschnitt 7.1 ein kurzer Überblick über den Prozess der Verhandlung, der Überprüfung und der Berichterstattung über die Erfüllung von Dienstgütevereinbarungen (*Service Level Management, SLM*) sowie über die Unterstützung der Aktivitäten durch die *integrated information map* (*i2map*) gegeben. In diesem Zusammenhang befasst sich Abschnitt 7.2 mit der Vorstellung der entwickelten *Konzepte und Modelle zur Definition* konsistenter Dienstgüteaussagen für höherwertige Dienste. Hierbei steht die systematische Zusammenführung der wesentlichen qualitätsbeeinflussenden Faktoren anhand definierter *Aggregationsstrategien* und unter Einbeziehung der Informationen über die technische und organisatorische *Dienststruktur* im Vordergrund. Die Vorstellung von Verfahren zur Durchsetzung bzw. Überwachung bestehender SLAs auf Ebene der diensterbringenden Systemelemente erfolgt in Abschnitt 7.3. Dies umfasst die erneute Anwendung der zugrundeliegenden Modelle und die *Inversion der Strategien*, wodurch spezifische *Überwachungsprozesse und -werkzeuge* entsprechend der Zielvorgaben parametrisiert werden.

7.1 Lebenszyklusunterstützung von Dienstgüte-vereinbarungen

Im Rahmen der *Information Technology Infrastructure Library* (*ITIL*) stellen die Definition bzw. Aushandlung von dienstbezogenen Dienstgüteparametern sowie die nachgelagerte Verwaltung von Dienstgütevereinbarungen Kernprozesse des De-facto-Standards dar. Im Kontext der logischen Strukturierung von ITIL in fünf Kernbereiche (vgl. Abschnitt 6.1.1) ist das Service Level Management im *Service-Design* verankert, erstreckt sich aber über den gesamten Dienstlebenszyklus (Lloyd und Rudd 2007). Hiermit soll, im Gegensatz zur gängigen Praxis des SLMs, der Fokus explizit auf eine frühe Behandlung von Dienstgüteaspekten in Bezug auf die Diensterbringung gelegt werden. Dementsprechend ist bei der (Weiter-)Entwicklung eines Dienstes während der Anforderungsanalyse neben der Spezifikation des funktionalen Leistungsumfangs (*Functional Requirements*) die Festlegung der gewünschten qualitativen Dienstparameter (*Service Level Requirements*, *SLR*) aus Kundensicht und die Evaluierung derer Umsetzbarkeit von zentraler Bedeutung. Im Falle der konsequenten Berücksichtigung der funktionalen und nichtfunktionalen Anforderungen im (technischen) Entwurf und der Umsetzung eines Dienstes, fließen diese in die kundenorientierte Beschreibung eines Dienstes (vgl. Abschnitt 5.2.2.3) ein und stellen die zentrale Entscheidungshilfe im Kontext der Dienstauswahl des Kunden dar. Entspricht ein Dienst in Bezug auf Funktion und Qualität den Kunden-bedürfnissen werden die oftmals variablen Rahmenbedingungen der Dienstleistung ausgehandelt sowie die konkreten Modalitäten der Dienstnutzung bzw. die festgesetzten Zielvorgaben des Leistungsumfangs und -qualität münden in einer vertraglichen Übereinkunft, der Dienstgütevereinbarung. Ein weiterer wesentlicher Aspekt des SLMs liegt in der Durchsetzung dieser SLAs, was die Messung der erreichten Service Levels, deren Vergleich mit den vereinbarten Zielvorgaben und im Falle von Verletzungen die Initiierung von Maßnahmen zur Kompensation der Beeinträchtigung umfasst. Darüber hinaus stellt das Berichtwesen über die Erfüllung der SLAs und die Bereitstellung dieser Informationen sowie die Messung der Kundenzufriedenheit eine Aufgabe des SLMs dar.

In Bezug auf das Service Level Management im Rahmen dienstorientierter Systeme müssen spezifische Aspekte beachtet werden. So lässt sich der potenzielle fach-funktionale Leistungsumfang eines höherwertigen Dienstes zumeist durch seine zur technischen Realisierung beitragenden Elemente eindeutig definieren und dieser verhält sich – abgesehen von Störungen und der Evolution des Dienstes – konstant. Demgegenüber zeichnen sich im Speziellen qualitative Leistungsparameter wie beispielsweise die Performanz durch Schwankungen aus. Dies lässt sich zum einen HYPERLINK \lg einer jeden bei der Diensterbringung involvierten Partei den individuellen Beitrag unter wirtschaftlichen Gesichtspunkten effektiv und somit mit minimalem Ressourceneinsatz zu erbringen bzw. darauf zu optimieren zurückführen.

Darüber hinaus hat das Auftreten von unvorhersehbaren Fehlerzuständen und Störungen aufgrund der Komplexität des Systems großen Einfluss auf die Dienstgüte. Um die zulässigen Auswirkungen dieser Aspekte auf die Nutzung des gesamten Dienstes zu begrenzen und gegenüber dem Kunden eine bestimmte Dienstgüte zu garantieren, werden die Dienstgüteziele und die Strafen im Falle der Nichteinhaltung der Vorgaben im SLA festgehalten. Aus der Sicht des Dienstgebers stellen somit Informationen über die tatsächlich erfüllbaren Dienstgüteziele eines höherwertigen Dienstes für die Beschreibung der qualitativen Aspekte eines Dienstes und im Besonderen für die Aushandlung konsistenter Dienstgütevereinbarungen eine wichtige Grundlage dar. Diese Fragestellung fokussierend, werden im Abschnitt 7.2 dedizierte Konzepte und Modelle zur Ableitung und Definition plausibler Dienstgüteaussagen für höherwertige Dienste zur Verfügung gestellt. Entsprechend dem in Abbildung 7-1 dargestellten Regelkreis von Dienstgütevereinbarungen im Rahmen der i2map, der sich in die wiederkehrenden Phasen *Entwicklung & Evolution* und *Betrieb* von SLAs unterteilt, finden die Konzepte in der SLA-definierenden Phase (Entwicklung & Evolution) Anwendung. Hierbei stellen die Spezifikation von Metriken für verschiedene Dienstgüteaspekte in Bezug auf bestimmte Elemente des dienstorientierten Systems und systematische Analysemodelle die Kernpunkte des Ansatzes dar. Die Unterstützung der Definition konsistenter SLAs für einen höherwertigen Dienst sieht in diesem Zusammenhang die Unterfütterung des Modells mit konkreten *Laufzeitinformationen* über die dienstgütebeeinflussenden Elemente vor. Die Identifikation der relevanten Elemente erfolgt dabei anhand einer – im Idealfall gemäß dem Informationsmodell *i2mapCore* entsprechenden – strukturellen Beschreibung des Dienstes (*Dienststruktur*). Auf der Basis des Laufzeitverhaltens der einzelnen Elemente in Bezug auf spezifische Metriken werden über dedizierte Mechanismen die Informationen aggregiert (*Aggregation von Daten*) und Aussagen über das System als Ganzes gegeben. Dies stellt die Grundlage für die widerspruchsfreie Beschreibung der Dienste und die Aushandlung konsistenter Dienstgütevereinbarungen entsprechend der vorliegenden Dienstkonfiguration (*SLA-Validierung*) dar.

Auf die Phase der Definition konsistenter Dienstgütevereinbarungen folgt gemäß dem SLA-Regelkreis die Phase der Durchsetzung der Dienstgütevereinbarungen (Betrieb), um die Diensterbringung gemäß den Zielvereinbarungen zu gewährleisten. Wie in Abbildung 7-1 dargestellt, besteht die Unterstützung dieses zentralen Aspekts des SLMs durch die i2map in der *SLA-Dekomposition* und dem nachgelagerten Schritt *Delegation & Monitoring*. Die SLA-Dekomposition setzt sich mit der Zerlegung eines SLAs in einzelne auf bestimmte Metriken abbildbare Dienstgütedimensionen und der Analyse der Zielvorgaben auseinander. Hierbei verfolgt der Ansatz das Ziel aus den Vorgaben in Bezug auf das Dienstgüteverhalten des gesamten höherwertigen Dienstes, überprüfbare Soll-Werte für das Verhalten der dienstrealisierenden Elemente abzuleiten. Um dies zu ermöglichen, stellen, wie bei der Aggregation der Laufzeitinformationen, das definierte System an Metriken und die Dienststruktur wesentliche Eingabeparameter für die Dekompositionsmechanismen dar. Aufgrund der oftmals hohen Anzahl und Heterogenität der beteiligten Elemente werden als Resultat der Dekomposition eines SLAs eine Vielzahl überprüfbarer Messgrößen in unterschiedlichen Dimensionen bestimmt. Für die konkrete Überwachung dieser elementspezifischen Dienstgüteparameter werden gemäß dem Prinzip der Delegation spezialisierte Überwachungsprozesse, -verfahren und -werkzeuge konfiguriert und somit das gesamte System in Bezug auf die Dienstgütevorgaben überwacht. Mit der konsequenten Dekomposition der SLAs und der dementsprechenden Instrumentierung unterschiedlicher Überwachungsstrategien fungieren die Dienstgütevereinbarungen nicht nur als Vertragsgrundlage zwischen Dienstgeber und Dienstnehmer, sondern auch als wirkungsvolles Mittel zur Steuerung der Qualitätssicherung in dem verteilten System.

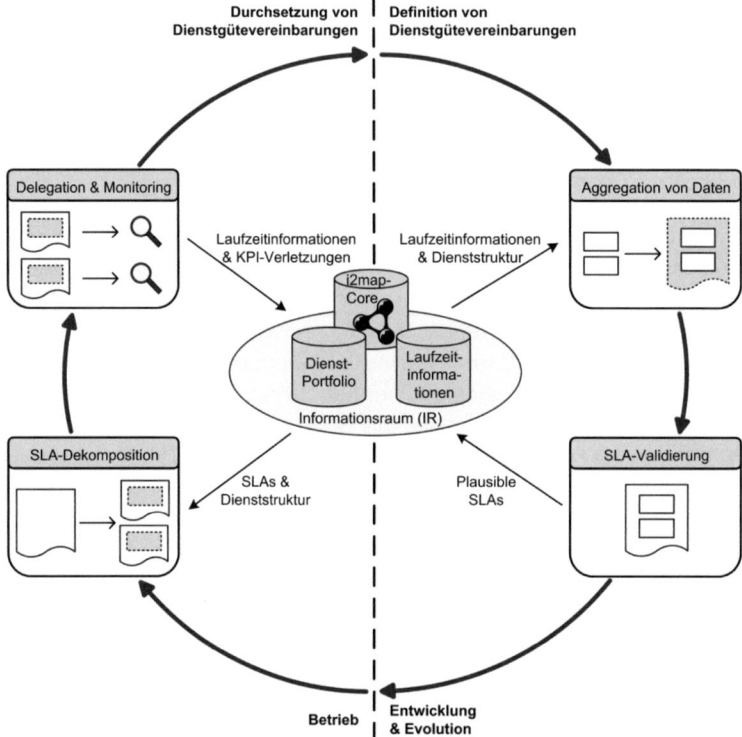

Abbildung 7-1: i2map-unterstützte Prozessschritte des Service Level Managements

7.2 Definition konsistenter Dienstgütevereinbarungen

Wie bereits im letzten Abschnitt beschrieben, stellt die Definition konsistenter Dienstgütevereinbarungen einerseits die Grundlage für ein effektives und effizientes Service Level Management und andererseits in Kontext dienstorientierter Systeme eine besondere Herausforderung dar. Entsprechend dem in Abbildung 7-1 vorgestellten Regelkreis für SLAs im Rahmen der i2map wird der Herausforderung der Entwicklung und Evolution von plausiblen SLAs mit dedizierten Konzepten und Modellen, die Gegenstand des folgenden Abschnitts sind, begegnet. Hierbei stellen die in Abschnitt 7.2.1 exemplarisch präsentierten Metriken und die dem semantischen Informationsmodell inhärenten Mächtigkeit, elementbezogene und mit spezifischen Verfahren bestimmte Messgrößen unterschiedlicher Metriken in Beziehung zu setzen, eine wesentliche Grundlage des Ansatzes dar. Darüber hinaus besteht in der Analyse der Kompositionsstruktur eines höherwertigen Dienstes und deren Abbildung auf eine Menge allgemeingültiger Kompositionsmuster (vgl. Abschnitt 7.2.2) ein wichtiger Schritt für die Ableitung von aggregierten Dienstgüteaussagen unter Berücksichtigung der diensterbringenden Elemente. Die schlussendliche Bestimmung von Dienstgüteaussagen über einen höherwertigen Dienst wird über die konsequente Zusammenführung von elementbezogenen Laufzeitinformationen unter Verwendung der Beziehungen aus dem semantischen Modell sowie dem metrikspezifischen Aggregationsverhalten in Abhängigkeit des vorliegenden Kompositionsmusters erreicht.

7.2.1 Dienstgütemetriken für dienstorientierte Systeme

Ein wesentliches Ziel des IT Service Managements stellt die fortlaufende Erfüllung der Kundenerwartungen und die kontinuierliche Steigerung der Dienstqualität und Kundenzufriedenheit dar. In diesem Kontext ist die Dienstgütevereinbarung des SLMs von zentraler Bedeutung, da diese als Vertragsgrundlage zwischen Dienstgeber und Dienstnehmer fungiert und die Erwartungen des Kunden an die Diensterbringung in seiner Sprache festhält. In Abhängigkeit der Erfahrungen und des Hintergrunds der Zielgruppe handelt es sich bei den Aussagen nicht zwingend um technisch eindeutig definierte und messbare Größen. Beispielsweise werden in *Servqual*, einem etablierten Verfahren zur Messung der Qualität von Dienstleistungen und der daraus folgenden Kundenzufriedenheit, die durch den Kunden wahrgenommenen Dimensionen *Reliability*, *Assurance*, *Tangibles*, *Empathy* und *Responsiveness* unterschieden (Parasuraman, Zeithaml und Berry 1988). In (Garvin 1987) werden die für den Kunden relevanten Aspekte *Performance*, *Features*, *Reliability*, *Conformance*, *Durability*, *Serviceability*, *Aesthetics* und *perceived Quality* definiert. In Bezug auf das Service Level Management kommt somit der Bereitstellung kundenverständlicher Metriken zur qualitativen Beschreibung eines Dienstes sowie der Kundenerwartungen im Rahmen eines SLAs und deren Abbildung auf technisch messbare Metriken eine große Bedeutung zu. In diesem Zusammenhang zeichnen sich die kundenorientierten Metriken zumeist durch Nominal- oder Ordinalskalen aus und müssen auf Werte bzw. Wertebereiche technisch erfassbarer Größen abgebildet. Im Rahmen des Informationsmodells *i2mapCore* kann der Bezug zwischen zwei Metriken über die Beziehung *MapsTo* und einer assoziierten Abbildungsvorschrift hergestellt werden (vgl. Abschnitt 5.2.3). Dies ermöglicht beispielsweise die Abbildung natürlichsprachlicher Aussagen wie „gold", „silber", „bronze" oder „hochverfügbar" auf technische und eindeutig quantifizierbare Dienstgüteparameter. Von zentraler Bedeutung ist darüber hinaus ein Katalog an allgemeingültigen Metriken und Messverfahren zur technischen Quantifizierung der Diensterbringung und um schlussendlich beurteilen zu können, ob die durch den Kunden empfundene Dienstqualität den Erwartungen entspricht. Im Kontext der unterschiedlichen, durch den Kunden wahrgenommenen Dienstgüteaspekte für Dienstleistungen lassen sich beispielsweise für den Bereich *Reliability* die störungsfreie Betriebszeit einer Dienstleistung oder in der Dimension *Serviceability* die mittlere Zeit bis zur Wiederherstellung nach einer unvorhergesehenen Unterbrechung (*Mean Time to Restore*) zuordnen.

Die im Rahmen dieser Arbeit im semantischen Informationsmodell beschriebenen Metriken lassen sich unter unterschiedlichen Perspektiven typisieren. Zum einen existieren Beschreibungen für allgemeingültige Messverfahren, die auf eine Vielzahl technischer Elemente angewendet werden können und sich lediglich durch eine unterschiedliche Ausprägung der konkreten elementspezifischen Messmethode und des Messinstruments unterscheiden (vgl. Abschnitt 5.2.3). Ein Beispiel stellt die *Reaktionszeit* dar, die sich allgemein als die Verzögerungszeit zwischen einer Aktion und dem Eintreten einer nachgelagerten Reaktion definiert, aber bezogen auf den Kundensupports eines Dienstes oder auf eine Portalanwendung mit unterschiedlichen Verfahren gemessen wird. Zum anderen bestehen Metriken, wie beispielsweise die Fehlerquote, die sich mit einem sehr spezifischen, auf ein Element oder eine Technologie fokussierten Aspekt befasst. Neben dem Anwendungsbereich stellt für die Abbildung der verschiedenen Metriken der Wertebereich ein wesentlicher Aspekt dar. So reicht das Spektrum von (ungeordneten) Nominalskalen bis zu geordneten und feingranularen Ordinal-, Intervall- und Verhältnisskalen, die aufeinander abgebildet werden müssen, um die Aggregation des Laufzeitverhaltens und somit die konsistente und kundenorientierte Definition von SLAs zu ermöglichen.

Im Rahmen von *i2mapCore* wurden für die Unterstützung der konsistenten Definition von Dienstgütevereinbarungen und für die nachgelagerte Überwachung der Zielvereinbarungen (vgl. Abschnitt 7.3) unterschiedliche Metriken auf der Basis der semantischen Konzepte des Modells spezifiziert. Die Metriken bilden in den Bereichen Performanz, Zuverlässigkeit und Betriebstauglichkeit Maße zur Quantifizierung des Laufzeitverhaltens eines Dienstes dar.

In Bezug auf die Performanz von Diensten und diensterbringenden Elementen wurden die Metriken *Reaktionszeit* (*Response Time*), *Ausführungszeit* (*Execution Time*) und Durchsatz (*Throughput*) definiert. Die Reaktionszeit und die Ausführungszeit werden in der Maßeinheit *Zeit* (z. B. Millisekunden) spezifiziert, wohingegen der Durchsatz in Einheiten pro Zeitintervall (beispielsweise Bytes/Sekunde oder Aufträge/Stunde) gemessen wird. Dementsprechend werden beim Durchsatz höhere Werte gegenüber niedrigen Werten favorisiert – bei der Reaktionszeit und der Ausführungszeit verhält es sich umgekehrt. Wie bei den meisten Metriken werden die Zielvorgaben in Intervallen angegeben und es besteht zumeist der Bedarf das minimale, durchschnittliche und maximale Performanzverhalten eines Dienstes in Bezug auf eine Metrik zu beschreiben. Beispielsweise stellen die maximale Ausführungszeit (*Worst Case Execution Time, WCET*) oder der maximale Durchsatzes eines Elements wesentliche Informationen dar.

Um Aspekte in Bezug auf die Stabilität und Kontinuität einer Dienstleistung zu spezifizieren, stellen die *Verfügbarkeit* (*Availability*), *Zuverlässigkeit* (*Reliability*) und Zugänglichkeit (*Accessibility*) geeignete Maßeinheiten dar. Die Verfügbarkeit ist die Wahrscheinlichkeit oder das Maß, inwieweit ein Dienst die Anforderungen aus dem SLA innerhalb eines vereinbarten Zeitrahmens dem Kunden gegenüber befriedigt.

Dies umfasst neben der Annahme der Kundenanfragen vor allem deren korrekte Bearbeitung durch ein funktionierendes Gesamtsystem und die Bereitstellung der Ergebnisse. Die Verfügbarkeit wird prozentual ausgedrückt und berechnet sich aus dem Quotienten der *Uptime* pro Gesamtzeit und der Gesamtzeit selbst. Die Zuverlässigkeit eines Dienstes gibt an, wie verlässlich eine zugewiesene Funktion in einem Zeitintervall erfüllt wird. Während des Betriebs kann die Zuverlässigkeit eines Elements durch die Ermittlung der prozentualen Ausfallhäufigkeit empirisch bestimmt werden. Hierfür muss für einen fest definierten Zeitraum die Anzahl der fehlerhaft bearbeiteten Anfragen durch die gesamte Anzahl der Dienstaufrufe dividiert werden. Eng mit der Verfügbarkeit verwandt, beschreibt die Zugänglichkeit die Tatsache, ob ein System oder ein Dienst Kundenanfragen entgegen nehmen kann und dem Kunden als zugänglich erscheint. Dabei ist diese auch dann nicht mehr gegeben, falls die Reaktionszeit eines Systems eine bestimmte Kenngröße überschreitet. Im Gegensatz zur Verfügbarkeit beschreibt die Zugänglichkeit lediglich die Annahme der Anfragen und macht keine Aussagen über die tatsächliche Bearbeitung bzw. über den Zustand der angebotenen Dienstleistung. Messbar ist die Zugänglichkeit über den Quotienten aus der Anzahl der quittierten Dienstaufrufe und der gesamten Anzahl der Anfragen.

In Bezug auf die Betriebstauglichkeit bestehen zum einen Metriken zur fallspezifischen Beurteilung der durch einen Dienst angebotenen Fachfunktionalität. Zum anderen lassen sich aber auch allgemeingültige Metriken, die auf eine Vielzahl an Sachverhalte übertragbar und messbar sind, definieren. Hierunter fällt beispielsweise die Sicherheit, die Betreuung, die Richtlinienkonformität oder die Dokumentation eines Dienstes. In Bezug auf die Sicherheit stellt beispielsweise der Umgang mit personenbezogenen Daten ein durch den Kunden stark wahrgenommener Aspekt dar. Gerade durch die Komposition der dienstorientierten Systeme und der Verbreitung von kundenspezifische Daten über verschiedene Systeme hinweg, fordert der Kunde die Einhaltung von Datenschutzrichtlinien. Als messbare Größe lässt sich in diesem Zusammenhang der Schutz der Daten in Form der eingesetzten Verschlüsselungstechnologien (z. B. *Verschlüsselungsstärke*) über die unterschiedlichen eingesetzten Dienstelemente und auf den Übertragungswegen bewerten. Neben der inhaltlichen Unterstützung in Bezug auf einen Dienst stellen die *Reaktionszeit bei Störungen* oder die *Wiederherstellungszeit* nach einer unvorhergesehenen Unterbrechung wesentliche Maßeinheiten für die Quantifizierung der Dienstgüte im Bereich der Betreuung dar.

7.2.2 Kompositionsmuster dienstorientierter Systeme

Um die Kompositionsstrukturen dienstorientierter Systeme untersuchen zu können, wird in einem ersten Schritt ein Modell zur Abbildung der Zusammenhänge benötigt. In diesem Kontext befasste sich der Abschnitt 5.2.4 mit der Vorstellung der durch das semantische Informationsmodell *i2mapCore* zur Verfügung gestellten Konzepte zur umfassenden Beschreibung von Beziehungen zwischen Elementen dienstorientierter Systeme. Darauf aufbauend lassen sich die komplexen Kompositionsaspekte

technischer sowie organisatorischer Natur abbilden und die resultierenden System-
beschreibungen beispielsweise für die grafische Repräsentation der komplexen
Sachverhalte nutzen (vgl. Abschnitt 6.2). In Bezug auf die Ableitung von Dienstgüteaussagen für höherwertige Dienste aus dem Verhalten und den Eigenschaften der
diensterbringenden Elemente ist eine Analyse der möglichen Abhängigkeitsverhältnisse notwendig. So können in Abhängigkeit des Dienstgüteparameters bzw. der
damit assoziierten Metrik verschiedene Kompositionsstrukturen eine unterschiedliche Wirkung auf die Aggregationsmechanismen bzw. auf die abgeleiteten Aussagen
für den Dienst als Ganzes haben. Als Beispiel resultiert eine Vorhersage in Bezug auf
den performanzbezogenen Parameter *Antwortzeit* aus die Summe der Antwortzeiten
der relevanten Unterelemente, wohingegen sich der *maximale Durchsatz* im
Wesentlichen durch das schwächste Element der Komposition bestimmt.

Um für einzelne Metriken allgemeine Aggregationsvorschriften definieren zu
können, werden im Folgenden kurz die zentralen Kompositionsmuster, die aus den in
(Wil M. P. van der Aalst, Hofstede, Kiepuszewski und Barros 2003) beschriebenen
Geschäftsprozessmustern abgeleitet wurden, vorgestellt. Prinzipiell lässt sich das
Abhängigkeitsgeflecht dienstorientierter Systeme als gerichteter Graph auffassen
und eine Kante stellt die Nutzung eines Elements (Endknoten) durch ein anderes
Element (Startknoten) dar. Um die Aggregation des Leistungsverhaltens zu verein-
fachen, sieht der gesamte Ansatz ein iteratives Vorgehen zur Verarbeitung des
gesamten Graphen vor. Ausgehend von der untersten Ebene des Kompositionsgeflechts wird das lokale Qualitätsverhalten auf die nächsthöhere Ebene verdichtet
und dieser Vorgang bis zum Erreichen der Wurzel des Graphs (dem höherwertigen
Dienst) fortgeführt. Dies vereinfacht die Sichtweise auf die verschiedenen Kompositionsmuster, da lediglich ein Element und seine direkt in Beziehung stehenden
Elemente betrachtet werden müssen. In Abbildung 7-2 sind die zentralen
Kompositionsmuster dienstorientierter Systeme in Anlehnung an die Modellierung
von Prozessabläufen mit den Konstrukten der UML Aktivitätsdiagramme dargestellt
(Object Management Group 2009). Hierbei stellt die *Sequenz* (*Sequence*) den
Sachverhalt dar, dass ein übergeordnetes Elemente e_i im Zuge der Diensterbringung
eine Menge untergeordneter Elemente e_j direkt nutzt. Mit dem Konstrukt der
Sequence Feedback kann in dem Zusammenhang sequentieller, funktionaler Aufrufe
modelliert werden, dass eine Rückkopplung zwischen den Ebenen besteht und das
übergeordnete Elemente durch die Beendigung der Aktivitäten auf der untergeordneten Ebene beeinflusst wird. Somit setzt sich die Dienstgüteaussage für das höherwertige Elemente aus dem lokalen Wert und dem Wert der dienstunterstützenden
Komponenten zusammen. Komplexere Strukturen resultieren aus dem Sachverhalt,
wenn ein Element entsprechend der Dienstbeschreibung über mehrere direkt
untergeordnete Elemente (e_{j1}, ..., e_{jn}) verfügt. In diesem Fall gilt in Bezug auf die
Parametrisierung der Aggregationsmechanismen die Unterscheidung zu treffen,
welche der untergeordneten Elemente Einfluss auf die Bestimmung einer Qualitäts-
aussage haben. Generell besteht die Möglichkeit, dass in Bezug auf eine bestimmte
Dienstgütemetrik alle untergeordneten Elemente von Relevanz sind und somit die
gesamte Dienstgüte beeinflussen können (*AND-Split, Parallel Split*). Dies ist beispielsweise im Bereich des parallelen Aufrufes mehrerer Sub-Komponenten der Fall. Beim
XOR-Split (*Exclusive Choice*) hingegen kommt im Zuge der Dienstleistungserbringung

lediglich ein Unterelement aus einer potenziellen Menge an Elementen tatsächlich zum Einsatz und hat Einfluss auf die Dienstgüte. Dies spiegelt beispielsweise den Sachverhalt der Modellierung einer redundanten Menge an gleichartigen Unterelementen wider. Das Kompositionsmuster *OR-Split* (*Multiple Choice*) beschreibt die Gegebenheit, dass in Abhängigkeit einer Vorbedingung (*Condition*) eine Menge an Unterelementen zur Diensterbringung beitragen. Dies umfasst beispielsweise den Aufruf verschiedener Komponenten bzw. Systeme in Abhängigkeit deren Auslastung oder der zu verarbeitenden Daten.

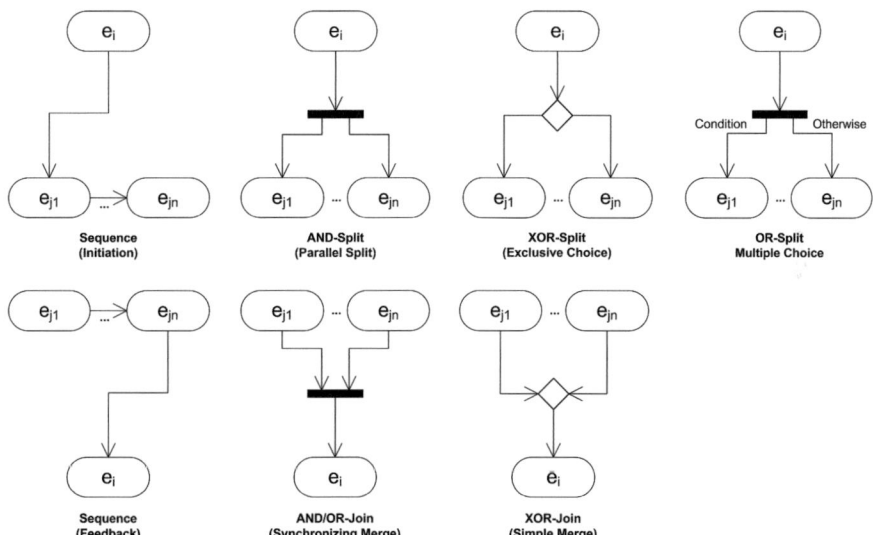

Abbildung 7-2: Allgemeine Kompositionsmuster dienstorientierter Systeme

Falls die beschriebenen Abhängigkeitsbeziehungen funktionale Aufrufe (vgl. *Execution Dependency* in Abschnitt 5.2.4) darstellen, besteht im Kontext unterschiedlicher (paralleler) Ausführungsstränge (*AND-*, *OR* und *XOR-Split*) die Frage, welchen Einfluss die untergeordneten Elemente (e_{j1}, ..., e_{jn}) auf performanzbezogene Qualitätsparameter ausüben. Hierbei müssen grundsätzlich zwei Fälle getrennt betrachtet werden. Zum einen kann es sich bei einem Aufruf eines untergeordneten Elements um die Weitergabe einer Aufgabe und deren unabhängige Bearbeitung durch die untergeordnete logische Einheit handeln. Beispielsweise hat in diesem Fall die Dauer der Bearbeitung keinen Einfluss auf die des höherwertigen Dienstes. Andererseits kann ein funktionaler Aufruf die Delegation eines Auftrages bzw. den Anstoß einer untergeordneten Aktivität mit einer nachgelagerten Rückkopplung an die übergeordnete Instanz umfassen. Dies stellt im Umfeld der dienstorientierten Systeme und der Komposition von einzelnen Funktionen zu höherwertigen Gebilden den typischen und für die Definition von SLAs interessanten Fall dar, da hierbei die Performanz des höherwertigen Elements stark an die des untergeordneten Elements gebunden ist. Für diesen speziellen Fall ermöglichen die allgemeinen Konstrukte *AND-*, *OR-*, *XOR-Join* in Abbildung 7-2 die Beschreibung des Sachverhalts der Zusammenführung der parallelen Ausführungsströme in Abhängigkeit der verschiedenen funktionalen Aufrufmuster (*Split*).

7.2.3 Aggregationsfunktionen für Dienstgüteparameter

Für die Verdichtung konkreter Dienstgütewerte sind die Analyse der Dienststruktur und die Abbildung der Sachverhalte auf die im vorherigen Abschnitt vorgestellten Kompositionsmuster von Bedeutung. Ein weiterer Schritt im Rahmen des Aggregationsmechanismus stellt die Zusammenführung von Informationen über das Verhalten und die Eigenschaften der diensterbringenden Elemente dar, um Aussagen über das höherwertige Element zu geben. Die bei diesem Vorgang eingesetzten Aggregationsvorschriften sind dabei eng an die dem Dienstgüteparameter zugrundeliegende Metrik und deren Berechnungsverfahren gebunden.

Aufgrund der Heterogenität der beteiligten Elemente dienstorientierter Systeme kann die Bestimmung bzw. Beschreibung des Laufzeitverhaltens einzelner Elemente in Bezug auf einen konkreten Dienstgüteparameter unterschiedlich ausgeprägt sein. So erfolgt beispielsweise die Berechnung des *Durchsatzes* in Bezug auf die Abarbeitung von Service-Anfragen der Kundenbetreuung über ein anderes Messverfahren und in einer anderen Maßeinheit (*Anfragen / Zeiteinheit*) wie die Bestimmung des Durchsatzes eines technischen Komponente (z. B. *Bytes / Zeiteinheit*). Um dennoch die Ergebnisse unterschiedlicher Messverfahren effizient zusammenführen zu können, werden Abbildungsvorschriften zwischen den resultierenden Wertemengen benötigt. Mit dem Ziel das Laufzeitverhalten über die Ebenen der Dienststruktur hinweg zu verdichten, müssen in diesem Kontext nicht die diversen Messgrößen einer Ebene (e_{j1}, ..., e_{jn}) jeweils aufeinander abgebildet werden, sondern diese lediglich auf die Maßeinheit der übergeordneten Ebene (e_i) abgebildet werden. Die Spezifikation dieser Beziehungen zwischen den unterschiedlichen Metriken und Messverfahren stellt einen Teil des semantischen Modells dar. In diesem Zusammenhang werden in (Asi 2009) Möglichkeiten zur wiederverwendbaren Definition von Transformationsregeln und -funktionen zur Abbildung der zulässigen Wertebereiche unterschiedlicher Metriken und Messverfahren vorgestellt.

Auf der Basis vereinheitlichter Informationen über die Eigenschaften und das Verhalten der Systemelemente in Bezug auf einen Dienstgüteparameter lassen sich allgemeingültige Funktionen für die Verdichtung der konkreten Werte spezifizieren. Hierbei orientieren sich die Regeln stark an der Beschaffenheit des Wertesystems der zugrundeliegenden Metrik und deren Maßeinheit. Im Folgenden wird nun ein Katalog an metrikunabhängigen Aggregationsfunktionen vorgestellt. Hierbei gilt:

n	= Anzahl der dienstunterstützenden Elemente auf der untergeordneten Ebene j der Dienststruktur.
$\{l(e_{j1}), ..., l(e_{jn})\}$	= Menge der relevanten (lokalen) Dienstgütewerte der untergeordneten Elemente auf Ebene j.
$g(e_j)$	= Aggregierte Dienstgüteaussage für die Dienstebene j.
$l(e_i)$	= Lokaler Dienstgütewert für das übergeordnete Element e_i.
$g(e_i)$	= Aggregierte (globale) Dienstgüteaussage für Element e_i unter Berücksichtigung der zugrundeliegenden Dienststruktur.

7.2.3.1 Summe

Bei der Aggregationsfunktion der *Summe* wird die global gültige Dienstgüteaussage für eine Menge relevanter dienstunterstützender Elemente einer Ebene der Dienststruktur durch die Addition der einzelnen lokalen Dienstgütewerte bestimmt. Diese Funktion kommt vor allem im Kontext der Verdichtung von zeitbezogenen Performanzinformationen (*Reaktionszeit, Latenzzeit* etc.) und der Kompositionsstruktur der *Sequenz* zum Einsatz. Darüber hinaus summieren sich die Nominalwerte von Metriken wie *Durchsatz* oder *Kosten* im Falle redundant konzipierter Dienststrukturen.

$$g(e_j) = \sum_{k=1}^{n} l(e_{jk})$$

Die Vorhersage in Bezug auf den Dienstgüteparameter für das übergeordnete Element e_i entspricht in Abhängigkeit der zugrundeliegenden Metrik direkt dem Wert $g(e_j)$ oder es muss auf diesen das lokale Verhalten des übergeordneten Elements ($l(e_i)$) aufaddiert werden, wie beispielsweise im Fall der Berechnung der gesamten Latenzzeit eines höherwertigen Dienstes.

7.2.3.2 Produkt

Das *Produkt* als Aggregationsfunktion sieht die multiplikative Zusammenführung der einzelnen Messgrößen vor. Anwendung findet die Funktion – ähnlich wie die Summenbildung – in Szenarien mit sequentiellen Kompositionsstrukturen, aber unter der Voraussetzung, dass Werte der Metrik prozentual ausgedrückt werden. Beispiele hierfür sind die *Verfügbarkeit, Verlässlichkeit* oder *Richtlinienkonformität* von Elementen.

$$g(e_j) = \prod_{k=1}^{n} l(e_{jk})$$

Entsprechend der Aggregationsfunktion der Summe muss auch im Falle der Bildung des Produkts in Abhängigkeit der Metrik entschieden werden, ob das lokale Verhalten des Elements e_i bei der Bestimmung der übergreifenden Dienstgüteaussage einbezogen wird.

7.2.3.3 Minimum / Maximum

Ein weiterer Typ von Aggregationsfunktion stellt die Bestimmung eines stellvertretenden Wertes für eine Menge an Messwerten dar. Im Zusammenhang der Ableitung von Dienstgüteaussagen ist oftmals die Bestimmung des *minimal* bzw. *maximal* möglichen Performanzverhaltens einer Menge für die Bestimmung der minimalen bzw. maximalen Leistungsfähigkeit des Gesamtsystems von Interesse. Ein besonderer Aspekt der Funktion stellt die Anwendbarkeit im Bereich von Ordinal- und Intervallskalen dar, da sich diese durch einen geordneten Wertebereich auszeichnen. Einsatz findet diese Aggregationsfunktion beispielsweise bei der Vorhersage des minimal bzw. maximal zu erwartenden Leistungsverhaltens in Bezug auf die Verfügbarkeit und den Durchsatz eines höherwertigen Dienstes oder im

Kontext der Bestimmung der gewährleisteten (minimalen) Sicherheitsstandards eines gesamten Systems.

$$g(e_j) = \min_{1 \le k \le n} l(e_{jk})$$

bzw.

$$g(e_j) = \max_{1 \le k \le n} l(e_{jk})$$

7.2.3.4 Modus, Median und Mittelwert

Zur Abschätzung des Dienstgüteverhaltens stellt die Vorhersage des gängigen bzw. zutreffendsten Sachverhaltes eine wichtige Analyse- bzw. Aggregationsmethode dar. Entsprechend der zugrundeliegenden Metrik kann hierbei zwischen dem *Modus* (*Modalwert*), *Median* (*Zentralwert*) und dem (*arithmetischen*) *Mittel* unterschieden werden.

Der Modus lässt sich hierbei im Besonderen auch auf Nominalskalen anwenden und repräsentiert aus einer Menge an Werten die Ausprägung mit der höchsten Häufigkeit bzw. Dichte. Demgegenüber halbiert der Median eine geordnete Werteverteilung in zwei gleichgroße Mengen und stellt selbst die Mitte der Menge dar:

$$\tilde{g}(e_j) = \begin{cases} l\left(e_{j\frac{n+1}{2}}\right) & n \, ungerade \\ \frac{1}{2}\left(l\left(e_{j\frac{n}{2}}\right) + l\left(e_{j\left(\frac{n}{2}+1\right)}\right)\right) & n \, gerade \end{cases}$$

Dabei lässt sich der Modus auch auf ordinalskalierte Dienstgüteparameter anwenden und zeichnet sich durch seine Robustheit gegenüber extrem abweichenden Werten aus der Werteverteilung aus. Dies erweist sich gerade in dem von Fragilität geprägten Umfeld dienstorientierter Systeme als günstig, da hierdurch extreme (Performanz-)Ausreißer aufgrund von Fehlkonfigurationen oder Ausfällen für die Berechnung des durchschnittlichen Verhaltens weniger stark ins Gewicht fallen. Bei der Berechnung des arithmetischen Mittel als Aggregationsfunktion werden wiederum alle Werte gleich gewichtet und der Durchschnitt – intervallskalierte Messwerte vorausgesetzt – für eine Menge an Elementen als Quotient aus der Summe aller gemessenen Dienstgütewerte und der Anzahl der Werte berechnet:

$$\bar{g}(e_j) = \frac{1}{n} \sum_{k=1}^{n} l(e_{jk})$$

7.2.3.5 Regelbasierte Funktionen

Neben den allgemeingültigen Aggregationsfunktionen stellen spezifische, regelbasierte Funktionen eine weitere Möglichkeit zur Aggregation der Laufzeitinformationen dar. Hierbei sind in Abhängigkeit der zulässigen Wertebereiche und in Abhängigkeit der assoziierten Metrik beliebig komplexe Funktionen zur Verdichtung der Informationen denkbar. Im Zusammenhang mit nicht numerischen (z. B. Skalen wie *gold*, *silber*, *bronze*) und eventuell ungeordneten Wertebereichen müssen Vorschriften für die Verdichtung der zulässigen Werte definiert werden. Diese können sich an den Transformationsfunktionen zur Abbildung der verschiedenen Wertebereiche unterschiedlicher Metriken orientiert und ebenfalls einen Teil des semantischen Modells darstellen.

Ein weiterer Aspekt stellt die Berücksichtigung der Gewichtung einzelner Werte im Kontext der Ermittlung aggregierter Dienstgüteaussagen dar. Eine solche Gewichtung kann sehr fallspezifisch ausfallen und kommt verstärkt bei der Berechnung des im Mittel zu erwartenden Verhaltens zum Einsatz. Hierbei werden die konkreten Messgrößen $l(e_j)$ mit Gewichten w_j in Beziehung gebracht. Im Kontext der Bestimmung des ungewichteten Mittelwerts kann hierdurch beispielsweise im Kontext des XOR-Musters die mittlere Ausführungszeit in Abhängigkeit des Nutzungsverhaltens (Häufigkeit des Zugriffs auf ein bestimmtes Unterelement) mit der folgenden Funktion detaillierter abgeschätzt werden.

$$g(e_j) = \sum_{k=1}^{n} w_{jk} \cdot l(e_{jk}) \;\; \text{mit} \sum_{k=1}^{n} w_{jk} = 1$$

Für die Behandlung von Dienststrukturen, die sich auf das Kompositionsmuster des OR-Splits abbilden lassen und somit die fallspezifische parallele Nutzung verschiedener Elemente aus einer Menge an Unterelementen vorsieht, wird zur Bestimmung einer aggregierten Aussage die Bildung der Potenzmenge $P(E_j)$, die alle möglichen Kombinationen der Elemente umfasst, benötigt.

7.2.4 Aggregationsstrategien zur Bestimmung konsistenter Dienstgüteaussagen für höherwertige Dienste

Auf der Basis der identifizierten Kompositionsmuster dienstorientierter Systeme und den allgemeingültigen Aggregationsfunktionen für Metriken werden im Folgenden Strategien für die konkrete Umsetzung der Verdichtung von Laufzeitinformationen für Metriken vorgestellt. In diesem Zusammenhang umfasst der Katalog Vorschriften, wie spezifische Dienstgüteaussagen in Bezug auf untergeordnete Dienstelemente über die unterschiedlichen Ebenen der Dienststruktur verdichtet werden können. Das Vorgehen ist hierbei iterativ und sieht die sukzessive Verarbeitung der Laufzeitinformationen ausgehend von der untersten Ebene des Kompositionsgeflechts über die nächsthöheren Ebenen bis eine übergreifende Aussage für den gesamten höherwertigen Dienst vorliegt. Mit diesem Vorgehen vereinfacht sich der Prozess der Bestimmung von höherwertigen Qualitätsaussagen, da in einem Berechnungsschritt lediglich ein Kompositionsmuster und die diesbezüglich relevanten Elemente betrachtet werden müssen. Im Kontext der konsistenten Definition von Dienstgütevereinbarungen gilt die Unterscheidung zu treffen, ob die durchschnittlich zu erwartende Dienstgüte quantifiziert werden soll oder eine Abschätzung in Bezug auf die minimal oder maximal zu erwartende Dienstgüte erwünscht ist. Dementsprechend erfolgt eine unterschiedliche Auswahl der

Aggregationsfunktionen in Abhängigkeit der identifizierten zugrundeliegenden Kompositionsstruktur zwischen den Ebenen der Dienststruktur und der Metrik.

Tabelle 7-1 gibt einen Überblick über die anzuwendenden Abbildungsvorschriften für die Bestimmung der minimal zu erwartenden Dienstgüteeigenschaften für einen höherwertigen Dienst. Neben dem Vorhandensein von Informationen über die strukturelle Zusammensetzung eines höherwertigen Dienst stellen Informationen über das in Bezug auf eine spezifische Metrik gemessene Laufzeitverhalten der relevanten diensterbringenden Elemente auf den unterschiedlichen Ebenen der Dienststruktur eine wesentliche Grundlage für den Ansatz dar. Die Verdichtung dieser Informationen über die verschiedenen Ebenen ermöglicht es globale Dienst-güteaussagen für den gesamten Dienst zu treffen und konsistente Dienstgüte-vereinbarungen zu definieren.

Im Kontext der Berechnung der minimal erreichbaren Dienstgüte erfolgt bei den Nominalskalen aufgrund der fehlenden Ordnung des Wertebereichs die Wahl des Modalwertes zur Ableitung einer aggregierten Aussage. Diese Vorschrift lässt sich auch auf die Bestimmung der durchschnittlich bzw. maximal erreichbaren Dienstgüte übertragen und resultiert aus der Strategie, dass in diesem speziellen Fall die am häufigsten auftretende Wertausprägung am Besten geeignet ist, um das aggregierte Verhalten widerzuspiegeln. Für ordinalskalierte Dienstgüteparameter, wie beispiels-weise die Verschlüsselungsstärke bei denen der Kunde höhere Werte präferiert, erfolgt die Bestimmung der minimalen Dienstgüte durch die Wahl des minimalen Wertes aus den Ausprägungen auf der untergeordneten Ebene und dem lokalen Verhalten des übergeordneten Elements e_i. Hierbei haben die unterschiedlichen Kompositionsmuster keinen Einfluss auf die Strategie, bei der im Endeffekt aus der relevanten Elementmenge das Leistungsschwächste das aggregierte Verhalten des gesamten Systems bestimmt.

Im Bereich der ratioskalierten Metriken haben die Kompositionsmuster und die unterschiedlichen Maßeinheiten der Metriken entscheidenden Einfluss auf die Aggregationsstrategien. Im Kontext zeitbasierter Metriken erfolgt die Bestimmung der Aussagen für höhere Ebenen im Fall der sequentiellen Komposition über die Addition des Laufzeitverhaltens aller relevanten Elemente. Im Falle der parallelen Nutzung untergeordneter Elemente berechnet sich das aggregierte Verhalten beispielsweise bei der Reaktions- und Ausführungszeit durch die Addition des auf der untergeordneten Ebene identifizierten Maximalwerts und dem Verhalten des übergeordneten Elements e_i. Ähnlich wie bei den Ordinalskalen bestimmt sich somit auch hier das Dienstgüteverhalten eines höherwertigen Dienstes aus den auf den einzelnen Ebenen in Bezug auf die Metrik leistungsschwächsten Elementen (entsprechend der Ordnung der Skala das lokale Minimum oder Maximum) und bildet dann zum Beispiel in Bezug auf die Ausführungszeit die Worst Case Execution Time. Bei den prozentual berechneten Metriken wie der Verfügbarkeit oder der Zuverlässigkeit ergeben sich die aggregierten Dienstgüteeigenschaften im Falle der Sequenz sowie des AND- und OR-Split durch die Produktbildung der relevanten Werte auf untergeordneter Ebene und mit dem lokalen Verhalten $l(e_i)$.

Tabelle 7-1: Aggregationsstrategien zur Bestimmung der minimalen Dienstgüteeigenschaften in Bezug auf einen höherwertigen Dienst

	Sequence (Initiation und Feedback)	AND-Split & -Join (Parallel Split und Synchronizing Merge)	XOR-Split & -Join (Exclusive Choice und Simple Merge)	OR-Split & -Join (Multiple Choice und Synchronizing Merge)
Reaktionszeit	$g(e_i) = \sum l(e_{jk}) + l(e_i)$	$g(e_i) = Max(l(e_{jk})) + l(e_i)$	$g(e_i) = Max(l(e_{jk})) + l(e_i)$	$g(e_i) = Max(l(e_{jk})) + l(e_i)$
Ausführungszeit	$g(e_i) = \sum l(e_{jk}) + l(e_i)$	$g(e_i) = Max(l(e_{jk})) + l(e_i)$	$g(e_i) = Max(l(e_{jk})) + l(e_i)$	$g(e_i) = Max(l(e_{jk})) + l(e_i)$
Durchsatz	$g(e_i) = Min\{Min(l(e_{jk})), l(e_i)\}$	$g(e_i) = Min\{Min(l(e_{jk})), l(e_i)\}$	$g(e_i) = Min\{Min(l(e_{jk})), l(e_i)\}$	$g(e_i) = Min\{Min(l(e_{jk})), l(e_i)\}$
Verfügbarkeit	$g(e_i) = \prod l(e_{jk}) \cdot l(e_i)$	$g(e_i) = \prod l(e_{jk}) \cdot l(a_i)$	$g(e_i) = Min\{Min(l(e_{jk})), l(e_i)\}$	$g(e_i) = Min(P(l(e_{jk}))) \cdot l(e_i)$
Zuverlässigkeit	$g(e_i) = \prod l(e_{jk}) \cdot l(e_i)$	$g(e_i) = \prod l(e_{jk}) \cdot l(e_i)$	$g(e_i) = Min\{Min(l(e_{jk})), l(e_i)\}$	$g(e_i) = Min(P(l(e_{jk}))) \cdot l(e_i)$
Zugänglichkeit	$g(e_i) = \prod l(e_{jk}) \cdot l(e_i)$	$g(e_i) = \prod l(e_{jk}) \cdot l(e_i)$	$g(e_i) = Min\{Min(l(e_{jk})), l(e_i)\}$	$g(e_i) = Min(P(l(e_{jk}))) \cdot l(e_i)$
Verschlüsselungsstärke	$g(e_i) = Min\{Min(l(e_{jk})), l(e_i)\}$	$g(e_i) = Min\{Min(l(e_{jk})), l(e_i)\}$	$g(e_i) = Min\{Min(l(e_{jk})), l(e_i)\}$	$g(e_i) = Min\{Min(l(e_{jk})), l(e_i)\}$
Reaktionszeit bei Störungen	$g(e_i) = \sum l(e_{jk}) + l(e_i)$	$g(e_i) = Max(l(e_{jk})) + l(e_i)$	$g(e_i) = Max(l(e_{jk})) + l(e_i)$	$g(e_i) = Max(l(e_{jk})) + l(e_i)$
Wiederherstellungszeit	$g(e_i) = \sum l(e_{jk}) + l(e_i)$	$g(e_i) = Max(l(e_{jk})) + l(e_i)$	$g(e_i) = Max(l(e_{jk})) + l(e_i)$	$g(e_i) = Max(l(e_{jk})) + l(e_i)$

Die Abschätzung des schlechtesten möglichen Verhaltens zeigt sich hier beim Muster des OR-Splits sehr deutlich. Für den Fall, dass Informationen über die möglichen Kombinationen der verschiedenen Pfade vorliegen, ergibt sich die aggregierte Dienstgüteaussage aus dem Produkt des Minimums der relevanten Pfadmenge und dem lokalen Verhalten von e_i. Fehlen die Aussagen über die Häufigkeit konkreter Pfadkombinationen muss die gesamte Menge aller Alternativen Berücksichtigung finden, was in der gleichen Berechnung wie im Falle des AND- und OR-Splits resultiert.

Als Erweiterung der anhand verbreiteter Metriken präsentierten Ergebnisse für die Bestimmung von minimalen Dienstgüteaussagen (vgl. Tabelle 7-1) beinhaltet Tabelle 7-2 allgemeine Aggregationsstrategien für die Berechnung des durchschnittlich bzw. maximal zu erwartende Verhalten eines höherwertigen Dienstes. Aufgrund der Verschiedenartigkeit und der unterschiedlichen Behandlung werden die Ergebnisse jeweils für die nominal-, ordinal- und ratioskalierten Metriken gesondert aufgeführt. Ausgangspunkt für alle Strategien stellen Informationen über das durchschnittliche bzw. maximale Laufzeitverhalten der einzelnen dienstunterstützenden Elemente auf der Ebene j bzw. das lokale Verhaltens des übergeordneten Elements e_i dar. Darüber hinaus sind die Ergebnisse auf Metriken, bei denen höhere Werte gegenüber niedrigeren Ausprägungen präferiert werden, direkt anwendbar. Falls in Bezug auf bestimmte Dienstgüteeigenschaften niedrigere Werte als optimaler empfunden werden, müssen die in der Tabelle in den Berechnungsvorschriften vorkommenden *Minima* durch *Maxima* und umgekehrt ersetzt werden. Eine weitere Voraussetzung stellt die Gleichwahrscheinlichkeit des Nutzung der unterschiedlichen untergeordneten Elemente im Falle des Kompositionsmusters des *XOR-* bzw. *OR-Splits* und das daraus resultierende Fehlen von Gewichtungsfaktoren im Kontext der Berechnung von durchschnittlichen Dienstgütewerten dar.

Wie man der Tabelle 7-2 entnehmen kann, bestimmen sich durchschnittliche sowie maximale Dienstgüteaussagen für nominalskalierte Metriken aus dem Modalwert der relevanten Werte. Gerade in Bezug auf die Verdichtung der Informationen zur Ableitung des durchschnittlichen Verhaltens spiegelt die am häufigsten auftretende Wertausprägung im Kontext der fehlenden Ordnung des gesamten Wertebereichs am Besten das aggregierte Verhalten wider.

Im Kontext der ordinalskalierten Metriken und den damit verbundenen geordneten Wertebereichen werden die mittleren bzw. maximalen Dienstgüteeigenschaften beim Vorliegen der Kompositionsmuster *Sequence* sowie *AND-Split* und *-Join* durch die Minima des gesamten durchschnittlichen bzw. maximalen Laufzeitverhaltens berechnet. Dies resultiert aus der Tatsache, dass im Kontext der Berechnungsvorschrift das leistungsschwächste Element das aggregierte Verhalten des Systems bestimmt. Beim *XOR-Split* und *-Join* besteht im Median der gesamten Ausprägungen die beste Abschätzung für das mittlere Performanzverhalten und die maximale erreichbare Dienstgüte stellt das Minimum aus dem Maxima der Performanz auf untergeordneter Ebene und dem lokalen Wert von e_i dar. In Bezug auf das *XOR-Split* und *-Join* liegen dieselben Berechnungsvorschriften vor, nur wird hier lediglich die Potenzmenge der zulässigen Elementkombinationen als Grundlage herangezogen.

Bei den ordinalskalierten Metriken erfolgt neben der Berücksichtigung des Komposi-tionsmusters eine Differenzierung der Berechnungsvorschriften entsprechend des Typs der Metrik. Bei der Vorstellung der Aggregationsvorschriften zur Bestimmung des minimalen Dienstgüteverhaltens höherwertiger Dienste in Tabelle 7-1 zeigte sich bei der Auswahl der untersuchten Metriken, dass die Verdichtung im Falle der *Sequence* sowie des *AND-Split* und *-Joins* bei prozentual gemessenen Metriken, wie beispielsweise die Verfügbarkeit oder Zuverlässigkeit, über die Multiplikation der Werte anstatt über das Aufsummieren wie bei zeitbasierten Metriken geschieht. In Bezug auf die mittlere und maximale Dienstgüte ergibt sich bei einer Sequenz der untergeordneten Elemente die resultierende Dienstgüte entweder aus dem Minimum über die gesamten vorliegenden Werte (bspw. Durchsatz) oder aus der Summe bzw. dem Produkt wie bei der Reaktionszeit bzw. der Verfügbarkeit. Im Gegensatz dazu berechnen sich im Kontext des *AND-Split* und *-Joins* deren mittlere und maximale Werte durch das Aufsummieren bzw. Multiplizieren des untergeord-neten minimalen Wertes mit dem lokalen Verhalten von e_i. Beim Sachverhalt der Auswahl einer oder mehrerer Alternativen aus einer Menge von Unterelementen (*XOR-* bzw. *OR-Split* und *-Join*) wird für die Bestimmung der mittleren zu erwar-tenden Dienstgüte der Mittelwert aus den vorhandenen Werten gebildet. In Abhän-gigkeit der zugrundeliegenden Metrik resultiert die aggregiert Dienstgüteaussage, wie bei den bereits vorgestellten Mustern, aus dem globalen Minimum, der Summe oder dem Produkt aus dem Mittelwert der untergeordneten Werten und dem lokalen Verhalten von e_i. Als einziger Unterschied zwischen dem *XOR-* und *OR*-Fall wird beim Letzteren die Potenzmenge der relevanten Kombinationen an untergeord-neten Elementen als Grundlage für die Berechnung herangezogen. Die Berechnung des maximalen Dienstgüteverhaltens basiert für das *XOR-* bzw. *OR-Split* und *-Join* auf der Bestimmung des maximalen Laufzeitverhaltens auf der untergeordneten Ebene *j* und der Verknüpfung mit dem lokalen Verhalten in Form der Bildung des Minimums, der Summe oder des Produkts. Auch hier besteht der Unterschied zwischen dem Sachverhalt der *XOR-* oder *OR*-Verknüpfung in der direkten Nutzung der Perfor-manzinformationen beim Vorliegen des *XORs* und der vorherigen Bildung der Potenzmenge und des damit assoziierten abgeleiteten Laufzeitverhaltens beim *OR*.

Als Erweiterung können beim Vorliegen von Informationen über Nutzungshäufig-keiten der untergeordneten Elemente die daraus ableitbaren Kantengewichte die Kompositionsstruktur anreichern und eine verfeinerte Verdichtung der Laufzeit-informationen ermöglichen. Gerade in Bezug auf die Bestimmung der mittleren zu erwartenden Dienstgüte höherwertiger Dienste für den Fall des *XOR-* bzw. *OR-Split* und *-Join* liefert die Gewichtung der potenziellen Kompositionsstrukturen im Gegen-satz zur Bildung des arithmetischen Mittels über alle Alternativen eine bessere Abschätzung des tatsächlichen Verhaltens. Eine detaillierte Betrachtung dieser Sachverhalte findet sich in (Metzger 2010).

Tabelle 7-2: Aggregationsstrategien zur Bestimmung der durchschnittlichen und maximalen Dienstgüteeigenschaften höherwertiger Dienst

		Sequence (Initiation und Feedback)	AND-Split & -Join (Parallel Split und Synchronizing Merge)	XOR-Split & -Join (Exclusive Choice und Simple Merge)	OR-Split & -Join (Multiple Choice und Synchronizing Merge)
Mittlere Dienstgüte	Nominalskalierte Metriken	$g(e_j) = \text{Modalwert}$	$g(e_j) = \text{Modalwert}$	$g(e_j) = \text{Modalwert}$	$g(e_j) = \text{Modalwert}$
	Ordinalskalierte Metriken	$g(e_j) = \text{Min}\{\text{Min}(l(e_{j_k})), l(e_j)\}$	$g(e_j) = \text{Min}\{\text{Min}(l(e_{j_k})), l(e_j)\}$	$g(e_j) = \text{Median}(l(e_{j_k}))$	$g(e_j) = \text{Median}(P(l(e_{j_k})))$
	Ratioskalierte Metriken	$g(e_j) = \text{Min}\{\text{Min}(l(e_{j_k})), l(e_j)\}$, $g(e_j) = \sum l(e_{j_k}) + l(e_j)$, $g(e_j) = \prod l(e_{j_k}) \cdot l(e_j)$	$g(e_j) = \text{Min}\{\text{Min}(l(e_{j_k})), l(e_j)\}$, $g(e_j) = \text{Min}(l(e_{j_k})) + l(e_j)$, $g(e_j) = \text{Min}(l(e_{j_k})) \cdot l(e_j)$	$g(e_j) = \text{Min}\{1/n \sum l(e_{j_k}), l(e_j)\}$, $g(e_j) = 1/n \sum l(e_{j_k}) + l(e_j)$, $g(e_j) = 1/n \sum l(e_{j_k}) \cdot l(e_j)$	$g(e_j) = \text{Min}\{1/m \sum P(l(e_{j_k})), l(e_j)\}$, $g(e_j) = 1/m \sum P(l(e_{j_k})) + l(e_j)$, $g(e_j) = 1/m \sum P(l(e_{j_k})) \cdot l(e_j)$
Maximale Dienstgüte	Nominalskalierte Metriken	$g(e_j) = \text{Modalwert}$	$g(e_j) = \text{Modalwert}$	$g(e_j) = \text{Modalwert}$	$g(e_j) = \text{Modalwert}$
	Ordinalskalierte Metriken	$g(e_j) = \text{Min}\{\text{Min}(l(e_{j_k})), l(e_j)\}$	$g(e_j) = \text{Min}\{\text{Min}(l(e_{j_k})), l(e_j)\}$	$g(e_j) = \text{Min}\{\text{Max}(l(e_{j_k})), l(e_j)\}$	$g(e_j) = \text{Min}\{\text{Max}(P(l(e_{j_k}))), l(e_j)\}$
	Ratioskalierte Metriken	$g(e_j) = \text{Min}\{\text{Min}(l(e_{j_k})), l(e_j)\}$, $g(e_j) = \sum l(e_{j_k}) + l(e_j)$, $g(e_j) = \prod l(e_{j_k}) \cdot l(e_j)$	$g(e_j) = \text{Min}\{\text{Min}(l(e_{j_k})), l(e_j)\}$, $g(e_j) = \text{Min}(l(e_{j_k})) + l(e_j)$, $g(e_j) = \text{Min}(l(e_{j_k})) \cdot l(e_j)$	$g(e_j) = \text{Min}\{\text{Max}(l(e_{j_k})), l(e_j)\}$, $g(e_j) = \text{Max}(l(e_{j_k})) + l(e_j)$, $g(e_j) = \text{Max}(l(e_{j_k})) \cdot l(e_j)$	$g(e_j) = \text{Min}\{\text{Max}(P(l(e_{j_k}))), l(e_j)\}$, $g(e_j) = \text{Max}(P(l(e_{j_k}))) + l(e_j)$, $g(e_j) = \text{Max}(P(l(e_{j_k}))) \cdot l(e_j)$

7.3 Überwachung konsistenter Dienstgütevereinbarungen

Der Kompositionscharakter dienstorientierter Systeme stellt in Bezug auf die Unterstützung des reibungslosen Betriebs der Systeme eine wesentliche Herausforderung
dar. Demgegenüber besteht in der Zusammensetzung eines Dienstes aus einzelnen
autarken Elementen die Möglichkeit einer feingranularen Bestimmung und Überwachung des Laufzeitverhaltens und der darauf aufbauenden Ableitung von Aussagen
über die Konformität der gesamten Diensterbringung in Bezug auf die definierten
Zielvorgaben. Im Kontext des in Abbildung 7-1 eingeführten Regelkreis von Dienstgütevereinbarungen im Rahmen der i2map schließen sich die Mechanismen zur
Durchsetzung der Dienstgüte nahtlos an die der konsistenten Definition an. Das
hierbei verfolgte Vorgehen der initialen *SLA-Dekomposition* und der nachgelagerten
Phase *Delegation & Monitoring* wird im folgenden Abschnitt 7.3.1 detailliert
beschrieben. Abschnitt 7.3.2 stellt darüber hinaus die konkrete Überwachung von
Zielvorgaben eines höherwertigen Dienstes unter Verwendung der im Abschnitt 7.2
vorgestellten Konzepte und der geeigneten Instrumentierung von spezifischen Überwachungswerkzeugen vor.

7.3.1 Abbildung der Überwachungsaspekte im semantischen Modell

In gleicher Weise wie die dienstorientierten Systeme selbst zeichnen sich die
assoziierte Werkzeuge und Mechanismen zu deren Überwachung durch eine hohe
Heterogenität und Verteilung aus. Um dennoch holistische und zugleich detaillierte
Aussagen über den Zustand eines Dienstes und den Erfüllungsgrad der Zielvorgaben
geben zu können, setzt die i2map Strategien zur Rezentralisierung der Überwachung
um. Hierbei werden im Besonderen die verteilten und auf spezifische Aspekte zugeschnittenen Überwachungskomponenten entsprechend der Vorgaben aus der
Dienstgütevereinbarung automatisiert parametrisiert und die Ergebnisse kontinuierlich anhand der im vorherigen Abschnitt vorgestellten Vorschriften zusammengeführt bzw. ausgewertet. Abbildung 7-3 skizziert in diesem Zusammenhang die
zentralen Prozesse sowie die unterschiedlichen Informationsflüsse zwischen den
beiden Managementaspekten *Beschreibung* und *Überwachung* der i2map. Den
Ausgangspunkt für den Ansatz zur effizienten Überwachung dienstorientierter
Systeme stellen die definierten Dienstgütevereinbarung bzw. die Zielvorgaben der
Diensterbringung dar. Unter Verwendung der Beschreibung der Dienststruktur und
der umgekehrten Anwendung der im letzten Abschnitt präsentierten Aggregationsfunktionen erfolgt die Dekomposition der übergreifenden SLAs in eine Vielzahl
feingranularer und auf bestimmte dienstbringende Elemente bezogene
Performanzvorgaben (*Key Performance Indicators, KPIs*) . Die Abbildungsvorschriften
zwischen teilweise unterschiedlichen Metriken und Messgrößen sowie das Wissen
über existierende Erhebungsinstrumente und -methoden, mit denen die empirische
Informationen gewonnen werden können, müssen im Rahmen des semantischen
Modells beschrieben sein (vgl. Abschnitt 5.2.3).

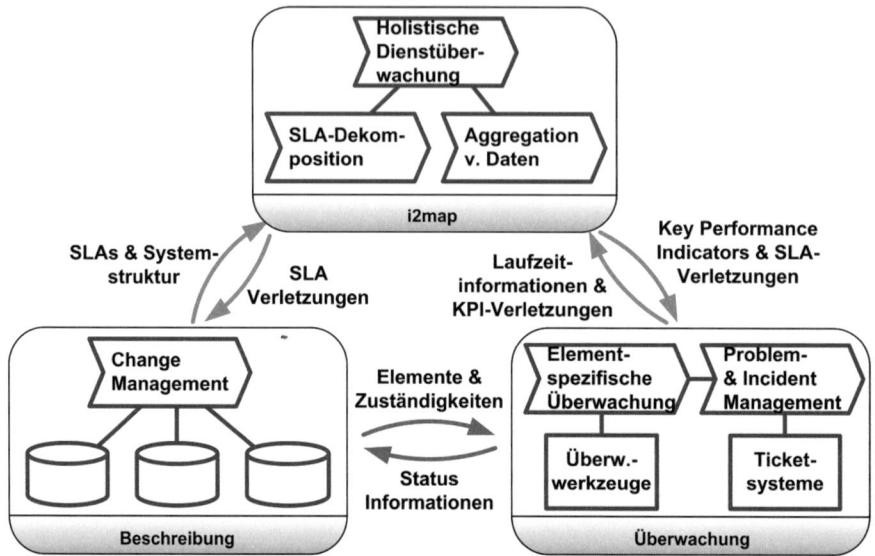

Abbildung 7-3: Mediation zwischen Beschreibung und Überwachung zur Durchsetzung von Dienstgütevereinbarungen in dienstorientierten Systemen

Im Kontext der *holistischen Dienstüberwachung* der i2map wird die Durchführung der Überwachungsaufgaben entsprechend dem zugrundeliegenden Modell an dedizierte Werkzeuge und Prozesse (*elementspezifische Überwachung*) delegiert. Somit stellen die durch die Dekomposition gewonnen Vorgaben an das erwartete Laufzeitverhalten und die einzuhaltenden Richtlinien der diensterbringenden Elemente als Eingabe für die spezifischen Überwachungswerkzeuge ein effektives Mittel zur Steuerung der gesamten Überwachung dar. Die Funktionsweise dieser Instrumentierung wird im nachfolgenden Abschnitt 7.3.2 näher beschrieben.

Als Resultat der Delegation wird die i2map kontinuierlich mit Laufzeitinformationen bzw. Informationen über Verletzungen der elementbezogenen Zielvorgaben (*KPI-Verletzungen*) versorgt, die zentral protokolliert werden und als Basis für die visuelle Aufbereitung des Systemzustands dienen können (vgl. Abschnitt 6.2.4). Des Weiteren werden die Informationen anhand der im vorherigen Abschnitt vorge-stellten Vorschriften aggregiert und geben Auskunft über die Dienstgüte des gesamten Systems. Werden im Laufe der Überwachung Performanzeinbußen auf der Ebene der untergeordneten Elemente identifiziert, können diese durch die i2map in einem übergeordneten Kontext gesetzt und deren Tragweite bewertet werden. Eventuelle hierdurch identifizierte Verletzungen von Dienstgütevereinbarungen werden einerseits protokolliert und andererseits an spezifische Prozesse und Werkzeuge (*Problem- & Incident Management*), die sich mit der schnellstmöglichen Behebung der Betriebsbeeinträchtigung befassen, weitergeleitet. Aufgrund der feingranularen Überwachung der einzelnen Elemente des Systems können hierbei zumeist detaillierte Informationen über die Art und den Ursprung der Beeinträch-tigung gegeben werden. Die ermöglicht somit die effiziente Erarbeitung von lokalen oder globalen Fehlerkompensations- oder Optimierungsmaßnahmen.

Neben der Überprüfung der Konformität einzelner Elemente ermöglicht die Rezentralisierung bzw. die zentrale Koordination der Überwachung dienstorientierter Systeme die Identifikation von fehlenden Überwachungsmechanismen und Messverfahren. Darüber hinaus unterstützt das Vorgehen eine adäquate Begegnung der Evolution, die sich in neuen bzw. angepassten Diensten und Dienstgütevereinbarungen sowie in Veränderungen auf der Ebene der diensterbringenden Elemente manifestiert. Die Behandlung der beiden Fälle, die meistens durch das Change Management gesteuert wird, zieht zumindest die Anpassung einer der für den vorgestellten Ansatz zentralen Einflussgrößen – Dienststruktur oder SLA – nach sich. Wird eine solche Änderung in der Beschreibung des dienstorientierten Systems zur Kenntnis genommen, ermöglicht das Vorgehen die im nächsten Abschnitt beschriebene automatisierte Rekonfiguration der installierten Überwachungsmechanismen und die effektive und effiziente Anpassung an die neuartigen Sachverhalte.

7.3.2 Automatisierte Parametrisierung der Dienstüberwachung

Um die Vielzahl der unterschiedlichen und verteilt betriebenen Elemente dienstorientierter Systeme in den jeweiligen relevanten Dimensionen adäquat überwachen zu können, werden verschiedene Verfahren, Mechanismen und Instrumente benötigt und eingesetzt. Aufgrund der dynamischen Komposition der einzelnen Elemente und der stetigen Evolution des gesamten Systems muss die Überwachung kontinuierlich an die veränderten Anforderungen angepasst werden, damit jederzeit Informationen über das Laufzeitverhalten der diensterbringenden Elemente vorliegen und deren Performanz in Bezug auf die Zielvorgaben beurteilt werden kann.

Um neben der Dynamik auch auf veränderte Dienstgüteanforderungen der Kunden reagieren und deren Einhaltung adäquat überprüfen zu können, werden im Folgenden Konzepte zur automatisierten Parametrisierung der Überwachung dienstorientierter Systeme vorgestellt. Eine wesentliche Grundlage für den Ansatz besteht in der semantischen Beschreibung der gesamten Systemlandschaft und der Nutzung der Informationen zur Konfiguration von Überwachungsinstrumenten zur Laufzeit. Neben den in Kapitel 5 eingeführten Konzepten zur Beschreibung der relevanten Elemente dienstorientierter Systeme werden in diesem Zusammenhang im Besonderen die Beziehungen zwischen den diensterbringenden Komponenten und den in Bezug auf spezifische Metriken verfügbaren Werkzeugen zur Umsetzung der benötigten Messverfahren benötigt. Im semantischen Modell wird der Sachverhalt der Überwachung einer Ressource (*ManagedSystemElement*) durch ein System über die Relation *Observes* abgebildet. Um der Diversität der unterschiedlichen qualitativen Aspekte, die in Bezug auf eine Ressource von Relevanz sind, gerecht zu werden, kann eine Element mit beliebig vielen Systemen verknüpft werden. Logisch werden dabei die Dienstgüteparameter (*QoSParameter*) aus der Dienstgütespezifikation (*QoSSpecification*), die mittels die Relation *MapsTo* mit den SLA-Parametern einer Dienstgütevereinbarung in Verbindung stehen, mit den für spezifische Metriken definierten Messverfahren und -instrumenten aus dem semantischen Modell in Beziehung gesetzt (vgl. Abbildung 7-4).

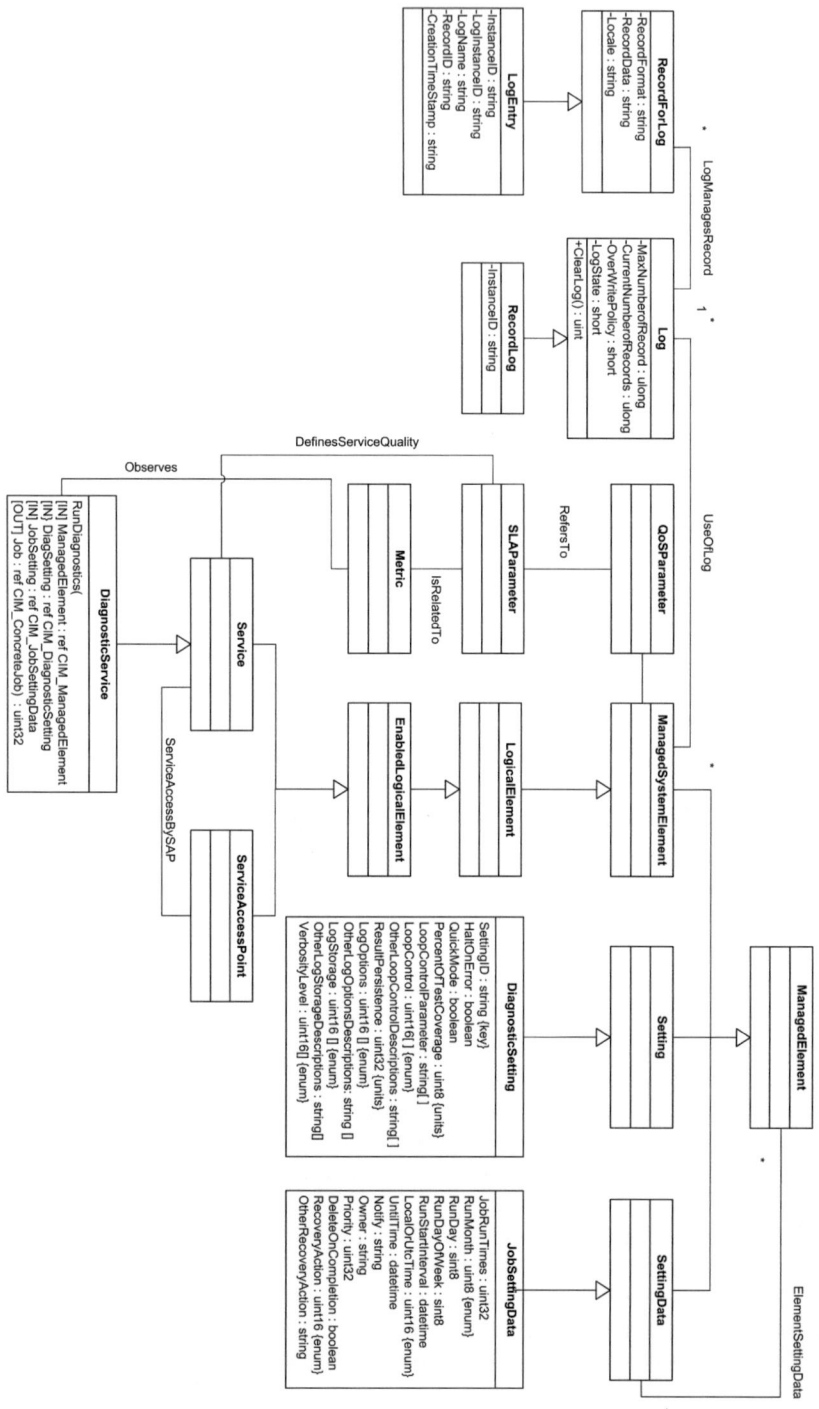

Abbildung 7-4: Zentrale Konzepte für die Instrumentierung der unterschiedlichen
Überwachungswerkzeuge

Gemäß dem semantischen Informationsmodell wird die (qualitative) Überwachung einer Komponente als eine Dienstleistung aufgefasst und mit dem Konzept des *DiagnosticService* beschrieben. Um die automatisierte Parametrisierung der Überwachung zu unterstützen, muss der Dienst einen Dienstzugangspunkt zur Verfügung stellen über welchen Informationen in Bezug auf das zu überwachende System (*ManagedElement*), die allgemeine Konfiguration der gewünschten Überwachungsmethode (*DiagnosticSetting*) und spezifische Überwachungsparameter (*JobSettingData*) übergeben werden können. In Bezug auf die DiagnosticSettings sind beispielsweise Einstellungen in Bezug auf den Speicherort (*LogStorage*) und die Granularität der Protokollierung (*VerbosityLevel*) der Ergebnisse der Überwachung von Interesse. Mit JobSettingData können konkrete Konfigurationsparameter der Überwachung, wie die Anzahl der Durchläufe (*JobRunTimes*), die Planung des zeitlichen Ablaufs (*RunMonth*, *RunDay*, *RunDayOfWeek* etc.) und die Wichtigkeit (*Owner*, *Priority*), spezifiziert werden. Hierbei zeigt sich, dass prinzipiell eine einmalige Statusüberprüfung eines komplexen Systems ermöglicht wird, die Konzepte aber stark auf die kontinuierliche Überwachung der gesamten Systemlandschaft ausgelegt sind. Um profunde Aussagen über die Einhaltung der Zielvorgaben dienstrealisierender Elemente und durch die nachgelagerte Aggregation der Informationen schlussendlich über höherwertige Dienste treffen zu können, müssen die Messergebnisse in Form von Log-Einträgen (*LogEntry*) gespeichert werden. In diesem Zusammenhang können die Ergebnisse der einzelnen Überwachungswerkzeuge in spezifischen Log-Instanzen, die im semantischen Modell durch das Konzept des *RecordLog* repräsentiert werden, abgelegt werden. Solch ein RecordLog dient als Container für eine Vielzahl von Log-Einträgen, die logisch über die Assoziation *LogManagesRecord* mit diesem verknüpft sind und durch potenziell mehrere, über die Relation *UseOfLog* in Beziehung stehende DiagnosticServices befüllt wird. Ein einzelner Log-Eintrag zeichnet sich durch Meta-Attribute, wie beispielsweise einem eindeutigen Bezeichner (*InstanceID*) und einem Zeitstempel (*CreationTimeStamp*) aus. Die eigentlichen Log-Informationen werden gemäß der im Attribut *RecordFormat* definierten Struktur im Feld *RecordData* gespeichert.

Der Zugriff auf die relevante Dienststruktur, die Dienstgütevereinbarungen und die innerhalb der Logs gehaltenen und somit föderiert verwalteten Managementinformationen über die einzelnen Elemente der Systemlandschaft wird mittels der in Abschnitt 5.3 vorgestellten Konzepte und Mechanismen, die einen normierten Zugriff auf den Informationsraum ermöglichen, realisiert. In diesem Kontext beschreiben die in diesem Abschnitt präsentierten Konzepte des semantischen Informationsmodells in einer anwendungsunabhängigen Art und Weise die Informationen, die für die Umsetzung einer automatisierten Parametrisierung verschiedener Werkzeuge zur holistischen Überwachung dienstorientierter Systeme benötigt bzw. währenddessen ausgetauscht werden. Zur konkreten Implementierung des Ansatzes müssen entsprechende Komponenten, die als Vermittler zwischen dem konzeptionellen Modell des Informationsraums und den proprietären Daten, Schnittstellen und Verfahren der Überwachungswerkzeuge fungieren, realisiert werden. In einer exemplarischen Implementierung (Cyris 2010) wurde die Tragfähigkeit des Ansatzes unter Einbeziehung der Überwachungswerkzeuge *Nagios* (Nagios Enterprises 2009) und dem *Microsoft System Center* (Microsoft Corporation 2009) nachgewiesen. Als

Informationsbasis wurden die Inhalte aus der *Wikified Configuration Management Database* (*wCMDB*), der am Steinbuch Centre for Computing (SCC) eingesetzten Configuration Management Database, herangezogen. Um die Informationen in Bezug auf die wesentlichen Eigenschaften und Zusammenhänge über die am SCC eingesetzte IT-Infrastruktur und die darauf aufbauenden Dienste im Kontext der i2map nutzen zu können, wurden diese auf die Konzepte des semantischen Informationsmodells i2mapCore abgebildet (Asi 2009). Darüber hinaus wurden die Überwachungsfunktionalitäten der Werkzeuge auf Konzepte des Modells abgebildet bzw. mit diesen in Beziehung gesetzt. Hierunter fallen beispielsweise die Verknüpfung bereits definierter, elementspezifischer Metriken des Modells mit konkreten Überwachungsroutinen und die Beschreibung der Schnittstellen der Werkzeuge.

Nach dieser Transformation der Daten bzw. der Anreicherung um die Dienstgütemodelle und Überwachungsaspekte können hieraus Informationen in Bezug auf die Dienststruktur und die erwünschte Dienstgüte extrahiert werden. In einem darauffolgenden Schritt können nun über die Umkehrung der im vorherigen Abschnitt entwickelten Aggregationsvorschriften elementbezogene und im Besonderen quantifizierbare Dienstgüteparameter berechnet werden. Diese stellen den Ausgangspunkt für die Parametrisierung der gemäß dem Modell für eine spezielle Metrik zuständigen Werkzeugs – im vorliegenden Fall Nagios oder System Center – dar. Hierbei werden die relevanten Parameter wie Informationen über das zu überwachende Element und die Konfigurationsparameter der gewünschten Überwachungsmethode gemäß dem Konzept DiagnosticService an eine werkzeugspezifische Vermittlungskomponente übergeben. Diese konfiguriert in Abhängigkeit der Charakteristika des zugrundeliegenden Rahmenwerks den eigentlichen Mechanismus zur Überwachung eines Elementes. In Bezug auf Nagios, welches für die Überwachung eines spezifischen Sachverhalts mit vordefinierten Skripten arbeitet, umfasst dies die Ausgestaltung eines solchen Templates und der Veranlassung der Ausführung des jeweiligen Auftrages.

In Abbildung 7-5 ist ein Auszug aus einem solchen zur Laufzeit konfigurierten Skript dargestellt. Hierbei wurden die unterschiedlichen allgemeingültigen Parameter der Überwachung auf die spezifischen Eigenarten von Nagios abgebildet. Dementsprechend wird im Falle der Unerreichbarkeit des spezifizierten Servers oder Services eine Benachrichtigung per E-Mail versendet. Darüber hinaus umfasst die Konfiguration oftmals die automatisierte Generierung von Incident-Einträgen zur Protokollierung des Vorfalls.

```
11  [...]
12  # Contact Configuration
13  define contact{
14      contact_name                    9ee2e820-dd26-11de-8a39-0800200c9a66
15      host_notifications_enabled      1
16      service_notifications_enabled   1
17      service_notification_commands   notify_by_email
18      host_notification_commands      notify_by_email
19      email                           kim-admin@rz.uni-karlsruhe.de
20  }
21  # Host Configuration
22  define host{
```

```
23     host_name              441f5260-dd27-11de-8a39-0800200c9a66
24     Address                129.13.68.130
25     check_command          check_host_alive
26     initial_state          1
27     contacts               9ee2e820-dd26-11de-8a39-0800200c9a66
28     check_interval         300
29 }
30 # Service Configuration
31 define service{
32     host_name              1285c300-dd28-11de-8a39-0800200c9a66
33     check_command          check_http!http://[...]/RoomService.asmx
34     contacts               9ee2e820-dd26-11de-8a39-0800200c9a66
35     check_interval         10800
36 }
37 # Monitoring Commands
38 define command{
39     command_name check_http
40     command_line /usr/local/nagios/libexec/check_http -H $ARG1$
41 }
42 define command{
43     command_name check_host_alive
44     command_line /usr/local/nagios/libexec/check_ping -H $HOSTADDRESS$
45 }
```

Abbildung 7-5: Auszug aus einem konfigurierten Nagios-Skript zur Überwachung der Verfügbarkeit eines Servers und eines Web Services

Im Kontext der exemplarischen Umsetzung des Ansatzes zeigte sich, dass die in diesem Abschnitt vorgestellten Konzepte und Modelle eine effektive und effiziente Unterstützung des Prozessschrittes „Monitoring & Delegation" des SLA-Regelkreises der i2map bieten. Vor allem unter dem Gesichtspunkt der permanenten technologischen Weiterentwicklung und der Dynamik dienstorientierter Systeme bietet der Ansatz durch die Möglichkeit der entsprechenden Erweiterung des zugrundeliegenden Modells und der darauf aufbauenden automatisierten Parametrisierung von Überwachungswerkzeugen eine adäquate Unterstützung des Betriebs der komplexen Systemlandschaften. Gerade im Zusammenhang von Veränderungen der Dienstkomposition oder neuen Dienstgütevereinbarungen ermöglicht dies die schnelle Reaktion auf diese Ereignisse und eine kontinuierliche Quantifizierung der Diensterbringung. Darüber hinaus besteht ein weiterer Vorteil des Ansatzes darin, dass sich dieser nahtlos in die bestehende Systemlandschaft eingliedert, vollständig auf die bestehenden Überwachungswerkzeuge und -mechanismen zurückgreift und keine Veränderungen an den diensterbringenden Elementen erfordert.

7.4 Zusammenfassung

Aufgrund der Heterogenität und Verteilung der dienstrealisierenden Elemente stellt die Definition und Durchsetzung konsistenter Dienstgütevereinbarungen für höherwertige Dienste eine spezifische Herausforderung im Kontext dienstorientierter

Systeme dar. Eine zentrale Fragestellung besteht hierbei in der plausiblen Quantifizierung der Dienstgüte des gesamten, den Dienst erbringenden Abhängigkeitsgeflechts aus technischen und organisatorischen Elementen, um gegenüber dem Dienstnehmer verlässliche Zusicherungen treffen zu können. Darüber hinaus werden Konzepte und Mechanismen zur Überwachung definierter Dienstgütevorgaben in dem von Heterogenität und Verteilung geprägten Umfeld benötigt.

Zur Begegnung dieser Herausforderungen wurden in diesem Kapitel spezifische Konzepte, Modelle und Mechanismen aus dem querschnittlichen Aspekt der *Überwachung* der *integrated information map* (*i2map*) präsentiert. Zentraler ordnender Rahmen des gesamten entwickelten Vorgehens stellt der *definierte Regelkreis der Dienstgütevereinbarungen* dar, welcher sich in die wiederkehrend durchlaufenen Phasen *Entwicklung & Evolution* und *Betrieb* unterteilt. Die Unterstützung der komplexen Definition von Dienstgütevereinbarungen für höherwertige Dienste im Rahmen der Phase *Entwicklung & Evolution* sieht die Ableitung konsistenter Aussagen aus dem Laufzeitverhalten der dienstrealisierenden Elemente vor. Hierbei besteht der Kern des Ansatzes in einem systematischen Analysemodell und einem allgemeingültigen *Katalog an Aggregationsstrategien*, welche die schrittweise Verdichtung der feingranularen Laufzeitinformationen ermöglichen. In diesem Kontext wird die Auswahl einer Aggregationsfunktion zur Behandlung eines konkreten Sachverhalts wesentlich durch den Typ der betrachteten Dienstgütemetrik und der zugrundeliegenden Dienststruktur determiniert. Um dieser Tatsache gerecht zu werden, bilden die identifizierten Kompositionsmuster für dienstorientierte Systeme und die Klassifikation von Metriken eine geeignete Hilfestellung für die Anwendung der Aggregationsstrategien. Schlussendlich stellen die resultierenden, übergreifenden Dienstgüteaussagen die Grundlage für die widerspruchsfreie Beschreibung der Dienste und die Aushandlung plausibler Dienstgütevereinbarungen entsprechend der vorliegenden Dienstkonfiguration dar und tragen somit wesentlich zur kundenorientierten Diensterbringung bei.

Darüber hinaus wurden für das durch Heterogenität und Verteilung geprägte Umfeld *effektive und effiziente Mechanismen für die Durchsetzung* konsistenter Dienstgütevereinbarungen vorgestellt. Durch die inverse Anwendung der entwickelten Aggregationsstrategien werden aus den Dienstgütevorgaben für höherwertige Dienste feingranulare und quantifizierbare Zielvorgaben für die dienstunterstützenden Elemente bestimmt. Für die konkrete Überwachung dieser elementspezifischen Dienstgüteparameter werden gemäß dem *Prinzip der Delegation* spezifische Überwachungsprozesse und -werkzeuge automatisiert parametrisiert und somit das gesamte System in Bezug auf die Dienstgütevorgaben überwacht. Mit der konsequenten *Dekomposition der SLAs* und der entsprechenden *Instrumentierung unterschiedlicher Überwachungsverfahren* fungieren die Dienstgütevereinbarungen nicht nur als Vertragsgrundlage zwischen Dienstgeber und Dienstnehmer, sondern auch als wirkungsvolles Mittel zur Steuerung der Dienstgütesicherung in verteilten Systemen. Darüber hinaus ermöglicht der Ansatz durch die zentrale Koordination der Überwachung holistische und zugleich detaillierte Aussagen über den Zustand des komplexen Dienstes als Ganzes zu geben.

Zusammenfassend leisten die vorgestellten Konzepte, Modell und Systeme einen entscheidenden Beitrag für die Definition und Durchsetzung konsistenter Dienst-

gütevereinbarungen im Rahmen dienstorientierter Systeme und unterstützen die
Gewährleistung einer kundenorientierten Diensterbringung.

8 Evaluation

Neben der Bewertung der entwickelten Konzepte, Modelle und Systeme gegenüber dem in Kapitel 2 herausgearbeiteten allgemeingültigen Anforderungskatalog wurde die Anwendbarkeit und Eignung der *integrated information map* (*i2map*) auch in der Praxis demonstriert. Eine wesentliche Grundlage hierfür bestand in der erfolgreichen Umsetzung des semantischen Informationsmodells *i2mapCore* und weiteren technischen Lösungsbausteinen zur Realisierung eines homogenisierten, aber dennoch föderiert strukturierten Informationsraums. Darüber hinaus bildeten das entwickelte Rahmenwerk zur Interpretation konzeptioneller Darstellungsmodelle und die Dienstgütemodelle einen zentralen Ausgangspunkt für die praktische Betriebsunterstützung dienstorientierter Systeme. In diesem Kapitel wird in Abschnitt 8.1 der Einsatz der i2map im Rahmen der Projekte *„Karlsruher Integriertes InformationsManagement (KIM)"* und *„Einführung eines IT Service Management im Steinbuch Centre for Computing (SCC)"* und die hierdurch erzielten Verbesserungen hinsichtlich der Effizienz und Effektivität der Betriebsunterstützung vorgestellt.

Die im Zuge des praktischen Einsatzes gewonnenen Erfahrungen bildeten einen wertvollen Beitrag für die kontinuierliche Verbesserung des gesamten Ansatzes. Des Weiteren wurden die Ergebnisse dieser Arbeit im Rahmen zahlreicher Publikationen veröffentlicht und auf internationalen Konferenzen präsentiert bzw. mit Vertretern unterschiedlicher Fachbereiche diskutiert.

Darüber hinaus wurden im Rahmen dieser Arbeit die zentralen Fehlertypen und -häufigkeiten bei der manuellen Spezifikation von Dienstgüteaussagen im Kontext dienstorientierter Systeme bestimmt. Die Ergebnisse dieser empirischen Erhebung unter im Wirkbetrieb beteiligten Personen werden in Abschnitt 8.2 präsentiert und geben Aufschluss über das Potenzial der im Abschnitt 7.2 präsentierten Konzepte und Modelle zur konsistenten Definition von Dienstgüteaussagen.

8.1 Praktischer Einsatz der integrated information map

Im Folgenden wird ein Überblick über die Anwendung der im Rahmen dieser Arbeit präsentierten Konzepte, Modelle und Werkzeuge in den Projekten „Karlsruher Integriertes InformationsManagement (KIM)" und „Einführung eines IT Service Management im Steinbuch Centre for Computing (SCC)" gegeben.

8.1.1 Einsatz im Projekt „Karlsruher Integriertes Informations-Management"

Das Integrationsprojekt *Karlsruher Integriertes InformationsManagement* (Juling 2005; Freudenstein et al. 2006) strebt durch die ganzheitliche Betrachtung sämtlicher einrichtungsübergreifender Prozesse die Erhöhung der Exzellenz in der Lehre am Karlsruher Institut für Technologie (KIT) an. Neben der konsequenten Modellierung, Analyse und Verbesserung der Geschäftsprozesse wird dieses Ziel vor allem durch die Einführung einer übergreifenden prozessorientierten IT-Plattform verfolgt (Freudenstein, Majer und Maurer 2006). Die hierbei realisierte *integrierte Service-Orientierte Architektur* (*KIM iSOA*) zur Verbesserung der Integration der verfügbaren Systeme und Daten besteht aus den vier Integrationsschichten *Technische Infrastruktur, Basisdienste, Anwendungsdienste* und *Portale* sowie den orthogonalen Aspekten *Sicherheit, Identitätsmanagement* und *Landkarte* (vgl. Abbildung 8-1).

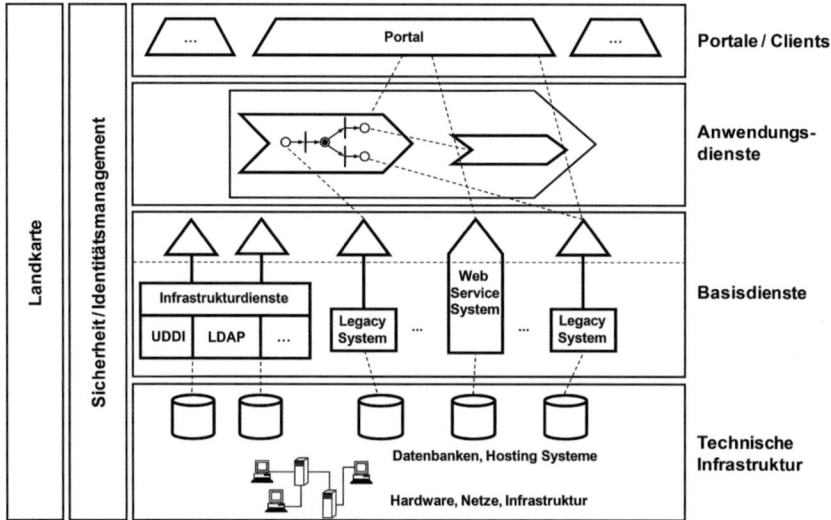

Abbildung 8-1: Überblick über die integrierte Service-Orientierte Architektur des KIM-Projekts (KIM iSOA)

Wie in Abbildung 8-1 ersichtlich, fungieren Portale als zentrale Zugangspunkte zu den bereitgestellten höherwertigen Diensten. In diesem Zusammenhang wurden im Rahmen des Projekts ein Studierenden- und ein Mitarbeiterportal, die beide dedizierte Dienste für die jeweilige Benutzergruppe zur Verfügung stellen, entwickelt (Allerding et al. 2008). Um eine qualitativ hochwertige Diensterbringung gegenüber den Kunden zu garantieren, adressiert im Besonderen die Landkarte die strategische und technische Evolution sowie den Betrieb der resultierenden hochkomplexen und stark verteilten Systemlandschaft (Majer, Meinecke und Freudenstein 2007). Hierbei kommen verschiedene, im Rahmen dieser Arbeit entwickelte Konzepte, Modelle und Systeme zum Einsatz.

Zur Beschreibung der Systemlandschaft wurde als Grundlage das semantische Informationsmodell *i2mapCore* eingesetzt. Für die Verwaltung der Informationen über die relevanten Elemente der KIM iSOA wurde ein zentraler Verzeichnisdienst (*Registry*) und darüber hinaus eine Anwendung (*i2mapClient*) mit verschiedenen betriebsunterstützenden Funktionen entwickelt. Der Verzeichnisdienst ist hierbei als Web Service realisiert und ermöglicht die Nutzung der Daten über technische sowie organisatorische Elemente der Systemlandschaft in unterschiedlichen Szenarien. Der *i2mapClient* ist eine auf einem Plugin-Konzept basierende Desktop-Anwendung und ermöglicht das sukzessive Hinzufügen von dedizierten Anwendungen (*Plugins*), um die Entwicklung und den Betrieb dienstorientierter Systeme zu unterstützen. Neben bereits existierenden, auf spezifische Problemfälle zugeschnittenen Plugins können über einen einfachen Mechanismus weitere Plugins entwickelt, einem zentralen Web Service-basierten Repositorium hinzugefügt und von allen Anwendern bei Bedarf zur Laufzeit eingebunden werden.

Um den Aufwand bei der Erfassung von Daten über die Elemente für die zuständigen Betreibergruppen zu verringern, wurden für spezifische Komponenten – in Abhängigkeit ihrer Charakteristika – automatisierte Mechanismen zur Extraktion von Meta-Informationen umgesetzt. Abbildung 8-2 zeigt exemplarisch den Ablauf der Verarbeitung von Meta-Informationen in Bezug auf als Web Services umgesetzte Basisdienste der KIM iSOA. Ein solcher Dienst kann zu einem beliebigen Zeitpunkt seines Lebenszyklus über den i2mapClient oder einer anderen, mit der *Registry-API* kommunizierenden Anwendung am Verzeichnisdienst angemeldet und beschrieben werden. Um den Dienstbetreiber bei dieser Tätigkeit zu unterstützen, kann der Dienstentwickler während der Entwicklung über die Nutzung der Konstrukte `WebServiceAttribute` und `WebMethodAttribute` bereits Angaben über den Titel, den Zweck und die Funktionsweise des Basisdienstes spezifizieren (vgl. Abbildung 8-2 – Schritt 1). Im Zuge der Bereitstellung des Dienstes werden diese Informationen der WSDL-Datei (Chinnici et al. 2007), einer allgemeingültigen und standardisierten Beschreibung eines Web Services, hinzugefügt. Falls bei der Anmeldung eines Basisdienstes am Verzeichnisdienst ein Zugangspunkt in Form einer URI angegeben wird (vgl. Abbildung 8-2 – Schritt 2), können, neben den manuell hinzugefügten Angaben, die verfügbaren Informationen automatisiert aus der WSDL-Datei extrahiert werden und bilden einen Teil der detaillierten Beschreibung des Basisdienstes (vgl. Abbildung 8-2 – Schritt 3).

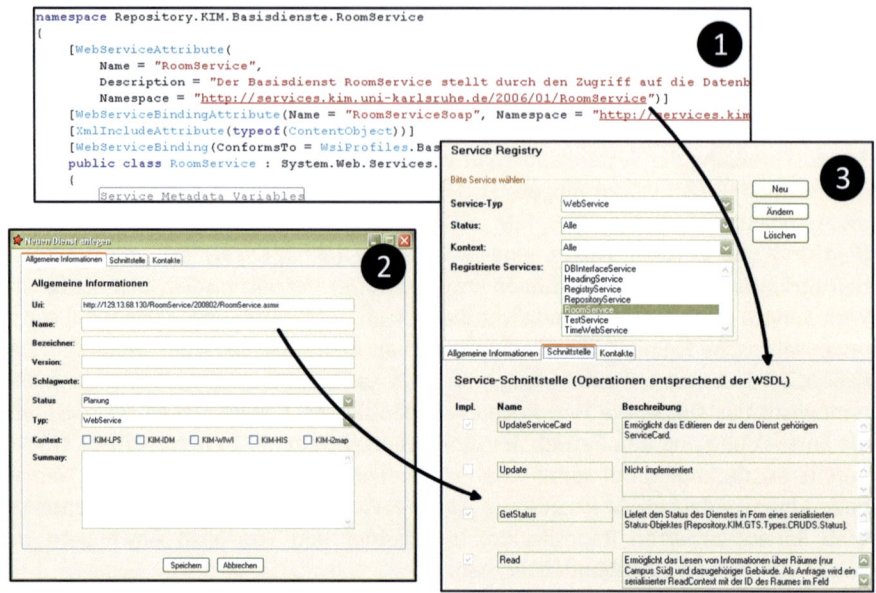

Abbildung 8-2: Automatisierte Unterstützung bei der Erfassung von Meta-Informationen über Elemente der Systemlandschaft

Aufgrund der kontinuierlichen Zunahme der realisierten Basisdienste und des verteilten Entwicklungs- und Betriebsmodells wurden weitere Konzepte zur Beschreibung der Dienste umgesetzt. Um die Einbindung der Basisdienste in unterschiedlichen Kontexten für die jeweiligen Entwickler zu erleichtern, wurde beispielsweise die (Schnittstellen-)Dokumentation verfeinert. Hierbei wurden Testfälle für funktionale Komponentenaufrufe als ein ideales Medium zur Vermittlung der konkreten Funktionsweise der Basisdienste identifiziert. Das für den i2mapClient realisierte Plugin *TestManagement* unterstützt in diesem Zusammenhang die für das Testen zuständige Person bzw. den Entwickler beim Erstellen neuer Testfälle für einen spezifischen Dienst und ermöglicht deren direkte Ausführung. Entsprechend dem i2map-Konzept der Rezentralisierung kann jeder Testfall dem zentralen Verzeichnis hinzugefügt werden und steht somit allen Anwendern des i2mapClients zur Verfügung. Wie in Abbildung 8-3 ersichtlich, können die Entwickler und Betreiber des dienstorientierten Systems durch die Auswahl einer bestimmten Methode eines Dienstes die verfügbaren Test begutachten und neue Testfälle definieren, die dann einen Teil dessen Dokumentation darstellen und gemäß dem semantischen Modell zur Verfügung gestellt werden. Neben der direkten Ausführung der Testfälle im Rahmen der Anwendung stellen die gesammelten Informationen den Ausgangspunkt für die automatisierte funktionale Überwachung der Basisdienste des dienstorientierten Systems dar. In diesem Zusammenhang werden in (Golubev 2009) effiziente Strategien zur Optimierung einer solchen Überwachung unter Einbeziehung der funktionalen Abhängigkeiten zwischen den Diensten und in (Küttel 2007) spezielle Mechanismen zur Überwachung von Web Services präsentiert.

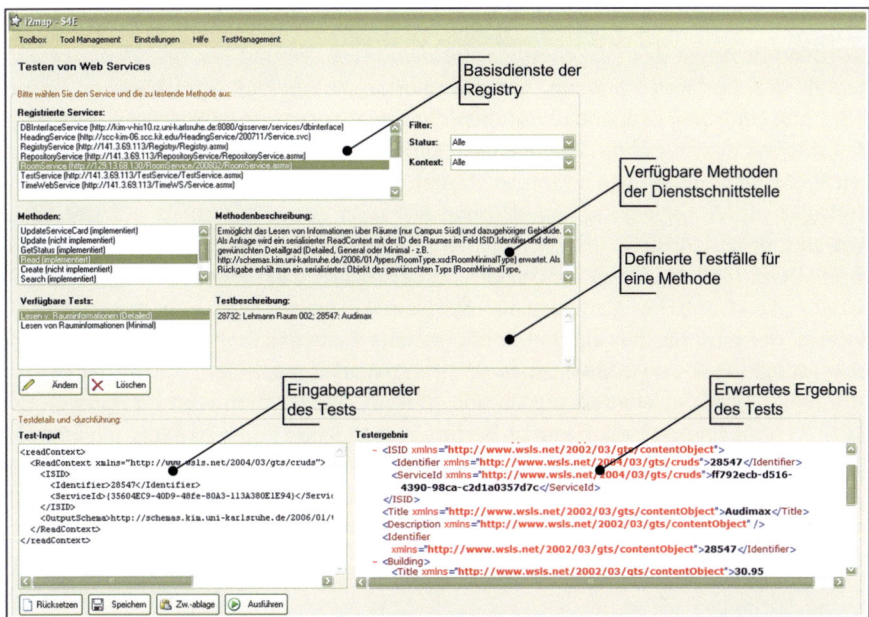

Abbildung 8-3: Zentrale Verwaltung der Testfälle für Basisdienste der KIM iSOA

In Bezug auf die Betriebsunterstützung der gesamten KIM iSOA wurde aufgrund der Komplexität des gesamten Systems die Signifikanz von Informationen über die wesentlichen Bestandteile und Eigenschaften des Systems erkannt. Die Entwicklung bzw. der Einsatz des semantische Informationsmodell i2mapCore stellte hierbei den zentralen ordnenden Rahmen für die Umsetzung der Beschreibung des dienst-orientierten Systems im Kontext unterschiedlicher Bedarfe und einer Vielzahl an relevanten Aspekten dar. Im Besonderen bestand in der neuartigen Zusammen-führung existierender Beschreibungsmodelle wie dem *Common Information Model* und der *Web Service Modeling Ontology* (*WSMO*) und der dedizierten Erweiterung um Kompositions- und Dienstgüteaspekte eine umfassende Basis für die Adressie-rung der einzelnen Belange. Darüber hinaus konnte auf der Grundlage der spezifi-zierten Informationen über die Systemlandschaft die im Rahmen von Kapitel 6 prä-sentierten Darstellungsmodelle angewendet werden und die komplexen Zusammen-hänge für die Betreiber visuell aufbereitet als Orientierungs- und Entscheidungshilfe zur Verfügung gestellt werden (vgl. Beispiele in Abschnitt 6.2.4).

8.1.2 Einsatz im Projekt „Einführung von IT Service Management im Steinbuch Centre for Computing"

Das Projekt „Einführung von IT Service Management im Steinbuch Centre for Compu-ting" hat zum Ziel, die Dienstgüte der durch das Steinbuch Centre for Computing (SCC) zur Verfügung gestellten IT-Dienste zu gewährleisten bzw. zu optimieren. Im Kontext der kooperativen Diensterbringung durch die verschiedenen Abteilungen der Organisation und externer Partner stellt die übergreifende Etablierung der zentralen Prozesse des *Configuration, Incident, Problem* und *Change Managements* gemäß des De-facto-Standards der *Information Technology Infrastructure Library* (*ITIL*) den zentralen ordnenden Rahmen dar. Eine wesentliche Grundlage besteht in der *wikified Configuration Management Database* (*wCMDB*), die als zentrales Verzeichnis eine Grundmenge an Informationen über die IT-Umgebung und das Dienstportfolio zur Verfügung stellt. Abbildung 8-4 zeigt einen Ausschnitt aus der Web-Anwendung zur Ansicht und Pflege der Informationen über sogenannte *Configuration Items* (*CIs*) der Systemlandschaft. Im Beispiel wird die Beschreibung für den *IT-Service* „Elektronischer Campusplan" dargestellt. Logisch setzt sich ein solcher IT-Service, der eine für den Kunden bereitgestellte Dienstleistung repräsentiert, durch eine Menge an *IT-Servicebausteinen* und *IT-Servicekomponenten*, die für die Diensterbringung benötigt werden, zusammen. Die Art der Relation wird im Rahmen der wCMDB nicht unterschieden und es bestehen auch keine Möglichkeiten, um komplexe Abhängigkeitsverhältnisse zu spezifizieren. Darüber hinaus bietet der derzeitige Umfang der wCMDB keine Mittel zur Spezifikation von Dienstgüteeigenschaften der dienstunterstützenden Elemente bzw. der höherwertigen Dienste an.

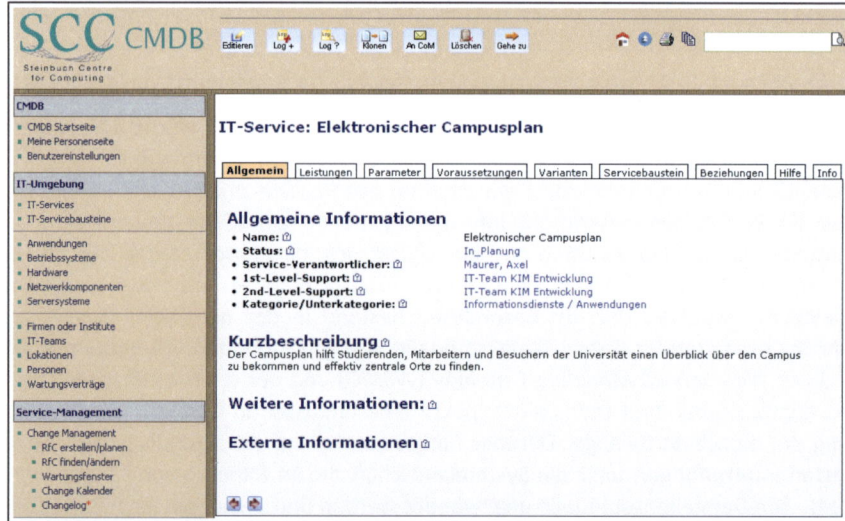

Abbildung 8-4: Überblick über den IT-Service „Elektronischer Campusplan" im Rahmen der wCMDB

Um für die Betriebsunterstützung des gesamten heterogenen und verteilten Systems eine umfassendere Beschreibung der höherwertigen IT-Dienste zu ermöglichen, wurden die in Kapitel 5 vorgestellten Konzepte und Modelle eingesetzt. Dies umfasst zum einen die Nutzung von i2mapCore zur allgemeingültigen Beschreibung der unterschiedlichen Sachverhalte und der Umsetzung der dezentralen Verwaltung der Managementinformationen. Zentrales datenführendes System in Bezug auf die verschiedenen Elemente der Systemlandschaft stellt die wCMDB und das darin abgebildete Dienstportfolio dar. Die darin beinhalteten Beschreibungen wurden mit weiterführenden Informationen – beispielsweise aus der im letzten Abschnitt vorgestellten KIM-Registry – über die verschiedenen dienstbringenden Elemente erweitert. In einem ersten Schritt wurden hierfür die in Form von Wiki-Seiten vorliegenden, proprietären Inhalte der wCMDB, die über eine Web Service-Schnittstelle abgerufen werden können, auf die Konzepte des semantischen Modells i2mapCore abgebildet. Einen Auszug über die Verknüpfung der Klassen aus der wCMDB mit den definierten Konzepten aus dem semantischen Modell wird in Tabelle 8-1 dargestellt. Hierbei zeigt sich, dass die Klassen zur spezifischen Beschreibung der technischen und organisatorischen Elemente des SCCs zumeist auf verschiedene Klassen des semantischen Informationsmodells abgebildet werden. Dies resultiert im Besonderen aus der Tatsache, dass die Klassen der wCMDB auf eine spezielle Sub-Domäne fokussiert sind, und die in diesem Kontext relevanten Aspekte umfassen, wohingegen i2mapCore einen allgemeingültigen Anspruch hat und eher modular aufgebaut und eingesetzt werden kann.

Tabelle 8-1: Auszug aus der Abbildung von Klassen der wCMDB auf Konzepte des semantischen Informationsmodell i2mapCore

Klassen der wCMDB	Konzepte von i2mapCore
IT-Service	i2mapService, ServiceSpecification, DescriptionSAP, SupportSAP, CIM_Product
IT-Servicebaustein	i2mapService, ServiceSpecification, SupportSAP
(Software-)Anwendung	CIM_System, CIM_SoftwareIdentity
Anwendung (Web Services)	i2mapService, CIM_ SoftwareIdentity, CIM_ServiceAccessPoint
IT-Team	CIM_MemberOfCollection, CIM_Group, CIM_OrgStructure
Lokation	CIM_Location, CIM_OrgUnit
Personeninformationen	CIM_Person, CIM_OtherPersonInformation, CIM_UserContact
Rolle	i2mapRole

Zur Umsetzung der tatsächlichen Abbildung auf einer feingranularen Ebene wurden Transformationsregeln, die die Klassenattribute der beiden Modelle zusammenführen, definiert. Abbildung 8-5 gibt exemplarisch einen Überblick über die entwickelten Regeln. Eine detaillierte Beschreibung der Umwandlung von Inhalten der wCMDB auf Konzepte von i2mapCore sowie die Rücktransformation findet sich in (Asi 2009). Bei der Abbildung der semantischen Konzepte auf die Klassen der wCMDB zeigte sich im Besonderen die fehlende Ausdrucksstärke der wCMDB in Form von fehlenden Konstrukten für eine Vielzahl relevanter Konzepte, wie beispielsweise Dienstgüteeigenschaften oder diversifizierte Beziehungen zwischen Elementen der Systemlandschaft.

```
1   <mappingSchema name="wCMDBMappingSchema">
2   <mapping type="simple" source="i2mapService"
            target="IT-Umgebung/IT-Service/" [...]>
3     <map source="name" target="DC_Title" function="wCMDBCopy" />
4     <map source="status " target="CIM_OperationalStatus"
            function="wCMDBCopy" value="type=COPY_STATUS_ATTRIBUTE,
            param=WCMDB/Attributlisten/IT-Service/Status/" />
```

```
5    <map source="StatusDescriptions" target=""
         function="i2mapSetStatusDescription"
         value=" CIM__OperationalStatus=status" />
6    [...]
7    </mapping>
8    <mapping type="reference" source="CIM_MemberOfCollection" [...]>
9    <map source="CIM_Person" target="i2mapRole"
         function="swfMakeSimpleReference"
         value="antecedentId=Name,dependentId=Name,exConstraint=true,
             exConstraintField=rollen, exSource=IT-Umgebung/Person/%,
             exTarget=WCMDB/Attributlisten/Person/Rolle/,inverse=true"/>
10   [...]
11   </mappingSchema>
```

Abbildung 8-5: Abbildungsvorschriften zur Transformation der Inhalte aus der wCMDB auf die Konzepte von i2mapCore

Eine wesentliche Ausweitung der Beschreibungen aus der wCMDB bestand in der Zusammenführung des Datenbestands mit den Informationen aus dem im letzten Abschnitt vorgestellten Verzeichnisdienst (*Registry*) der KIM iSOA. Hierdurch wurden zum einen die bestehenden Informationen der Registry um Informationen über den gesamten Kontext der Elemente der KIM iSOA erweitert. Dies ermöglichte es ein gesteigertes Verständnis für die durch das SCC zur Verfügung gestellten (technischen) Ressourcen zur Unterstützung der KIM-Dienste zu schaffen. Zum anderen gestatteten die detaillierten Angaben über spezifische Elemente der KIM iSOA im Rahmen der wCMDB ein verbessertes und übergreifendes Abbild des gesamten dienstorientierten Systems zu geben bzw. die im Rahmen des KIM-Projekts realisierten Dienste und Komponenten im Dienstportfolio des SCCs zu verorten.

In Bezug auf das Projektziel der Gewährleistung und Steigerung der Qualität der Diensterbringung konnte durch die Zusammenführung der Datenbestände ein zentraler Grundstein für die damit verbundenen Bestrebungen gelegt werden. So wurde durch die Ausweitung und Vereinheitlichung der Informationsbasis die Möglichkeit geschaffen, die relevanten ITSM-Prozesse optimaler und umfassender unterstützen zu können. Dies zeigt sich beispielsweise in der Anwendbarkeit der in Kapitel 6 vorgestellten Visualisierungskonzepte und Rahmenwerke zur Vermittlung der komplexen Sachverhalte, die vor allem einen entscheidenden Beitrag im Bereich des Change Managements leisten können. Aktuell wird hierbei an einer Verknüpfung der textuellen Sichten der wCMDB zu den realisierten graphischen Dienstsichten des i2map-Portals gearbeitet, damit diese komfortabel aus der am SCC etablierten Anwendung konsumiert werden können.

8.2 Experiment zur Bestimmung der Fehlerquote bei der Spezifikation von Dienstgüteaussagen

Bereits in Kapitel 2 dieser Arbeit wurde ein Spannungsfeld zwischen den einerseits gesteigerten Anforderungen an eine qualitativ hochwertige Diensterbringung und der andererseits enormen Komplexität der Betriebsunterstützung dienstorientierter Systeme herausgestellt. In Bezug auf die Definition von Dienstgütevereinbarungen resultieren das ungenügende Verständnis und die mangelnde Beherrschbarkeit des Abhängigkeitsgeflechts dienstorientierter Systeme in fehlenden bzw. inkonsistenten Aussagen über die gesamte Dienstgüte. Dies wird zum einen durch die Literatur belegt (Kontogiannis, Lewis und Smith 2008; Morschel 2008) und konnte darüber hinaus durch die Erfahrungen aus Projekten im Kontext dienstorientierter Systeme bestätigt werden.

Vor diesem Hintergrund bestand das Ziel des umfragebasierten Experiments in der detaillierten Bestimmung der verschiedenen Fehlertypen und -häufigkeiten bei der manuellen Spezifikation von Dienstgüteaussagen im Kontext dienstorientierter Systeme. Die Ergebnisse geben hierbei Aufschluss über das Potenzial der im Abschnitt 7.1 präsentierten Konzepte und Modelle zur konsistenten Definition von Dienstgüteaussagen.

8.2.1 Überblick über das umfragebasierte Experiment

Die einzelnen Kernfragestellungen des Experiments und die assoziierten Metriken zur Quantifizierung der Messergebnisse der Studie sind in Tabelle 8-2 entsprechend der *Goal/Question/Metric*-Methodik (Basili, Caldiera und Rombach 1994) dargestellt. Eine detaillierte Beschreibung des gesamten Experiments sowie der Ergebnisse finden sich in (Metzger 2010).

Tabelle 8-2: Goal/Question/Metric-Plan für das Experiment

Ziel	*Erhebung der Fehlerarten und -häufigkeiten bei der manuellen Spezifikation von SLAs in dienstorientierten Systemen*
Frage 1	Wie gut werden zugrundeliegende Kompositionsmuster erkannt und folgerichtig interpretiert?
Metrik 1.1	#Fehler: Anzahl der nicht oder fehlerhaft erkannten Kompositionsmuster
Metrik 1.2	Subjektive Bewertung durch den Proband im Rahmen des subjektiven Fragebogens (*SF*)
Frage 2	Werden die richtigen Strategien für die Aggregation der Messwerte entwickelt und angewendet?
Metrik 2.1	#Fehler: Anzahl der fehlerhaft angewendeten Aggregationsfunktionen oder nicht durchgeführten Aggregationen
Metrik 2.2	Subjektive Bewertung durch den Proband im Rahmen des SF
Frage 3	Können unterschiedliche Metriken und Maßeinheiten in Beziehung gesetzt und korrekt zusammengeführt werden?
Metrik 3.1	#Fehler: Anzahl der fehlerhaft oder nicht transformierten Messwerte
Metrik 3.2	Subjektive Bewertung durch den Proband im Rahmen des SF

Wie in Tabelle 8-2 ersichtlich, wurden die Ergebnisse der einzelnen Fragestellungen der Studie entsprechend dem Goal/Question/Metric-Plan (*GQM-Plan*) auf eine objektive und eine subjektive Art und Weise quantifiziert. In Bezug auf die objektive Bewertung der Problemstellung wurden gängige Muster und Sachverhalte dienst-orientierter Systeme spezifiziert und den Teilnehmern des Experiments die Bestim-mung der aggregierten Dienstgüte als Aufgabe gestellt. Um den Probanden die Fokussierung auf die Problemlösung zu erleichtern und eine unnötige Einarbeitung in spezielle Sachverhalte und Werkzeuge zu vermeiden, wurden die Aufgaben in Papierform gestellt. Hierbei wurde explizit auf die Übersichtlichkeit der Aufgaben und die Verständlichkeit der eingesetzten Notation zur Beschreibung der Dienst-struktur geachtet (vgl. Abbildung 8-6). Darüber hinaus entfiel für die Teilnehmer das in der Praxis zumeist komplizierte und aufwändige Sammeln der relevanten Informationen über die Dienstkomposition bzw. das Laufzeitverhalten und das damit verbundene Fehlerpotenzial.

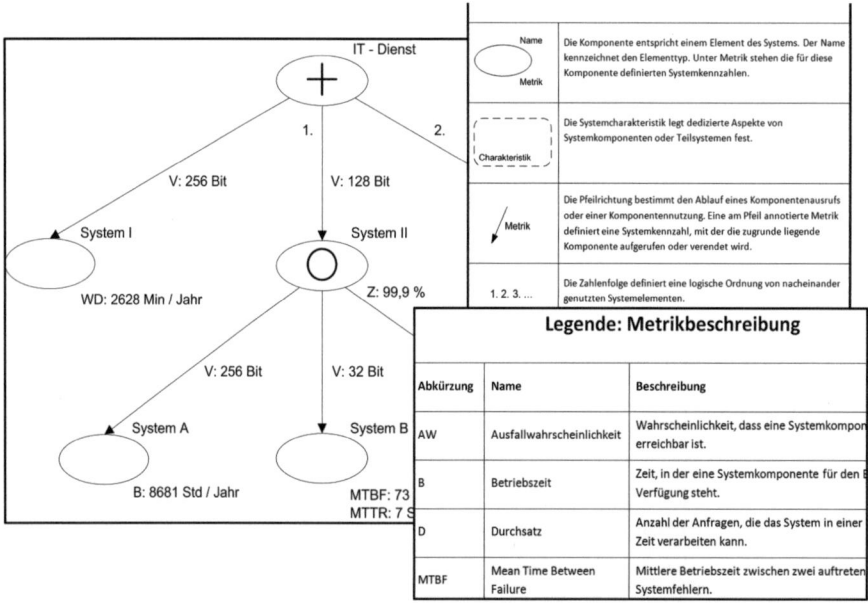

Abbildung 8-6: Überblick über eine Aufgabenstellung sowie Auszug aus den dazugehörigen Legenden

Neben der objektiven Bewertung der unterschiedlichen Fehlermöglichkeiten im Kontext der manuellen Bestimmung von Dienstgüteaussagen sollten die Teilnehmer die verschiedenen Schwierigkeiten in Bezug auf die Bestimmung von aggregierten Dienstgüteaussagen einschätzen. Entsprechend dem definierten GQM-Plan wurde der subjektive Fragebogen (*SF*) derart konzipiert, dass die Ergebnisse der Auswer-tung den einzelnen Aspekten *Mustererkennung*, *Funktionsbestimmung* und *Werte-berechnung* zugeordnet werden konnten (vgl. Tabelle 8-3).

Tabelle 8-3: Subjektiver Fragebogen zur individuellen Bewertung der Schwierigkeiten bei der Ableitung konsistenter Dienstgüteaussagen

	Eindeutig zutreffend				Nicht zutreffend
1. Die Ableitung der übergeordneten Dienstgüteaussage aus der Systemstruktur war intuitiv und fiel mir leicht.	1	2	3	4	5
2. Der Einfluss und das Zusammenwirken der zugrundeliegenden Systemelemente auf die Dienstgüte waren mir unklar.	1	2	3	4	5
3. Ich fand es einfach, die Zusammensetzung und Abhängigkeiten der Systemelemente zu erkennen.	1	2	3	4	5
4. Bei der Ausführungsreihenfolge der Systemkomponenten war ich mir sehr unsicher.	1	2	3	4	5
5. Die unterschiedlichen Messgrößen der Systemelemente waren leicht zu kombinieren.	1	2	3	4	5
6. Die Ableitung einer verdichteten Dienstgüteaussage fiel mir aufgrund unterschiedlicher Metriken schwer.	1	2	3	4	5
7. Ich konnte die Funktion zur Aggregation der Informationen leicht aus den Systemstrukturen ableiten.	1	2	3	4	5
8. Die Identifikation der korrekten Methodik für eine Verdichtung von Dienstgüteaussagen verlangt sehr viel Hintergrundwissen.	1	2	3	4	5
9. Ich konnte immer eindeutig die dienstgütebeeinflussenden Faktoren und Systemelemente identifizieren.	1	2	3	4	5
10. Bezogen auf die gesuchten Dienstgüteaspekte konnte ich irrelevante Elemente schwer bestimmten.	1	2	3	4	5

Um die gesammelten objektiven und subjektiven Daten der Studie bezüglich der spezifischen Charakteristika der Stichprobe auswerten zu können, wurde vor der eigentlichen Bearbeitung der Aufgaben das Tätigkeitsprofil der einzelnen Teilnehmer bestimmt. Mit dem Ziel, für das Experiments explizit Personen mit fundierten Kenntnissen bezüglich dienstorientierter Systeme zu gewinnen, war vor allem eine Befragung hinsichtlich deren konkreter Erfahrungen von Interesse. Die entsprechenden Fragen hinsichtlich der Beteiligung bei verschiedenen Aktivitäten im Kontext des Lebenszyklus eines Dienstes sind in Tabelle 8-4 aufgeführt.

Tabelle 8-4: Fragebogen zum Tätigkeitsprofil der Teilnehmer

Im Rahmen meiner Tätigkeit...

Aussage	Eindeutig zutreffend				Nicht zutreffend
(1) ... bin ich zuständig für den Entwurf von IT-gestützten Diensten (z. B. Portalfunktionen, Desktop-Anwendungen).	1	2	3	4	5
(2) ... bin ich bei der (Weiter-)Entwicklung von IT-Diensten beteiligt.	1	2	3	4	5
(3) ... trage ich zum reibungslosen Betrieb von IT-gestützten Diensten bei.	1	2	3	4	5
(4) ... bin ich zuständig für den Betrieb eines IT- Dienstes.	1	2	3	4	5
(5) ... unterliegt mir die Verantwortung für einen bereitgestellten IT-Dienst.	1	2	3	4	5
(6) ... setze ich mich mit heterogenen und verteilten Systemen auseinander.	1	2	3	4	5
(7) ... setze ich mich mit dienstorientierten Systemen auseinander.	1	2	3	4	5
(8) ... werden die IT-Dienste kooperativ (durch Beiträge verschiedener Abteilungen und Personen) erbracht.	1	2	3	4	5
(9) ... koordiniere ich die Behebung von Dienstbeeinträchtigungen bzw. die Optimierung der Diensterbringung.	1	2	3	4	5
(10) ... untersuche ich direkt Dienstbeein-trächtigungen (bspw. Ursachenanalyse).	1	2	3	4	5
(11) ... versuche ich bestehende IT-Dienste zu optimieren (bspw. Auswertung von Laufzeitinformationen).	1	2	3	4	5
(12) ... beschreibe ich IT-Dienste (bspw. im Rahmen einer CMDB)	1	2	3	4	5
(13) ... definiere ich qualitative Aussagen (Dienstgütevereinbarungen, SLAs) für IT-Dienste.	1	2	3	4	5

8.2.2 Durchführung und Ergebnisse des Experiments

Das umfragebasierte Experiment zur Bestimmung der Fehlerarten und -häufigkeiten bei der manuellen Spezifikation von Dienstgüteeigenschaften wurde an zwei Terminen durchgeführt. Insgesamt haben an den beiden 60-minütigen Terminen acht Probanden teilgenommen. In beiden Fällen gliederte sich der Ablauf in vier Abschnitte (vgl. Abbildung 8-7). Zu Beginn sollten die Teilnehmer anhand des in Tabelle 8-4 dargestellten Fragebogens Angaben zu ihrem Tätigkeitsprofil machen. Weitere Informationen in Bezug auf die Person wurden nicht erhoben und die Teilnehmer auch ausdrücklich darauf hingewiesen, dass alle Angaben und Ergebnisse vertraulich behandelt bzw. ausschließlich anonymisiert publiziert werden. Der zweite Abschnitt umfasste eine Einführung in die Thematik, die Beseitigung von Unklarheiten sowie eine kurze Vorstellung des Aufgabenschemas. Für die eigentliche, selbständige Bearbeitung der drei vorgegeben Sachverhalte hatten die Probanden 30 Minuten Zeit und mussten hierbei beispielsweise aggregierte Aussagen in Bezug auf die Verfügbarkeit, den Durchsatz und die Sicherheit dienstorientierter Systeme treffen. Da durch das Experiment die Komplexität der Tätigkeit und die hieraus resultierenden Fehler bestimmt werden sollten, wurden die Teilnehmer bei der Bewältigung der Aufgaben keinem unnötigen Zeitdruck ausgesetzt und konnten bei Bedarf auch mehr Zeit für die Lösung der Aufgaben in Anspruch nehmen. Abschließend wurden die Teilnehmer mit dem subjektiven Fragebogen (vgl. Tabelle 8-3) in Bezug auf die individuelle Einschätzung der Komplexität der Ableitung von höherwertigen Dienstgüteaussagen befragt und das Experiment abgeschlossen.

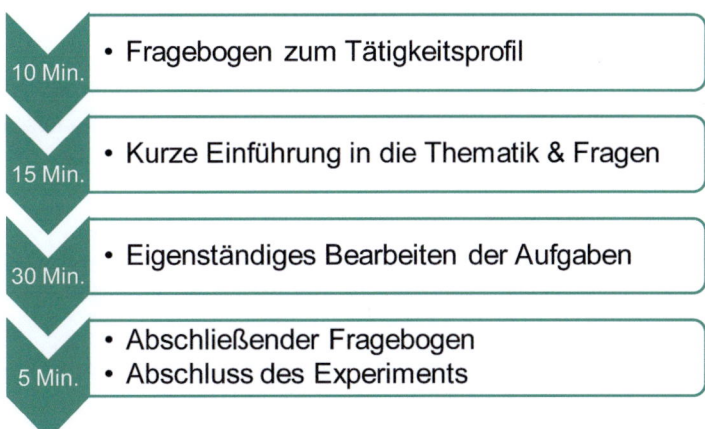

Abbildung 8-7: Aufbau und zeitlicher Ablauf des Experiments

Um mit dem Experiment aussagekräftige und möglichst allgemeingültige Ergebnisse zu erzielen, wurde bei der Wahl der Stichprobe darauf geachtet, dass die Probanden über ausreichende Kenntnisse über die Thematik des Experiments verfügten. Vor diesem Hintergrund wurden Personen gewählt, die bereits bei der Entwicklung und dem Betrieb dienstorientierter Systeme beteiligt sind und bei denen ein ausreichendes Verständnis für die Signifikanz der Dienstgüte zu erwarten war. Abbildung 8-8 gibt einen Überblick über die resultierende nichtprobabilistische Ad-hoc-Stichprobe (Wohlin, Runeson, Höst, Ohlsson et al. 1999) und stellt die individuelle Zuordnung der Personen zu den relevanten Tätigkeitsbereichen aus Tabelle 8-4 dar. Die detaillierte Beschreibung der Stichprobe sowie der weiteren Ergebnisse findet sich in (Metzger 2010).

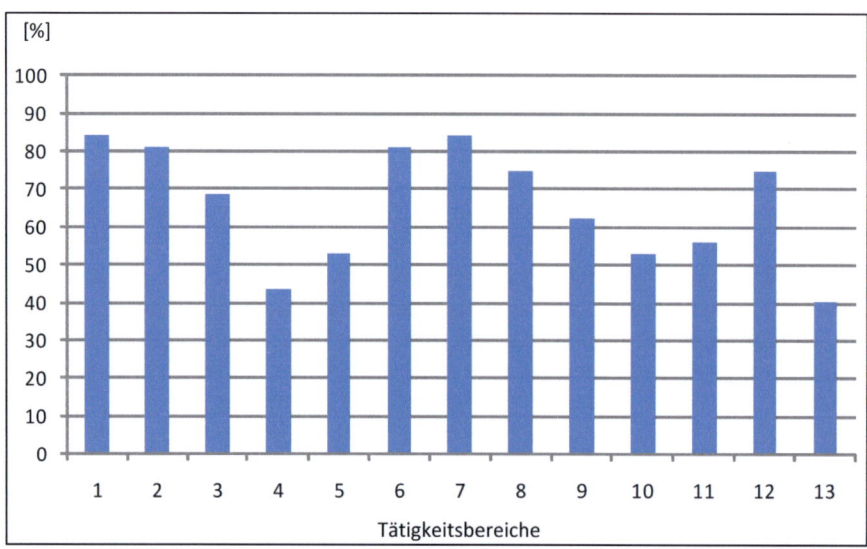

Abbildung 8-8: Prozentuelle Zugehörigkeit der Ad-hoc-Stichprobe zu den einzelnen Tätigkeitsbereichen (vgl. Tabelle 8-4)

Nach dem Abschluss des Experiments wurden die bearbeiteten Aufgaben und subjektiven Fragebögen der acht Teilnehmer analysiert. Entsprechend der Konzeption der gesamten umfragebasierten Umfrage wurden im Besonderen die folgenden drei Aspekte detailliert untersucht:

- Erkennen der relevanten Elemente und Zusammenhänge des zugrundeliegenden Kompositionsmusters (*Mustererkennung*)
- Entwicklung einer adäquaten Aggregationsstrategie (*Funktionsbestimmung*)
- Verknüpfung unterschiedlicher Metriken, Maßeinheiten und Werte (*Werteberechnung*)

Tabelle 8-5 gibt einen Überblick über die durch das umfragebasierte Experiment gesammelten Ergebnisse in den zentralen Aspekten *Mustererkennung, Funktionsbestimmung* und *Werteberechnung*. Hierbei wurden die bearbeiteten Aufgaben der Teilnehmer nach einem vordefinierten Verfahren ausgewertet und die resultierenden aufgabenübergreifenden Fehlerquoten bezüglich der Aspekte bestimmt. Darüber hinaus wurde für jeden Teilnehmer die individuelle Fehlerquote (*FQ (%)*) über alle Aufgaben sowie seine subjektive Einschätzung der Komplexität der manuellen Bestimmung von Dienstgüteaussagen (*SF (%)*) auf der Basis des subjektiven Fragebogens berechnet. Abschließend wurden die Ergebnisse der einzelnen Probanden weiter ausgewertet, um allgemeine Aussagen über die Fehlerquoten geben zu können.

Tabelle 8-5: Gesamtüberblick über die Ergebnisse der Umfrage

	Untersuchungsaspekt							
	Mustererkennung		Funktionsbestimmung		Werteberechnung			
Person	FQ (%)	SF (%)	FQ (%)	SF (%)	FQ (%)	SF (%)	FQ (%)	SF (%)
1	66,25	62,5	64,25	62,5	32	62,5	58,6	62,5
2	92,5	68,75	90,5	68,75	78	100	88,8	75
3	76,25	81,25	76,25	81,25	45,5	87,5	70,1	82,5
4	82,5	18,75	82,5	31,25	80,5	12,5	82,1	22,5
5	46,25	25	44,25	62,5	31,5	0	42,5	35
6	63,75	50	61,75	12,5	6,5	25	51,5	30
7	50,25	56,25	52,75	31,25	17	87,5	44,6	52,5
8	53,75	56,25	51,75	43,75	3,5	25	42,9	45
Mittel	66,4375	52,34375	65,5	49,21875	36,8125	50	60,1375	50,625

In diesem Zusammenhang wird in Abbildung 8-9 die mittlere Fehlerquote bei der Bearbeitung der Aufgaben durch die Teilnehmer dargestellt. Wie aus der Abbildung ersichtlich ist, lag die Fehlerquote bei der Mustererkennung mit 66,4 % am Höchsten. Dies resultierte zumeist in der Ableitung von grundlegend falschen Implikationen für die Dienstgüte im Kontext eines konkreten Sachverhalts und zeigt auf, dass den Teilnehmern die Auswahl der relevanten Elemente und Zusammenhänge aus der Dienststruktur äußerst schwer fällt. Mit 65,5 % wurde eine ähnlich hohe Fehlerquote in Bezug auf die Entwicklung einer adäquaten Lösungsstrategie ermittelt. Hierbei handelte es sich vor allem um die falsche Wahl der Aggregationsfunktion in Abhängigkeit einer vorliegenden Metrik. Die wenigsten Fehler wurden bei der eigentlichen Abbildung bzw. Zusammenführung von Messwerten der unterschiedlichen Metriken und Maßeinheiten gemacht. Hierbei lag die Quote der falschen Berechnung bzw. der fehlerhaften Verknüpfung von Werten bei 36,8 %. Bereits vor dem Experiment wurden Fehler in den Bereichen Mustererkennung und Funktionsbestimmung als kritischer eingestuft. Somit sind bei der Ermittlung des Mittels (*gewichtetes Mittel*) die Resultate doppelt gewichtet eingeflossen und es ergibt sich eine mittlere Quote von 60,1 % an fehlerhaft bestimmten Dienstgüteaussagen, was im Widerspruch zu einer kundenorientierten bzw. wirtschaftlichen Diensterbringung steht.

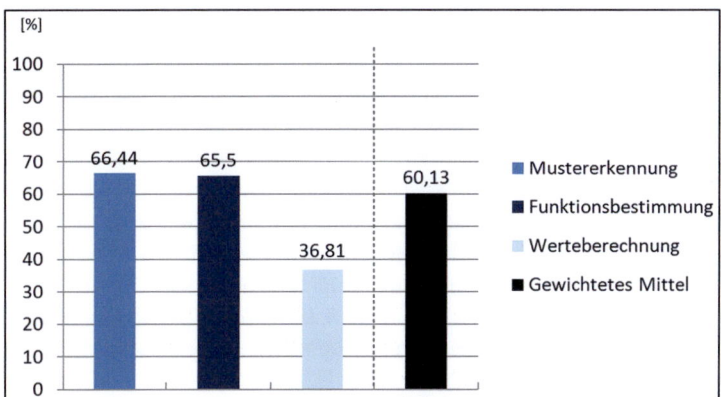

Abbildung 8-9: Mittlere Fehlerquote bezüglich der untersuchten Aspekte

Nach der Bearbeitung der eigentlichen Aufgaben des Experiments wurden die Teilnehmer nach ihrer subjektiven Bewertung der einzelnen Arbeitsschritte im Kontext
der manuellen Bestimmung von übergreifenden Dienstgüteaussagen befragt. Wenn-
gleich sich alle Teilnehmer entsprechend ihres Tätigkeitsprofils bereits mit der
Thematik befasst hatten, empfanden die Teilnehmer die Bewältigung der komplexen
Aufgabe unterschiedlich schwer (vgl. Abbildung 8-10). Interessanterweise konnte
durch die detaillierte Analyse der Daten bestätigt werden, dass sich die Resultate von
Personen, die die Tätigkeit als nicht übermäßig schwierig eingeschätzt hatten, durch
ähnliche und vergleichbar viele Fehler wie die restlichen Probanden auszeichneten.
Im Schnitt wurde über die drei Aspekte hinweg zu etwa 50 % bestätigt, dass die
manuelle Spezifikation von Dienstgüteaussagen eine komplexe Aufgabe darstellt.

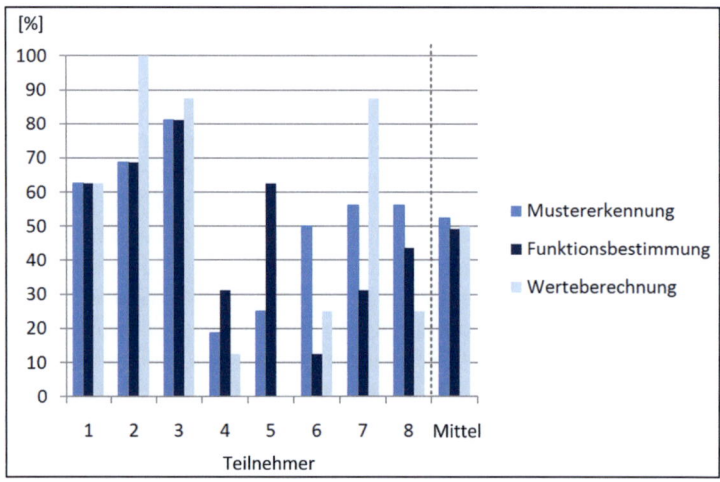

Abbildung 8-10: Subjektive Empfindung der manuellen Dienstgüteaggregation

Zusammenfassend wurde durch die Fallstudie bestätigt, dass die manuelle Bestim-
mung von Dienstgüteaussagen für dienstorientierte Systeme eine äußerst komplexe
und fehleranfällige Aufgabe darstellt. Dies wurde zum einen durch die objektive
Quantifizierung der Fehlerhäufigkeiten in den Dimensionen Mustererkennung, Funktionsbestimmung und Werteberechnung und einer ermittelten durchschnittlichen
Fehlerquote von ca. 60 % aufgezeigt. Hierbei wurde durch die entsprechende
Gestaltung des Experiments das Fehlerpotenzial in Bezug auf die Erhebung und die
Verarbeitung der relevanten Daten (beispielsweise Bestimmung der Dienststruktur
oder des elementspezifischen Laufzeitverhalten) ausgeblendet und der Fokus explizit
auf die Bestimmung aggregierter Aussagen gelegt. Neben der objektiven Bewertung
der Resultate konnte durch eine fragebogenbasierte Befragung der acht Probanden
bestätigt werden, dass diese die manuelle Spezifikation von Dienstgüteaussagen
auch subjektiv als anspruchsvoll und komplex empfinden. Somit stellen die in
Abschnitt 7.1 entwickelten Konzepte und Modelle als zentrale Grundlage für eine
Automatisierung bzw. werkzeugbasierte Unterstützung der konsistenten Dienstgüte-
bestimmung unter Berücksichtigung der Kompositionsmuster dienstorientierter
Systeme einen wertvollen Beitrag zur Verbesserung des aktuellen Stands der Technik
dar.

9 Zusammenfassung und Ausblick

Die vorliegende Arbeit befasst sich mit der effektiven Unterstützung des Betriebs dienstorientierter Systemlandschaften und präsentiert in diesem Kontext innovative Methoden, Konzepte, Modelle und Werkzeuge zur adäquaten Begegnung der damit einhergehenden spezifischen Problemstellungen und Herausforderungen.

Im Zuge der Analyse der Problemdomäne wurde ein Spannungsfeld zwischen einerseits den gesteigerten Anforderungen an eine qualitativ hochwertige Diensterbringung und andererseits der enormen Komplexität der Betriebsunterstützung dienstorientierter Systeme herausgestellt. Dies wird durch die zunehmende Bedeutung der nichtfunktionalen Dienstgüteaspekte als Differenzierungsmerkmal gegenüber dem Kunden verstärkt. Demgegenüber steht die Beherrschbarkeit der inhärenten Komplexität dienstorientierten Systemlandschaften. Diese Komplexität resultiert zum einen aus den für die technische und organisatorische Realisierung von höherwertigen Diensten benötigten Beziehungen zwischen äußerst heterogenen und verteilten Diensten, Systemen und Akteuren. Zum anderen erhöht sich diese durch die permanente Dynamik des Gesamten aufgrund veränderter (Kunden-)Bedürfnisse bzw. lokaler und globaler Optimierungs- und Fehlerkompensationsmaßnahmen.

Als eine zentrale Grundlage für die Begegnung der Komplexität wurde das Vorhandensein von homogenisierten Informationen über die wesentlichen Eigenschaften und Zustände des gesamten Systems im Rahmen der Analyse der Problemstellung identifiziert. Neben der Nutzung dieser Informationen durch betriebsunterstützende Systeme besteht in der bedarfsorientierten Bereitstellung der Informationen für betriebsbeteiligte Personen und der Ausweitung der oftmals isolierten Betrachtungsweise eine weitere Herausforderung. In Bezug auf die Dienstgüte stellen vor allem die Ableitung von konsistenten Aussagen über das zu erwartende Verhalten des komplexen Systems als Ganzes und die nachgelagerte Durchsetzung nichtfunktionaler Aspekte in dem von Dynamik geprägten Umfeld die zentralen Anforderungen an einen Ansatz zur effektiven Betriebsunterstützung dienstorientierter Systeme dar.

Im Rahmen der Arbeit wurden wissenschaftliche und kommerzielle Ansätze aus dem Umfeld des *Service-Oriented Computings* (*SOC*) und des *IT Service Managements* (*ITSM*) gleichermaßen betrachtet und in Bezug auf den erarbeiteten Anforderungskatalog bewertet. Deren Untersuchung bezüglich der Dimensionen „Homogenisierter

Informationsraum", „Holistische Dienstsichten" und „Konsistente Dienstgütevereinbarungen" hatte zum Ergebnis, dass die Ansätze die identifizierten Anforderungen nicht ausreichend erfüllen. Zusammenfassend wird der aktuelle Stand der Technik zur Betriebsunterstützung dienstorientierter Systeme im Wesentlichen durch folgende Defizite geprägt:

- Mangelnde Beschreibungsmodelle für dienstorientierte Systeme
- Fehlende Konzepte und Mechanismen für die Zusammenführung betriebsrelevanter Informationen
- Unzureichende Darstellungsmodelle zur Unterstützung betriebsbeteiligter Akteure
- Fehlende Modelle und Mechanismen zur Definition und Durchsetzung von Dienstgüteaspekten höherwertiger Dienste
- Mangelnde Berücksichtigung der Kompositionscharakters und der Dynamik dienstorientierter Systeme

Vor diesem Hintergrund werden in der vorliegenden Arbeit innovative Methoden, Konzepte, Modelle und Systeme zur Begegnung der identifizierten Anforderungen bzw. der ungelösten Kernprobleme vorgestellt. Die Lösungsbeiträge sind hierbei in vier Bereiche sowie deren Evaluation gegliedert:

Die integrated information map (i2map): Zur Begegnung der neuartigen Herausforderungen adressiert die *integrated information map* die effektive betriebliche Verwaltung und Überwachung dienstorientierter Systemlandschaften. Hierbei führt die i2map spezifische, isolierte Informationen, Methodiken und Werkzeuge in ein übergreifendes und konsistent anwendbares Modell zusammen. Ein wichtiges Entwurfsprinzip der i2map stellt die Verminderung der Komplexität durch die schrittweise Definition und gezielte Bewältigung einzelner, die gesamte Systemlandschaft durchdringender Aspekte (Cross-cutting Concerns), wie beispielsweise die Beschreibung oder Überwachung dienstorientierter Systeme, dar. Darüber hinaus wird durch die Fokussierung auf einzelne querschnittliche Aspekte der Problemdomäne zum einen eine hohe Flexibilität in Bezug auf deren konkrete Ausgestaltung und zum anderen die Rezentralisierung von Lösungsstrategien im Gegensatz zur unkoordinierten Verstreuung einzelner Lösungsbausteine über das gesamte System ermöglicht.

Homogenisierter und integrierter Informationsraum: Die Grundlage für einen integrierten und homogenisierten Informationsraum zur adäquaten Unterstützung des gesamten Betriebs stellt das auf der Basis von Technologien aus dem Semantic Web entwickelte *semantische Informationsmodell i2mapCore* zur Beschreibung der wesentlichen Eigenschaften und Zusammenhänge dienstorientierter Systeme dar. Aufgrund der konsequenten Zusammenführung und Erweiterung existierender, anwendungsunabhängiger Ontologien, wie beispielsweise einer Ontologie des Common Information Models oder der Web Service Modeling Ontology, zur Beschreibung spezifischer Aspekte dienstorientierter Systeme bietet das resultierende semantische Informationsmodell eine auf Standards aufbauende Konzeptualisierung der Problemdomäne. Hierbei adressiert das Modell die inhärente Komplexität der dienstorientierten Systeme einerseits durch einen umfangreichen Katalog an Konzepten zur adäquaten Abbildung der hohen Heterogenität der Systemelemente. Darüber hinaus wurden im Besonderen für die Beschreibung von Dienstgüteaspekten und Abhängigkeitsbeziehungen neuartige Konzepte entwickelt. Hierunter fällt beispielsweise ein System an semantischen Konzepten zur Beschreibung von Beziehungen zwischen Metriken und Messgrößen zur Quantifizierung der Diensterbringung.

Neben der Realisierung einer gemeinsamen und ambiguitätsfreien Sprache zwischen unterschiedlichen betriebsbeteiligten Systemen und Organisationen stellt die Bereitstellung von Informationen zur Betriebsunterstützung einen weiteren wesentlicher Aspekt dar. Um den organisationsübergreifenden Austausch und die Zusammenführung von konkreten Management- und Laufzeitinformationen zur holistischen Unterstützung der Betriebsprozesse zu ermöglichen, wurde ein auf die spezifischen Gegebenheiten dienstorientierter Systeme abgestimmter Ansatz entwickelt. Hierbei stellen dedizierte Dienstschnittstellen, sogenannte *Management Information Access Points*, den Zugriff auf ein durch den Dienst gekapseltes Segment des Informationsraums gemäß dem zugrundeliegenden Informationsmodell zur Verfügung. Das vorgelagerte Auffinden der prozessrelevanten Informationen in dem föderativ strukturierten und organisierten Informationsraum erfolgt über die Nutzung dedizierter *Verzeichnisdienste*.

Als Resultat wird die Realisierung eines homogenen und integrierten Informationsraums durch die erfolgreiche Kombination und Erweiterung von Modellen, Mechanismen und technischen Rahmenwerken aus dem Bereich des Semantic Web mit innovativen Konzepten und Standards aus der Domäne des IT Service Management erreicht. Darüber hinaus wurde die schrittweise Umsetzung des föderiert strukturierten Informationsraums anhand einer Referenzimplementierung, die Aufschluss über das Zusammenspiel der technisch ausgestalteten Lösungsbausteine gibt, demonstriert.

Bedarfsträgerorientierte Dienstsichten: Vor dem Hintergrund der gesteigerten Komplexität dienstorientierter Systeme benötigen die betriebsbeteiligten Personen eine adäquate Informationsversorgung, um die jeweiligen Betriebsaufgaben effizient und effektiv durchführen zu können. In diesem Kontext wurden im Rahmen dieser Arbeit Konzepte, Modelle und Systeme entwickelt, die eine exzellente Interaktion der Betreibergruppen mit dem homogenisierten Informationsraum ermöglichen. Hierbei verfolgt der Ansatz die konsequente Reduzierung der betrieblichen Komplexität durch die bedarfsgerechte Bereitstellung der relevanten Sachverhalte. Ein zentraler Aspekt besteht in der Realisierung hochgradig dynamischer und interaktiver Visualisierungen (*Dienstsichten*) unter Verwendung verschiedener *Darstellungsmodelle*. Die Wahl der adäquaten Darstellungsmodelle und der assoziierten Symbolik zur Vermittlung der Konzepte aus dem semantischen Informationsmodell erfolgt in Abhängigkeit der vorhandenen Informationen sowie der Präferenzen des Bedarfsträgers. Darüber hinaus wird durch die Umsetzung geeigneter *Partitionierungsmechanismen* dem Anwender lediglich das benötigte Informationsraumsegment präsentiert.

Die neuartige graphische Aufbereitung der Sachverhalte führt aufgrund der überwiegend stark ausgeprägten Fähigkeit des Menschen für das Lesen von Karten zur Verringerung des kognitiven Aufwands bei der Erfassung der komplexen Strukturen. Den Rahmen für die (Weiter-)Entwicklung der Sichten stellt ein iteratives *Vorgehens-*

modell dar, welches sich durch die explizite Einbindung des Bedarfsträgers und die Berücksichtigung der Evolution der Informationsbedürfnisse, der Medienkompetenz sowie des zugrundeliegenden Informationsraums auszeichnet. Das Potenzial des gesamten Ansatzes wurde anhand des *i2map-Portals*, welches einen exemplarischen Katalog an Dienstsichten zur Verfügung stellt, aufgezeigt. Die inhaltliche Grundlage für die realisierten Sichten stellten allgemeingültige Informationsbedürfnisse dar, die durch die Analyse der Prozessbeschreibungen des De-facto-Standards im Umfeld des ITSM – der Information Technology Infrastructure Library (ITIL) – abgeleitet wurden.

Definition und Durchsetzung plausibler Dienstgütevereinbarungen: Bedingt durch die inhärenten Komplexität des Abhängigkeitsgeflechts dienstorientierter Systeme stellt die konsistente Definition von Dienstgütevereinbarungen (Service Level Agreements, SLAs) und deren kontinuierliche Gewährleistung eine zentrale Herausforderung dar. Die im Rahmen dieser Arbeit präsentierten Methoden, Konzepte, Modelle und Strategien aus dem querschnittlichen Aspekt der *Überwachung* der i2map begegnen der Problematik entlang des definierten *Regelkreises von Dienstgütevereinbarungen*, welcher sich in die wiederkehrend durchlaufenen Phasen *Entwicklung & Evolution* und *Betrieb* unterteilt.

Ausgangspunkt für die Quantifizierung der Dienstgüte des Systems als Ganzes (Phase Entwicklung und Evolution) stellen die im Rahmen des semantischen Informationsmodells entwickelten Konzepte zur Beschreibung von Metriken und Messgrößen dar. Auf dieser Basis wird die Definition konsistenter Dienstgüteaussagen für höherwertige Dienste über die systematische Zusammenführung der wesentlichen und qualitätsbeeinflussenden Faktoren ermöglicht. In diesem Zusammenhang stellt ein Katalog identifizierter Kompositionsmuster dienstorientierter Systeme sowie ein Klassifikationsmodell für Dienstgütemetriken eine geeignete Grundlage für die Auswahl adäquater *Aggregationsstrategien* dar und ermöglichen die (automatisierte) Berechnung verlässlicher Dienstgüteaussagen gegenüber dem Kunden. Die Durchsetzung bzw. Überwachung bestehender SLAs auf Ebene der diensterbringenden Systemelemente (Phase Betrieb) erfolgt durch die erneute Anwendung der zugrundeliegenden Modelle und Umkehrung der Mechanismen. Hierdurch werden spezifische Überwachungsprozesse und -werkzeuge entsprechend der feingranularen Zielvorgaben automatisiert parametrisiert. Mit dieser konsequenten Dekomposition der SLAs und der entsprechenden *Instrumentierung* unterschiedlicher Überwachungsverfahren fungieren die Dienstgütevereinbarungen nicht nur als Vertragsgrundlage zwischen Dienstgeber und Dienstnehmer, sondern auch als wirkungsvolles Mittel zur Steuerung der Qualitätssicherung in verteilten Systemen. Darüber hinaus ermöglicht der Ansatz durch die zentrale Koordination der Überwachung holistische und zugleich detaillierte Aussagen über den Zustand komplexer Dienste als Ganzes zu geben.

Evaluation: Im Rahmen dieser Arbeit wurden innovative Konzepte, Modelle und Systeme für eine effektive und effiziente Betriebsunterstützung dienstorientierter Systeme vorgestellt. Hierbei begegnet der Ansatz den identifizierten Herausforderungen der Problemdomäne und stellt einen wesentlichen Beitrag zum gegenwärtigen Stand der Technik dar. Neben der Bewertung der entwickelten Lösungen gegenüber den aufgestellten Anforderungen wurde die Anwendbarkeit und Eignung der integrated information map (i2map) auch in der Praxis demonstriert. Dies geschah im Besonderen durch den Einsatz der entwickelten Lösungsbausteine im Rahmen der Projekte „Karlsruher Integriertes InformationsManagement (KIM)" und „Einführung eines IT Service Management im Steinbuch Centre for Computing (SCC)" und resultierte in einer deutlichen Verbesserung der Betriebsunterstützung der betroffenen dienstorientierten Systeme. Die im Zuge des praktischen Einsatzes gewonnenen Erfahrungen bildeten wiederum einen wertvollen Beitrag für die kontinuierliche Verbesserung des gesamten Ansatzes. Des Weiteren wurde im Rahmen eines *umfragebasierten Experiments* die außerordentliche Fehleranfälligkeit der manuellen Spezifikation von Dienstgüteaussagen im Kontext dienstorientierter Systeme bestätigt und hierdurch das Potenzial der präsentierten Konzepte und Modelle zur konsistenten Definition von Dienstgüteaussagen für die Praxis aufgezeigt.

Darüber hinaus wurden die Ergebnisse dieser Arbeit im Rahmen zahlreicher Publikationen veröffentlicht und auf internationalen Konferenzen präsentiert bzw. mit Vertretern unterschiedlicher Fachbereiche diskutiert.

Weiterführende Arbeiten

Neben der effektiven und effizienten Betriebsunterstützung dienstorientierter Systemlandschaften stellen die im Rahmen dieser Arbeit präsentierten Methodiken, Modelle, Konzepte und Systeme eine Basis für weiterführende Arbeiten dar. In Bezug auf den Kernbeitrag der Arbeit – das semantische Informationsmodell – besteht in der sukzessiven Erweiterung der Ontologie eine wesentliche Aufgabe, um beispielsweise den technologischen Fortschritt im Modell kontinuierlich abzubilden. In diesem Zusammenhang stellt die Weiterentwicklung von effizienten Verfahren zur Zusammenführung von Ontologien vor dem Hintergrund der zunehmenden Verfügbarkeit von Ontologien eine wesentliche Grundlage für die Realisierung einer lückenlosen Konzeptualisierung der Problemdomäne dar.

Die Darstellungsmodelle zur graphischen Visualisierung dienstorientierter Systeme gestatten den verschiedenen Betreibergruppen die effektive Interaktion mit dem zugrundeliegenden homogenisierten Informationsraum. Hierbei stand die konsequente Reduzierung der betrieblichen Komplexität durch die bedarfsgerechte Bereitstellung der relevanten Sachverhalte im Vordergrund. Eine zweckmäßige Erweiterung der Arbeiten würde in der Unterstützung der direkten Konfiguration der dienstorientierten Systeme aus den graphischen Darstellungen heraus bestehen. Hierbei könnten beispielsweise im Falle von Systembeeinträchtigungen die Ursachen anhand der Sichten identifiziert und aus der Umgebung heraus behoben werden. In diesem Zusammenhang wäre der Einsatz ähnlicher Konzepte, wie sie bei der automatisierten Parametrisierung der Überwachungswerkzeuge zur Überwachung von SLAs entwickelt wurden, denkbar. Neben der konkreten visuellen Parametrisierung des gesamten Systems würde ein Ansatz zur vorgelagerten Simulation der Auswirkungen eine weitere Unterstützung des Betriebs darstellen.

Die Modelle und Mechanismen zur Definition und Durchsetzung konsistenter Dienstgütevereinbarungen stellen einen Ausgangspunkt für weiterführende Arbeiten in Bezug auf die Optimierung der Diensterbringung unter wirtschaftlichen Aspekten dar. Hierbei können mittels der im Rahmen dieser Arbeit präsentierten Ansätze zur automatisierten Dekomposition der Dienstgütevereinbarungen und zur feingranularen Überwachung der Zielvorgaben effektiv Leistungsengpässe und im Besonderen Überkapazitäten identifiziert werden. Eine Steigerung der Wirtschaftlichkeit dienstorientierter Systeme könnte in diesem Kontext über die Kopplung dieser Informationen mit neuartigen Modellen zur Kapazitätsplanung und -bereitstellung bzw. zur Preisgestaltung erzielt werden. Insbesondere im Zusammenhang der zunehmenden Verbreitung des *Cloud Computing* (Armbrust, Fox, Griffith, Joseph et al. 2009) und der damit verbundenen Möglichkeit der Ausgliederung von Kapazitäten bzw. der dynamischen und bedarfsorientierten Allokation von Ressourcen erscheinen weiterführende Arbeiten vielversprechend.

Abbildungsverzeichnis

Tabellenverzeichnis

Literaturverzeichnis

Ackermann, J., F. Brinkop, S. Conrad, P. Fettke, A. Frick, E. Glistau, H. Jaekel, O. Kotlar, P. Loos, H. Mrech, E. Ortner, U. Raape, S. Overhage, S. Sahm, A. Schmietendorf, T. Teschke und K. Turowski. (2002). *Standardized Specification of Business Components*. Abgerufen am 23.05.2005, 2005, unter: http://www.wi2.info/downl/gi-files/MEMO/Memorandum-english-final-included.pdf.

Agarwal, M. K., M. Gupta, G. Kar, A. Neogi und A. Sailer (2004). *Mining Activity Data for Dynamic Dependency Discovery in E-Business Systems*. Network and Service Management, IEEE Transactions on 1(2): S. 49-58. ISSN: 1932-4537.

Aier, S. und R. Winter (2009). *Virtuelle Entkopplung von fachlichen und IT-Strukturen für das IT/Business Alignment - Grundlagen, Architekturgestaltung und Umsetzung am Beispiel der Domänenbildung*. WIRTSCHAFTSINFORMATIK 51(2): S. 175-191. ISSN: 0937-6429.

Akella, J., K. Kanakamedala und R. P. Roberts (2006). *What's on CIO Agendas in 2007: A McKinsey Survey*. McKinsey & Company, 2 Seiten, Abgerufen am 05.07.2008, unter: http://www.mckinsey.de/downloads/publikation/mck_on_bt/2006/MoIT10_CIO.pdf.

Allerding, F., J. Buck, P. Freudenstein, B. Klosek, T. Höllrigl, W. Juling, B. Keuter, S. Link, F. Majer, A. Maurer, M. Nussbaumer, D. Ried und F. Schell (2008). *Integriertes Service-Portal zur Studienassistenz*. In Proceedings of Proceedings of INFORMATIK 2008, 38. Jahrestagung der Gesellschaft für Informatik. München, Germany, GI, ISBN: 978-3-88579-228-4.

Armbrust, M., A. Fox, R. Griffith, A. D. Joseph, R. Katz, A. Konwinski, G. Lee, D. Patterson, A. Rabkin, I. Stoica und M. Zaharia (2009). *Above the Clouds: A Berkeley View of Cloud Computing*. University of California Berkeley, 23 Seiten, Abgerufen am 10.02.2009, unter: http://d1smfj0g31qzek.cloudfront.net/abovetheclouds.pdf.

Asi, D. (2009). *Zusammenführung heterogener Managementinformationen zur Unterstützung eines einheitlichen IT-Service-Managements am SCC.*

Studienarbeit, Institut für Telematik, Universität Karlsruhe, Karlsruhe, 56 Seiten.

Au, C. (2006). *Servicebeschreibungen und -verzeichnisse in serviceorientierten Architekturen.* Diplomarbeit, Institut für Telematik, Universität Karlsruhe, Karlsruhe, 235 Seiten.

Baacke, D. (1997). *Medienpädagogik.* Niemeyer Max Verlag GmbH. 105 Seiten. ISBN: 978-3-484-37101-9.

Bagchi, S., G. Kar und J. Hellerstein (2001). *Dependency Analysis in Distributed Systems Using Fault Injection: Application to Problem Determination in an E-Commerce Environment.* In Proceedings of Proceedings of the 12th IFIP/IEEE International Workshop on Distributed Systems: Operations and Management (DSOM 2001). Nancy, France, INRIA Press.

Bakos, Y. und E. Brynjolfsson (2000). *Bundling and Competition on the Internet.* Marketing Science 19(1): S. 63-82. ISSN: 1526-548X.

Bandemer, M. und M. Kuppinger (2008). *Trend Report: IAM und SOA 2008.* Ernst & Young AG, 27 Seiten, Abgerufen am 06.11.2008, unter: http://www.kuppingercole.com/articles/iam_soa_2008_200408.

Basili, V., G. Caldiera und H. D. Rombach (1994). *Goal Question Metrics Paradigm.* John Wiley & Sons. 528-532 Seiten. ISBN: 978-0471540045.

Basu, S., F. Casati und F. Daniel (2008). *Toward Web Service Dependency Discovery for SOA Management.* In Proceedings of IEEE 5th International Conference on Services Computing (SCC 2008). Honolulu, Hawaii, USA, ISBN: 978-0-7695-3283-7.

Bechhofer, S., F. v. Harmelen, J. Hendler, I. Horrocks, D. L. McGuinness, P. F. Patel-Schneider und L. A. Stein. (2004). *OWL Web Ontology Language Reference.* World Wide Web Consortium (W3C). Abgerufen am 23.07.2007, unter: http://www.w3.org/TR/owl-ref/.

Berners-Lee, T. (1994). *Universal Resource Identifiers in WWW.* Internet Engineering Task Force, 28 Seiten, Abgerufen am unter: http://tools.ietf.org/html/rfc1630.

Berners-Lee, T., J. Hendler und O. Lassila (2001). *The Semantic Web.* Scientific American 284(5): S. 34-43.

Bieberstein, N., S. Bose, M. Fiammante, K. Jones und R. Shah (2006). *Service-Oriented Architecture (SOA) Compass: Business Value, Planning, and Enterprise Roadmap.* IBM Press Pearson Education. 272 Seiten. ISBN: 978-0-13-187002-4.

BMC Software Inc. (2006a). *BMC Atrium CMDB - Enable the Core of your IT infrastructure.* BMC Software Inc. Abgerufen am 21.11.2008, unter: http://documents.bmc.com/products/documents/19/66/61966/61966.pdf.

BMC Software Inc. (2006b). *BMC Remedy IT Service Management Suite - Integriertes Servicemanagement für Unternehmen.* BMC Software Inc. Abgerufen am

23.07.2007,   unter:
http://www.devoteam.ch/de/2/products/downloads/Remedy_ITSM_D.pdf.

BMC Software Inc. (2006c). *BMC Service Level Management 7.0 - Architecture*. BMC
Software Inc., 85 Seiten, Houston, TX, Abgerufen am 23.05.2009, unter:
http://documents.bmc.com/supportu/documents/60/85/66085/66085.pdf.

BMC Software Inc. (2006d). *BMC Service Level Management 7.0 - User's Guide*. BMC
Software Inc.,, 330 Seiten, Houston, TX, Abgerufen am 23.06.2009, unter:
http://documents.bmc.com/supportu/documents/09/57/60957/60957.pdf.

BMC Software Inc. (2007a). *BMC Atrium CMDB - Common Data Model 2.1.00*. BMC
Software   Inc.   Abgerufen   am   23.05.2008,   unter:
http://documents.bmc.com/supportu/documents/00/86/70086/70086.pdf.

BMC Software Inc. (2007b). *Concepts and Best Practices Guide*. BMC Software Inc.,
122 Seiten, Houston, TX, 70087, Abgerufen am 23.04.2008, unter:
http://documents.bmc.com/supportu/documents/00/87/70087/70087.pdf.

Bodenstaff, L., A. Wombacher, M. Reichert und M. Jaeger (2008). *Monitoring
Dependencies for SLAs: The MoDe4SLA Approach*. In Proceedings of IEEE 5th
International Conference on Services Computing (SCC 2008). Honolulu,
Hawaii, USA., ISBN: 978-0-7695-3283-7.

Brickley, D. und L. Miller. (2007). *FOAF Vocabulary Specification 0.91*. Abgerufen am,
unter: http://xmlns.com/foaf/spec/.

Brigl, B. (2007). *Das Drei-Ebenen-Metamodell (3LGM2) für die Modellierung von
Informationssystemen*. Institut für Medizinische Informatik, Statistik und
Epidemiologie (IMISE), 19 Seiten, Leipzig, Abgerufen am 23.02.2009, unter:
http://www.imise.uni-leipzig.de/Lehre/Semester/2006-07/AIG/3LGM2.pdf.

Brigl, B., A. Häber, T. Wendt und A. Winter (2004). *Ein 3LGM2 Modell des
Krankenhausinformationssystems des Universitätsklinikums Leipzig und seine
Verwertbarkeit für das Informationsmanagement*. In Proceedings of
Modellierung betrieblicher Informationssyteme - MobIS 2004. Essen, GI,
ISBN: 3-88579-369-5.

Britton, C. und P. Bye (2004). *IT Architectures and Middleware: Strategies for Building
Large, Integrated Systems*. Addison-Wesley Professional. 368 Seiten. ISBN:
978-0321246943.

Bruijn, J. d., C. Bussler, J. Domingue, D. Fensel, M. Hepp, U. Keller, M. Kifer, B. König-
Ries, J. Kopecky, R. Lara, H. Lausen, E. Oren, A. Polleres, D. Roman, J. Scicluna
und M. Stollberg. (2005a). *Web Service Modeling Ontology (WSMO)*. World
Wide Web Consortium (W3C). Abgerufen am 27.08.2007, unter:
http://www.w3.org/Submission/WSMO/.

Bruijn, J. d., D. Fensel, U. Keller, M. Kifer, H. Lausen, R. Krummenacher, A. Polleres
und L. Predoiu. (2005b). *Web Service Modeling Language (WSML)*. World
Wide Web Consortium (W3C). Abgerufen am 23.07.2008, unter:
http://www.w3.org/Submission/WSML/.

Buck, J., F. Majer, M. Schmitt, P. Freudenstein und M. Nussbaumer (2008). *Taglink: An Evolutionary Approach Towards Advanced Mobile Tagging Applications*. In Proceedings of 4th International Conference on Web Information Systems and Technologies (WEBIST). Funchal, Portugal, INSTICC Press, ISBN: 978-989-8111-27-2.

Buckl, S., A. Ernst, J. Lankes und F. Matthes (2008). *Enterprise Architecture Management Pattern Catalog, Version 1.0*. Software Engineering for Business Information Systems (sebis), 322 Seiten, München, TB 0801, Abgerufen am 23.11.2008, unter: http://eampc-wiki.systemcartography.info/file/EAMPatternCatalogV1.0.pdf.

Butler Group (2007). *SOA Platforms - Software Infrastructure Requirements for Successful SOA Deployments*. Butler Group, 324 Seiten, Hull, England, RT010607SOA, Abgerufen am unter: http://www.butlergroup.com/research/reportHomepages/soaplats.asp.

Cannon, D. und D. Wheeldon (2007). *ITIL: Service Operation*. London, The Stationery Office Ltd. 262 Seiten. ISBN: 978-0113310463.

Carlisle, F., J. Eisinger, M. Johnson, V. Kowalski, J. Mukerji, D. Snelling, W. Vambenepe, M. Waschke und V. Wiles (2009). *Configuration Management Database (CMDB) Federation Specification*. Distributed Management Task Force, 73 Seiten, Abgerufen am 15.07.2009, unter: http://www.dmtf.org/standards/published_documents/DSP0252_1.0.0.pdf.

Caswell, D. und S. Ramanathan (2000). *Using Service Models for Management of Internet Services*. IEEE Journal on Selected Areas in Communications 18(5): S. 686-701. ISSN: 0733–8716.

Chen, P. P.-S. (1976). *The Entity-Relationship Model - Toward a Unified View of Data*. ACM Trans. Database Syst. 1(1): S. 9-36. ISSN: 0362-5915.

Cherbakov, L., G. Galambos, R. Harishankar, S. Kalyana und G. Rackham (2005). *Impact of Service Orientation at the Business Level*. IBM Syst. J. 44(4): S. 653-668. ISSN: 0018-8670.

Chesbrough, H. und J. Spohrer (2006). *A Research Manifesto for Services Science*. Communication of the ACM 49(7): S. 35-40. ISSN: 0001-0782.

Chinnici, R., J.-J. Moreau, A. Ryman und S. Weerawarana. (2007). *Web Services Description Language (WSDL) Version 2.0 Part 1: Core Language*. World Wide Web Consortium (W3C). Abgerufen am 28.03.2008, unter: http://www.w3.org/TR/wsdl20/.

Cohen, F. und B. Bartel (2006). *Service Governance and Virtualization For SOA*. PushToTest, 11 Seiten, 07.11.2006. Abgerufen am 23.09.2008, unter: http://www.tibco.com/multimedia/wp-pushtotest_tcm8-709.pdf.

Collins, J., N. Macehiter, D. Vile und N. Ward-Dutton (2007). *The Technology Garden: Cultivating Sustainable IT-Business Alignment*. Chichester, England, John Wiley & Sons Ltd. 200 Seiten. ISBN: 9780470724064.

Cooper, A. (1999). *The Inmates Are Running the Asylum.* Sams. 288 Seiten. ISBN: 978-0672316494.

Curtis, E. T. und S. Eustis (2009). *Worldwide Services Oriented Architecture (SOA) Infrastructure Market Shares Strategies, and Forecasts, 2009 to 2015.* WinterGreen Research Inc., 954 Seiten, Lexington, MA, USA, SH24051315, Abgerufen am 05.05.2009, unter: http://www.wintergreenresearch.com/reports/Service%20Oriented%20Archi tecture%20(SOA)%20Infrastructure%20Market.htm.

Cyris, S. (2010). *t.b.a.* Diplomarbeit, Institut für Telematik, Karlsruher Institut für Technologie (KIT), Karlsruhe.

Developer Express Inc. (2009). *Developer Express XtraCharts Homepage.* Developer Express Inc. Abgerufen am 07.08.2009, unter: http://www.devexpress.com/Products/NET/Controls/Charting/.

Distributed Management Task Force Inc. (2007). *Web-Based Enterprise Management (WBEM) Homepage.* Distributed Management Task Force Inc., . Abgerufen am 23.02.2007, unter: http://www.dmtf.org/standards/wbem/.

Distributed Management Task Force Inc. (2009a). *CIM Infrastructure Specification, Version 2.5.0.* Distributed Management Task Force Inc., 125 Seiten, 01.05.2009. Abgerufen am 06.06.209, unter: http://www.dmtf.org/standards/published_documents/DSP0004_2.5.0.pdf.

Distributed Management Task Force Inc. (2009b). *CIM Schema, Version 2.21.0.* Abgerufen am 06.06.2009, unter: http://www.dmtf.org/standards/cim/cim_schema_v2210/.

Distributed Management Task Force Inc. (2009c). *Distributed Management Task Force Homepage.* Abgerufen am 24.02.2009, unter: http://www.dmtf.org/home.

Dublin Core Metadata Initiative. (2008). *DCMI Term Ceclarations Represented in RDF Schema Language.* Dublin Core Metadata Initiative. Abgerufen am 13.02.2008, unter: http://dublincore.org/schemas/rdfs/.

Economist Intelligence. (2006). *Business 2010 Embracing the challenge of change.* Abgerufen am 16.03.2009, unter: http://www12.sap.com/community/showdetail.epx?ItemID=7675.

Eisenhardt, K. M. und S. L. Brown. (1998). *Time Pacing: Competing in Markets That Won't Stand Still.* Abgerufen am 12.01.2007, unter: http://www.ncbi.nlm.nih.gov/pubmed/10177867.

Ellson, J., E. Gansner, L. Koutsofios, N. Stephen und G. Woodhull (2002). *Graphviz - Open Source Graph Drawing Tools* Graph Drawing 2265/2002: S. 594-597. ISSN: 978-3-540-43309-5.

Erl, T. (2005). *Service-Oriented Architecture: Concepts, Technology, and Design.* NJ, USA, Prentice Hall International. 792 Seiten. ISBN: 978-0131858589.

Farrell, J. und H. Lausen. (2007). *Semantic Annotations for WSDL and XML Schema.* World Wide Web Consortium (W3C). Abgerufen am 13 August 2008, unter: http://www.w3.org/TR/sawsdl/.

Finley, I. und B. Kraus (2008). *The SOA Market To Hit $51.9B in 2012.* AMR Research Inc, 9 Seiten, Boston, MA, USA, 21.06.2008. Abgerufen am 24.03.2009, unter: http://www.amrresearch.com/Content/View.aspx?compURI=tcm%3a7-37799.

Fisher, D. A. (2006). *An Emergent Perspective on Interoperation in Systems of Systems.* Software Engineering Institute, Carnegie Mellon University, 67 Seiten, Pittsburgh, USA, CMU/SEI-2006-TR-003, Abgerufen am 03.06.2008, unter: http://www.sei.cmu.edu/publications/documents/06.reports/06tr003.html.

Fowler, M. (1999). *Analysemuster : Wiederverwendbare Objektmodelle; [Ein Pattern-Katalog für Business-Anwendungen].* Bonn, Addison-Wesley-Longman. 386 Seiten. ISBN: 3-8273-1434-8.

Franke, H., M. Brey und N. Firchau (1998). *Produkt-Variantenvielfalt - Ursachen und Methoden zu ihrer Bewältigung.* VDI-Berichte 1434: S. 1-14. ISSN: 1434/1998.

Freudenstein, P. (2009). *Web Engineering for Workflow-based Applications: Models, Systems and Methodologies (Dissertation).* Karlsruhe, Universitätsverlag Karlsruhe 237 Seiten. ISBN: 978-3-86644-427-0.

Freudenstein, P., M. Boettger und M. Nussbaumer (2008). *Efficacious Reuse Support as Enabler for Cross-Methodological Web Engineering with Stakeholders.* In Proceedings of 8th International Conference on Web Engineering(ICWE2008). New York, USA, IEEE, ISBN: 978-0-7695-3261-5.

Freudenstein, P., L. Liu, F. Majer, A. Maurer, C. Momm, D. Ried und W. Juling (2006). *Architektur für ein universitätsweit integriertes Informations- und Dienstmanagement.* In Proceedings of INFORMATIK 2006 - Informatik für Menschen, Band 1, Beiträge der 36. Jahrestagung der Gesellschaft für Informatik e.V. (GI). Dresden, Germany, GI, ISBN: 978-3-88579-187-4.

Freudenstein, P., F. Majer und A. Maurer (2006). *SOA in der Praxis - eine Referenzarchitektur.* dot.net-magazin 11/2006: S. 22-27. ISSN: 1619-7933.

Freudenstein, P., F. Majer, A. Maurer, D. Ried und W. Juling (2007). *Wiederverwendungsorientierte Dienste für Universitäten.* In Proceedings of INFORMATIK 2007: Informatik trifft Logistik, Band 1, Beiträge der 37. Jahrestagung der Gesellschaft für Informatik e.V. (GI). Bremen, Germany, GI, ISBN: 978-3-88579-203-1.

Freudenstein, P., F. Majer und M. Nussbaumer (2008). *Agile WebPart-Entwicklung* dot.net-magazin 11/2008: S. 92-95. ISSN: 1619-7933.

Freudenstein, P., M. Nussbaumer, F. Majer und M. Gaedke (2007). *A Workflow-Driven Approach for the Efficient Integration of Web Services in Portals.* In Proceedings of IEEE International Conference on Services Computing 2007 (SCC 2007). Salt Lake City, USA, ISBN: 0-7695-2925-9.

Friedman, T. (2005). *Data Integration Forms the Technology Foundation of EIM.* Gartner Inc, 5 Seiten, Stamford, CT, USA, Abgerufen am 13.07.2008, unter: http://www.gartner.com/DisplayDocument?doc_cd=124151.

Fulton, L., D. D'Silva und R. Heffner (2008). *The Forrester Wave: SOA Service Life-Cycle Management, Q1 2008.* Forrester Research Inc., 11 Seiten, Cambridge, MA, USA, Abgerufen am 28.01.2008, unter: http://www.forrester.com/go?docid=43077.

Ganci, J., M. Flugrath, A. Manekar und M. Trasti (2007). *Best Practices for SOA Management.* IBM Corp., 192 Seiten, Poughkeepsie, NY, USA, Abgerufen am 06.08.2008, unter: http://www.redbooks.ibm.com/abstracts/redp4233.html.

Gardner, S. P. (2005). *Ontologies and Semantic Data Integration.* Drug Discovery Today 10(14): S. 1001-1007. ISSN: 1359-6446.

Gartner Inc. (2001). *Enterprise Applications-Adoption of E-Business and Document Technologies: 2000-2001 North America.* 6 Seiten, Abgerufen am 13.11.2008, unter: http://www.pagebid.com/newsletter/AIIM_ExSum_NA.pdf.

Garvin, D. A. (1987). *Competing on the Eight Dimensions of Quality* Harvard Business Review, 9 Seiten, Abgerufen am 25.07.2006, unter: http://cb.hbsp.harvard.edu/cb/web/product_detail.seam?R=87603-PDF-ENG&conversationId=96004&E=54237.

Genovese, Y., S. Hayward, G. Phifer, D. C. Plummer, J. Comport und D. M. Smith (2005). *Flexibility Drives the Emergence of the Business Process Platform* Gartner Inc., 8 Seiten, Stamford, CT, USA, Abgerufen am 03.11.2008, unter: http://www.aepex.com/docs/Gartner%20Business%20Process%20Platform.pdf.

Golubev, V. (2009). *Semantic Web-basierte Überwachung funktionaler Aspekte in dienstorientierten Systemen.* Diplomarbeit, Institut für Telematik, Universität Karlsruhe, Karlsruhe, 104 Seiten.

Google Inc. (2009). *Google Maps API Concepts.* Abgerufen am 13.01.2009, unter: http://code.google.com/intl/en/apis/maps/documentation/.

Gootzit, D., G. Phifer, R. Valdes, N. Drakos, A. Bradley, K. Harris, D. Sholler, M. Pezzini, Y. V. Natis, B. Gassman, D. M. Smith, D. W. Cearley, R. W. Schulte, S. Prentice, N. Gall, W. Clark und A. Lapkin (2008). *Hype Cycle for Web and User Interaction Technologies, 2008.* Gartner Inc., 47 Seiten, G00159447, 07.07.2008. Abgerufen am 20.05.2009, unter: http://www.near-time.org/pdf/hype_cycle.pdf.

Ha, Y.-g., J.-c. Sohn und Y.-j. Cho (2005). *OWLer: A Semantic Web Ontology Inference Engine.* In Proceedings of The 7th International Conference on Advanced Communication Technology (ICACT 2005).

Haas, H. und A. Brown (2004). *Web Services Glossary.* Seiten, Abgerufen am 10.02.2009, unter: http://dev.w3.org/2002/ws/arch/glossary/wsa-glossary.html#loosecoupling.

Haase, P., R. Palma und H. Lewen. (2009). *OntoWare:OMV - Ontology Metadata Vocabulary*. Institut für Angewandte Informatik und Formale Beschreibungsverfahren (AIFB). Abgerufen am 21.02.2009, unter: http://ontoware.org/projects/omv/.

Hartmann, J., R. Palma, Y. Sure, M. d. C. Suárez-Figueroa, P. Haase, A. Gómez-Pérez und R. Studer (2005). *Ontology Metadata Vocabulary and Applications*. In Proceedings of International Conference on Ontologies, Databases and Applications of Semantics. In Workshop on Web Semantics (SWWS). Agia Napa, Cyprus, Springer, ISBN: 3-540-29739-1.

Heffner, R., C. Schwaber, J. Browne, T. Sheedy, G. Leganza und J. Stone (2007). *Planned SOA Usage Grows Faster Than Actual SOA Usage*. Forrester Research Inc., 19 Seiten, Cambridge, MA, USA, Abgerufen am 12.11.2008, unter: http://www.forrester.com/Research/Document/Excerpt/0,7211,41686,00.html.

Hentrich, C. und U. Zdun (2006). *Patterns for Business Object Model Integration in Process-Driven and Service-Oriented Architectures*. In Proceedings of 11th European Conference on Pattern Languages of Programs (EuroPLoP 2006). Portland, Oregon, ACM, ISBN: 978-1-60558-372-3.

Hermsdörfer, D. (2004). *Generische Informationsmodellierung. Semantische Brücke zwischen Daten und Diensten.* Wichmann. 228 Seiten. ISBN: 978-3879074266.

Hewlett-Packard Development Company. (2009). *Jena – A Semantic Web Framework for Java* Abgerufen am 10.09.2008, unter: http://jena.sourceforge.net/.

HIS Hochschul-Informations-System GmbH. (2009). *Lehre, Studium, Forschung Homepage*. Abgerufen am 13.02.2009, unter: http://www.his.de/abt1/ab10.

Hobbs, J. R. und F. Pan. (2006). *Time Ontology in OWL* Abgerufen am 25.08.2008, unter: http://www.w3.org/TR/owl-time/.

Höllrigl, T. und F. Schell (2005). *Ein Unterstützungswerkzeug zur Anforderungsanalyse im Web Engineering*. Diplomarbeit, Institut für Telematik, Universität Karlsruhe, Karlsruhe, 154 Seiten.

Holsapple, C. W. und K. D. Joshi (2002). *A Collaborative Approach to Ontology Design*. Commun. ACM 45(2): S. 42-47. ISSN: 0001-0782.

Horrocks, I., P. F. Patel-schneider und F. v. Harmelen (2003). *From SHIQ and RDF to OWL: The Making of a Web Ontology Language*. Journal of Web Semantics 1(1): S. 7-26. ISSN: 1570-8268.

Huber, T. (2008). *Evaluierung von Technologien aus dem Semantic Web für den Einsatz in serviceorientierten Systemen*. Diplomarbeit, Institut für Telematik, Universität Karlsruhe, Karlsruhe, 106 Seiten.

Humm, B., M. Voß und A. Hess (2006). *Regeln für serviceorientierte Architekturen Hoher Qualität*. Informatik Spektrum 29(6): S. 395-410. ISSN: 0170-6012.

Hutchinson, J., G. Kotonya, J. Walkerdine, P. Sawyer, G. Dobson und V. Onditi (2007). *Evolving Existing Systems to Service-Oriented Architectures: Perspective and*

Challenges. In Proceedings of IEEE International Conference on Web Services (ICWS 2007). Salt Lake City, IEEE Computer Society, ISBN: 0-7695-2924-0.

IBM Corporation (2007). *Making Business Better: Business Process Management Enabled by SOA.* 12 Seiten, Abgerufen am 13.01.2009, unter: http://www.itworldcanada.com/Admin/Pages/Assets/DisplayAsset.aspx?id=f c675f5e-8c71-447c-9d9b-58b7fb24cd55.

IBM Corporation (2008). *Gain Strategic Insight into Business Services and Optimize Availability and Performance.* IBM Corporation, 6 Seiten, Somers, NY, GMS14006-USEN-00, Abgerufen am 23.02.2009, unter: ftp://ftp.software.ibm.com/software/tivoli/solutionsheets/strategic-insight-Solution-sheet.pdf.

IBM Corporation. (2009). *Web Service Level Agreements (WSLA) Project Homepage.* IBM Corporation. Abgerufen am 21.11.2008, unter: http://www.research.ibm.com/wsla/.

Ibrahim, M. und G. Long. (2007). *Service-Oriented Architecture and Enterprise Architecture, Part 1: A Framework for Understanding how SOA and Enterprise Architecture Work Together.* Abgerufen am 13.11.2007, unter: http://www.ibm.com/developerworks/webservices/library/ws-soa-enterprise1/?S_TACT=105AGX22&S_CMP=ISSUE.

International Organization for Standardization (2004). *ISO/IEC 11179: Information Technology - Metadata Registries (MDR).* International Organization for Standardization, 32 Seiten, Genève, Switzerland, 16.09.2004. Abgerufen am unter: http://www.iso.org/iso/iso_catalogue/catalogue_tc/catalogue_detail.htm?cs number=31367.

International Organization for Standardization (2005). *ISO/IEC 25000:2005: Software Engineering - Software product Quality Requirements and Evaluation (SQuaRE).* International Organization for Standardization, 41 Seiten, Genève, Switzerland, 27.07.2005. Abgerufen am 22.01.2009, unter: http://www.iso.org/iso/iso_catalogue/catalogue_tc/catalogue_detail.htm?cs number=35683.

Internet Assigned Numbers Authority. (2009). *IANAifType-MIB DEFINITIONS.* Internet Assigned Numbers Authority (IANA). Abgerufen am 23.05.2009, unter: http://www.iana.org/assignments/ianaiftype-mib.

Iqbal, M. und M. Nieves (2007). *ITIL: Service Strategy.* London, The Stationery Office Ltd. 276 Seiten. ISBN: 978-0113310456.

Jones, S. (2005). *Toward an Acceptable Definition of Service.* IEEE Software 22(3): S. 87-93. ISSN: 0740-7459.

Juling, W. (2005). *KIM Project Homepage.* Abgerufen am 25.03.2008, unter: http://www.kim.uni-karlsruhe.de/.

Kajko-Mattsson, M., G. A. Lewis und D. B. Smith (2007). *Roles for Maintenance and Evolution of SOA-Based Systems.* In Proceedings of 11th European Conference on Software Maintenance and Reengineering. Amsterdam, The Netherlands, ISBN: 0-13-234482-3.

Karlsruher Institut für Technologie. (2009). *Der KIT-Campusplan*. Karlsruher Institut für Technologie. Abgerufen am 13.03.2009, unter: http://studium.kit.edu/Campusplan.

Keel, A. J., M. A. Orr, R. R. Hernandez, E. A. Patrocinio und J. Bouchard (2007). *From a Technology-Oriented to a Service-Oriented Approach to IT Management*. IBM Syst. J. 46(3): S. 549-564. ISSN: 0018-8670.

Keller, A., H. Kreger und K. Schopmeyer (2001). *Towards a CIM Schema for RunTime Application Management*. In Proceedings of 12th IFIP/IEEE International Workshop on Distributed Systems: Operations and Management (DSOM 2001). Nancy, France.

Keller, A. und H. Ludwig (2002). *Defining and Monitoring Service-Level Agreements for Dynamic e-Business*. In Proceedings of 16th USENIX Conference on System Administration. Philadelphia, PA, USENIX Association.

Kim, E. und Y. Lee. (2005). *Quality Model for Web Services v2.0*. Organization for the Advancement of Structured Information Standards. Abgerufen am 21.7.2006, unter: http://www.oasis-open.org/committees/download.php/15910/WSQM-ver-2.0.doc.

Kimble, C., P. Hildreth und D. Grimshaw (1998). *The Role of Contextual Clues in the Creation of Information Overload*. In Proceedings of 3rd UK Academy for Information Systems Conference (UKAIS). Lincoln University, McGraw Hill, ISBN: 0077094549.

Klyne, G. und J. J. Carroll. (2004). *Resource Description Framework (RDF): Concepts and Abstract Syntax*. World Wide Web Consortium (W3C). Abgerufen am 27.07.2007, unter: http://www.w3.org/TR/rdf-concepts/.

Komiyama, T. (2008). *Usability Evaluation Based on International Standards for Software Quality Evaluation*. NEC Technical Journal 3(02/2008): S. 27-32.

Kontogiannis, K., G. A. Lewis und D. B. Smith (2008). *A Research Agenda for Service-Oriented Architecture*. In Proceedings of 2nd international workshop on Systems development in SOA environments (SDSOA '08). Leipzig, Germany, ACM, ISBN: 978-1-60558-029-6.

Kopperger, D., J. Kunsmann und A. Weisbecker (2007). *IT-Servicemanagement*. In: Handbuch IT-Management. Konzepte, Methoden, Lösungen und Arbeitshilfen für die Praxis. E. Tiemeyer. Hanser Verlag. 2. Auflage: S. 121-254. ISBN: 978-3446413283.

Kossmann, D. und F. Leymann (2004). *Web Services*. Informatik-Spektrum 27(2): S. 117-128. ISSN: 0170-6012.

Kryza, B., J. Pieczykolan, M. Majewska, J. Kitowski und R. Slota. (2007). *Grid Organizational Memory Homepage*. Grid Organizational Memory Group. Abgerufen am 27.03.2007, unter: http://zeus72.cyf-kr.edu.pl/web/space/Welcome.

Küttel, J. (2007). *Überwachung von Web Services anhand von Dienstgütevereinbarungen.* Studienarbeit, Institut für Telematik, Universität Karlsruhe, Karlsruhe, 60 Seiten.

Lankes, J., F. Matthes und A. Wittenburg (2005). *Softwarekartographie: Systematische Darstellung von Anwendungslandschaften* In: Wirtschaftsinformatik 2005. Otto K. Ferstl, Elmar J. Sinz, S. Eckert und T. Isselhorst. Physica-Verlag HD. S. 1443-1462. ISBN: 978-3-7908-1574-0.

Linthicum, D. S. (1999). *Enterprise Application Integration.* Amsterdam, Addison-Wesley Longman. 400 Seiten. ISBN: 978-0201615838.

Lloyd, V. und C. Rudd (2007). *ITIL: Service Design.* London, The Stationery Office Ltd. 334 Seiten. ISBN: 978-0113310470.

Ludwig, H., A. Keller, A. Dan, R. P. King und R. Franck (2003). *Web Service Level Agreement (WSLA) Language Specification.* IBM Corporation Inc., 110 Seiten, Abgerufen am 24.03.2007, unter: http://www.research.ibm.com/wsla/WSLASpecV1-20030128.pdf.

Lyman, P. und H. R. Varian (2003). *How Much Information 2003?* UC Berkeley, 112 Seiten, Berkeley, CA, 27.10.2003. Abgerufen am 26.05.2008, unter: http://www2.sims.berkeley.edu/research/projects/how-much-info-2003/printable_report.pdf.

Mabrouk, N. B., N. Georgantas und V. Issarny (2009). *A Semantic QoS Model for Dynamic Service Oriented Environments.* In Proceedings of Principles of Engineering Service Oriented Systems (PESOS 2009). Vancouver, Canada.

MacKay, D. J. C. (2003). *Information Theory, Inference and Learning Algorithms.* Cambridge University Press. 550 Seiten. ISBN: 978-0521642989.

Maedche, A., B. Motik, L. Stojanovic, R. Studer und R. Volz (2003). *An Infrastructure for Searching, Reusing and Evolving Distributed Ontologies.* In Proceedings of Proceedings of the 12th International Conference on World Wide Web. Budapest, Hungary, ACM.

Majer, F., P. Freudenstein und M. Nussbaumer (2008). *Roadmap towards Lifecycle Support for Highly Distributed Web-based Systems.* In Proceedings of 8th International Conference on Web Engineering(ICWE2008). New York, USA, Institute of Electrical and Electronics Engineers (IEEE), ISBN: 978-0-7695-3261-5.

Majer, F., J. Meinecke und P. Freudenstein (2007). *Die Landkarte – Rahmenwerk zur Unterstützung von Evolution und Betrieb Serviceorientierter Architekturen.* In Proceedings of Workshop Integriertes Informationsmanagement an Hochschulen : Quo vadis Universität 2.0? Karlsruhe, Germany, ISBN: 978-3-86644-112-5.

Majer, F., M. Nussbaumer und P. Freudenstein (2009). *Operational Challenges and Solutions for Mashups – An Experience Report.* In Proceedings of 2nd Workshop on Mashups, Enterprise Mashups and Lightweight Composition on the Web (MEM 2009), held in conjunction with 18th International World

Wide Web Conference (WWW 2009). Madrid, Spain, ISBN: 978-1-60558-487-4.

Majer, F., M. Nussbaumer und M. Gaedke (2008). *A Descriptive Approach for the Lifecycle Support of Distributed Web-Based Systems*. In Proceedings of Fourth International Conference on Web Information Systems and Technologies. Funchal, Spain, INSTICC Press, ISBN: 978-989-8111-26-5.

Majer, F., M. Nussbaumer, D. Riexinger und V. Simon (2009). *Service-oriented Event Assessment – Closing the Gap of Compliance Management*. In Proceedings of INFORMATIK 2009 – Im Focus das Leben, Beiträge der 39. Jahrestagung der Gesellschaft für Informatik. Lübeck, Germany, GI, ISBN: 978-3-88579-248-2.

Mannisto, T., H. Peltonen und R. Sulonen (1996). *View to Product Configuration Knowledge Modelling and Evolution*. In Proceedings of Association for the Advancement of Artificial Intelligence 1996 Fall Symposium. Cambridge, MA, AAAI Press.

Martin, D., M. Burstein, J. Hobbs, O. Lassila, D. McDermott, S. McIlraith, S. Narayanan, M. Paolucci, B. Parsia, T. Payne, E. Sirin, N. Srinivasan und K. Sycara. (2004). *OWL-S: Semantic Markup for Web Services*. World Wide Web Consortium (W3C). Abgerufen am 22.11 2006, unter: http://www.w3.org/Submission/2004/SUBM-OWL-S-20041122/.

MATERNA GmbH (2009). *Hohe Qualität durch Automatisierung von Services*. Materna Monitor: S. 8-12. ISSN: 1610-2142.

Matthes, F. (2008a). *Softwarekartographie*. Abgerufen am 23.11.2008, unter: http://www.oldenbourg.de:8080/wi-enzyklopaedie/lexikon/is-management/Systementwicklung/Softwarearchitektur/Architekturentwicklung/Software-Kartographie.

Matthes, F. (2008b). *Softwarekartographie*. Informatik Spektrum 31(6): S. 527-536. ISSN: 0170-6012.

Meinecke, J., M. Gaedke, F. Majer und A. Brändle (2006). *Capturing the Essentials of Federated Systems*. In Proceedings of Proceedings of the 15th international conference on World Wide Web. Edinburgh, Scotland, ACM, ISBN: 1-59593-323-9.

Meinecke, J., M. Gaedke, F. Majer und A. Brändle (2007). *Modeling and Managing Federated Web-based Systems*. In Proceedings of 3rd International Conference on Web Information Systems and Technologies (WEBIST). Barcelona, Spain, ISBN: 978-972-8865-77-1.

Meinecke, J., F. Majer und M. Gaedke (2007a). *Component-Based Content Linking Beyond the Application*. In Proceedings of 7th International Conference on Web Engineering (ICWE 2007). Como, Italy, Springer, ISBN: 978-3-540-73596-0.

Meinecke, J., F. Majer und M. Gaedke (2007b). *Construction by Linking: The Linkbase Method*. In Proceedings of Sixteenth International World Wide Web Conference (WWW). Banff, Canada, ACM, ISBN: 978-1-59593-654-7.

Merrill, D. (2006). *Mashups: The New Breed of Web App*. Abgerufen am 15.02.2009, unter: http://www.ibm.com/developerworks/xml/library/x-mashups.html.

Mertens, P. (2007). *Integrierte Informationsverarbeitung 1: Operative Systeme in der Industrie*. Wiesbaden, Gabler. 305 Seiten. ISBN: 978-3-8349-0626-7.

Metzger, K. (2010). *Arbeitstitel: Entwicklung von Modellen und Methoden zur konsistenten Definition von Service Level Agreements in dienstorientierten Architekturen*. Diplomarbeit, Institut für Telematik, Karlsruher Institut für Technologie (KIT), Karlsruhe.

Microsoft Corporation. (2009). *Microsoft System Center Homepage*. Microsoft Corporation. Abgerufen am 13.03.2008, unter: http://www.microsoft.com/germany/systemcenter/default.mspx.

Milgram, S. und D. Jodelet (1976). *Psychological Maps of Paris*. In: Environmental psychology. H. Proshansky, W. Ittelson und L. Rivlin. New York, Holt, Rinehart, and Winston. S. 104-124. ISBN: 978-0030896798.

Mokhtar, S., D. Preuveneers, N. Georgantas, V. Issarny und Y. Berbers (2008). *EASY: Efficient SemAntic Service DiscoverY in Pervasive Computing Environments with QoS and Context Support*. J. Syst. Softw. 81(5): S. 785-808. ISSN: 0164-1212.

Morschel, R. (2008). *How to Apply ITIL to SOA Operations Management*. SYS-CON Media. Abgerufen am 19.01.2009, unter: http://education.sys-con.com/node/702159?page=0%2C1.

Murer, S., C. F. Worms und F. J. Furrer (2008). *Managed Evolution*. Informatik Spektrum 31(6): S. 537-547. ISSN: 0170-6012.

Musa, J. D. (2004). *Software Reliability Engineering: More Reliable Software Faster and Cheaper*. AuthorHouse Inc. 632 Seiten. ISBN: 978-1418493882.

MWRG. (2009). *IT Management and Web Engineering Research Site*. IT Management and Web Engineering Research Group (MWRG), Institut für Telematik, Karlsruher Institut für Technologie (KIT). Abgerufen am 16.08.2009, unter: http://research.tm.uka.de.

Nagios Enterprises. (2009). *Nagios Homepage*. Nagios Enterprises. Abgerufen am 21.03.2008, unter: http://www.nagios.org/.

Nanard, J. und M. Nanard (1995). *Hypertext Design Environments and the Hypertext Design Process*. Communications of the ACM 38(8): S. 49-56. ISSN: 0001-0782.

Navigli, R. und P. Velardi (2004). *Learning Domain Ontologies from Document Warehouses and Dedicated Web Sites*. Computational Linguistics 30(2): S. 151-179. ISSN: 0891-2017.

Nelson, T. H. (1965). *Complex Information Processing: A File Structure for the Complex, the Changing and the Indeterminate*. Proceedings of the 1965 20th National Conference. Cleveland, Ohio, United States, ACM. Seiten.

Nussbaumer, M. (2008). *Entwicklung und Evolution dienstorientierter Anwendungen im Web Engineering (Dissertation).* Karlsruhe, Universitätsverlag Karlsruhe 212 Seiten. ISBN: 978-3-86644-208-5.

O'Donnell, G. und C. Casanova (2009). *The CMDB Imperative: How to Realize the Dream and Avoid the Nightmares.* Boston, MA, Prentice Hall International. 368 Seiten. ISBN: 978-0137008377.

O'Donnell, G., P. O'Neill, E. Hubbert, C. Kane und L. E. Nelson (2008). *Managing the IT Management Software Portfolio.* Forrester Research Inc, 11 Seiten, Cambridge, MA, USA, 25.06.2008. Abgerufen am 23.10.2008, unter: http://www.forrester.com/Research/Document/Excerpt/0,7211,46652,00.ht ml.

OASIS (2006a). *Reference Model for Service Oriented Architecture 1.0.,* 31 Seiten, 12 October 2006. Abgerufen am 13.05.2007, unter: http://docs.oasis-open.org/soa-rm/v1.0/soa-rm.pdf.

OASIS (2006b). *SOA Adoption Blueprint "Generico".* 182 Seiten, 27 March 2006. Abgerufen am 15.08.2007, unter: http://www.oasis-open.org/committees/download.php/17616/06-04-00002.000.doc.

Object Management Group. (2009). *Unified Modeling Language (UML), version 2.2.* Abgerufen am 9.5.2009, unter: http://www.omg.org/technology/documents/formal/uml.htm.

Office of Government Commerce (2007). *The Introduction to the ITIL Service Lifecycle Book.* The Stationery Office Ltd 238 Seiten. ISBN: 978-0113310616.

Papazoglou, M. und W.-J. Heuvel (2007). *Service Oriented Architectures: Approaches, Technologies and Research Issues.* The VLDB Journal 16(3): S. 389-415. ISSN: 1066-8888.

Papazoglou, M. P. und D. Georgakopoulos (2003). *Service-oriented Computing.* Communications of the ACM 46(10): S. 24-28. ISSN: 0001-0782.

Papazoglou, M. P., P. Traverso, S. Dustdar und F. Leymann (2007). *Service-Oriented Computing: State of the Art and Research Challenges.* Computer 40(11): S. 38-45. ISSN: 0018-9162.

Parasuraman, A., V. Zeithaml und L. Berry (1988). *SERVQUAL: A Multiple-Item Scale for Measuring Consumer Perception of Service Quality.* Journal of Retailing 64(1): S. 12-40.

Pehlivanov, R. (2009). *Anforderungsanalyse für Unterstützungswerkzeuge im IT Service Management.* Studienarbeit, Institut für Telematik, Universität Karlsruhe, Karlsruhe, 67 Seiten.

Pettey, C. und H. Stevens. (2009). *Gartner Identifies New Approach for Enterprise Architecture.* Gartner, Inc. Abgerufen am 24.08.2009, unter: http://www.gartner.com/it/page.jsp?id=1124112.

Piller, F. T. (2006). *Mass Customization: Ein Wettbewerbsstrategisches Konzept im Informationszeitalter* Gabler. 426 Seiten. ISBN: 978-3835003552.

Prieto-Diaz, R. (2003). *A Faceted Approach to Building Ontologies*. In Proceedings of IEEE International Conference on Information Reuse and Integration (IRI 2003). Harrisonburg, VA, ISBN: 0-7803-8242-0.

Prud'hommeaux, E. und A. Seaborne. (2008). *SPARQL Query Language for RDF*. Abgerufen am 19.04.2008, unter: http://www.w3.org/TR/rdf-sparql-query/.

Pruitt, J. und J. Grudin (2003). *Personas: Practice and Theory*. In Proceedings of Proceedings of the 2003 Conference on Designing for User Experiences. San Francisco, California, ACM, ISBN: 1-58113-728-1.

Quantz, J. und T. Wichmann (2003). *Basisreport Integration mit Web Services*. Berlecon Research, 112 Seiten, Abgerufen am 24.05.2006, unter: http://www.berlecon.de/research/index.php?we_objectID=135.

Quast, M. (2010). *Arbeitstitel: Nutzung von Kontextinformationen für die Anpassung von graphischen Darstellungen*. Studienarbeit, Institut für Telematik, Karlsruher Institut für Technologie (KIT), Karlsruhe.

Quirolgico, S., P. Assis, A. Westerinen, M. Baskey und E. Stokes (2004). *Toward a Formal Common Information Model Ontology*. In Proceedings of Web Information Systems - WISE 2004 Workshops: WISE 2004. Brisbane, Australia, Springer, ISBN: 3-540-23892-1.

Reisch, M. (2010). *Rahmenwerk für die bedarfsträgerorientierte Visualisierung dienstorientierter Systeme*. Diplomarbeit, Institut für Telematik, Karlsruher Institut für Technologie (KIT), Karlsruhe.

Research and Markets (2007). *Advisory Note: SOA and the CMDB*. Research and Markets, 3 Seiten, Dublin, Ireland, Abgerufen am 28.06.2008, unter: http://www.researchandmarkets.com/reports/585883.

Richter, J.-P., H. Haller und P. Schrey (2005). *Serviceorientierte Architektur* Informatik-Spektrum 28(5): S. 413-416. ISSN: 0170-6012.

Roch, E. (2007, 14.12.2007). *Overcoming SOA Infrastructure Complexity*. Abgerufen am 14.12.2007, unter: http://it.toolbox.com/blogs/the-soa-blog/overcoming-soa-infrastructure-complexity-21233.

Rudolph, S., T. Böhmann und H. Krcmar (2008). *Struktur von IT-Servicekatalogen: Ein Praxisorientierter Gestaltungsvorschlag für die Dokumentation des IT-Leistungsangebots*. In Proceedings of Multikonferenz Wirtschaftsinformatik (MKWI 2008). München, GITO-Verlag, ISBN: 978-3-940019-34-9.

Rusher, J. (2009). *Triple Store*. Abgerufen am 19.02.2009, unter: http://www.w3.org/2001/sw/Europe/events/20031113-storage/positions/rusher.html.

Schmietendorf, A., R. Dumke, D. Reitz, P. Fettke und P. Loos (2003). *Erfahrungen im Umgang mit der Spezifikation von Web Services*. In Proceedings of 4. Workshop im Rahmen der Modellierung betrieblicher Informationssysteme (MobIS). Bamberg, ISBN: 1619-8980.

Shamsfard, M. und A. A. Barforoush (2003). *The State of the Art in Ontology Learning: A Framework for Comparison*. Knowledge Engineering Review 18(4): S. 293-316. ISSN: 0269-8889.

Shooman, M. L. (1983). *Software Engineering: Design, Reliability, and Management*. McGraw-Hill Inc. 704 Seiten. ISBN: 978-0070570214.

Shvaiko, P. und J. Euzenat (2005). *A Survey of Schema-Based Matching Approaches*. Journal on Data Semantics IV: S. 146-171. ISSN: 0302-9743.

Simon, V. (2009). *Dienstbasierte Kontexterstellung in verteilten Systemen zur Unterstützung des Compliance Managements*. Diplomarbeit, Institut für Telematik, Universität Karlsruhe, Karlsruhe, 75 Seiten.

Singh, K. (2007). *Development of a Service for the Prolog-Based Reasoning in Semantic Data*. Studienarbeit, Institut für Telematik, Universität Karlsruhe, Karlsruhe, 43 Seiten.

Sprott, D. und L. Wilkes. (2004). *Understanding Service-Oriented Architecture*. CBDI Forum. Abgerufen am 12.08.2006, unter: http://msdn.microsoft.com/en-us/library/aa480021.aspx.

Staab, S. und R. Studer (2004). *Handbook on Ontologies*. Springer Verlag Berlin Heidelberg. 660 Seiten. ISBN: 978-3540408345.

Tran, H., U. Zdun und S. Dustdar (2007). *View-Based and Model-Driven Approach for Reducing the Development Complexity in Process-Driven SOA*. In Proceedings of 1st International Working Conference on Business Process and Services Computing (BPSC 2007). Leipzig, September 25-26, 2007. GI, ISBN: 978-3-88579-210-9.

Tserpes, K., D. Kyriazis, A. Menychtas, T. A. Varvarigou, F. Silvestri und D. Laforenza (2007). *An Open Architecture for QoS Information in Business Grids*. In Proceedings of CoreGRID Symposium 2007. Rennes, France, Springer, ISBN: 978-0-387-72497-3.

Turner, M. J. (2006a). *IT Service Management Vendor Report Card 2006* Ovum Inc., 24 Seiten, London, 07.12.2006. Abgerufen am unter: ftp://ftp.software.ibm.com/software/tivoli/casestudies/report-card-turner-12-06.pdf.

Turner, M. J. (2006b). *Survey Finds IT Management Upgrades Required for SOA Runtime Success*. Ovum Ltd., 19 Seiten, Abgerufen am 27.09.2007, unter: http://store.ovum.com/Product.asp?tnpid=&tnid=&pid=38387&cid=0.

Tversky, B. (1993). *Cognitive Maps, Cognitive Collages, and Spatial Mental Models*. LNCS 716/1993: S. 14-24. ISSN: 0302-9743.

Uebernickel, F., C. Bravo-Sànchez, R. Zarnekow und W. Brenner (2006). *Eine Vorgehensmethodik zum IT-Produktengineering*. In Proceedings of Multikonferenz für Wirtschaftsinformatik 2006 (MKW2006). Passau, GITO-Verlag, ISBN: 978-3-936771-61-9.

Uschold, M. und M. King (1995). *Towards a Methodology for Building Ontologies*. In Proceedings of Workshop on Basic Ontological Issues in Knowledge Sharing held in conjunction with IJCAI-95. Montreal.

Vogel, O., I. Arnold, A. Chughtai, E. Ihler, T. Kehrer, U. Mehlig und U. Zdun (2009). *Software-Architektur: Grundlagen - Konzepte - Praxis*. Heidelberg, Spektrum Akademischer Verlag. 556 Seiten. ISBN: 978-3-8274-1933-0.

Ward, C. und C. Bartolini. (2006). *IT Service Management in a Service Oriented Environment: Best Practices, Challenges, and Shared Experiences*. International Conference on Service Oriented Computing (ICSOC) 2006. Abgerufen am 15.04.2008, unter: http://www.hpl.hp.com/personal/Claudio_Bartolini/download/ICSOC%20ITS M%20SOA%20cam%20ready.pdf.

Westerinen, A. (2004). *Why CIM? CIM in Grid Standards*. Cisco Systems Inc. Abgerufen am 23.11.2008, unter: http://forge.gridforum.org/sf/docman/do/downloadDocument/projects.cgs-wg/docman.root.meeting_materials_and_minutes.ggf10/doc4910;jsessionid =D3DA3F97299E1496D0A18819F57FCC74.

Westerinen, A., J. Schnizlein, J. Strassner, M. Scherling, B. Quinn, S. Herzog, A. Huynh, M. Carlson, J. Perry und S. Waldbusser (2001). *RFC 3198: Terminology for Policy-Based Management*. The Internet Society (ISOC), 21 Seiten, Abgerufen am 12.09.2008, unter: http://tools.ietf.org/html/rfc3198.

WI-KobAS. (2009). *Komponentenorientierte betriebliche Anwendungssysteme Gesellschaft für Informatik*. Arbeitskreis Komponentenorientierte betriebliche Anwendungssysteme Abgerufen am 13.06.2008, unter: http://www.fachkomponenten.de/.

Wiegers, K. E. (1999). *Software Requirements*. Microsoft Press. 544 Seiten. ISBN: 978-0735606319.

Wil M. P. van der Aalst, A. H. M. t. Hofstede, B. Kiepuszewski und A. P. Barros (2003). *Workflow Patterns*. Distributed and Parallel Databases 14(1): S. 5-51. ISSN: 0926-8782.

Windley, P. (2006). *SOA Governance: Rules of the Game*. 5 Seiten, Abgerufen am 12.03.2009, unter: http://akamai.infoworld.com/pdf/special_report/2006/04SRsoagov.pdf.

Winter, A., B. Brigl, G. Funkat, A. Häber, O. Heller und T. Wendt (2007). *3LGM2-Modeling to Support Management of Health Information Systems*. International Journal of Medical Informatics 76(2): S. 145-150. ISSN: 1386-5056.

Wittmer, J. (2006). *Konzeption und Implementierung einer serviceorientierten Architektur für die sichere B2B-Kommunikation*. Diplomarbeit, Institut für Telematik, Universität Karlsruhe, Karlsruhe, 119 Seiten.

Wohlin, C., P. Runeson, M. Höst, M. Ohlsson, B. Regnell und A. Wesslén (1999). *Experimentation in Software Engineering: An Introduction* Berlin, Springer. 228 Seiten. ISBN: 978-0792386827.

World Wide Web Consortium. (2009a). *Semantic Web Activity Homepage.* World Wide Web Consortium (W3C). Abgerufen am 23.05.2009, unter: http://www.w3.org/2001/sw/.

World Wide Web Consortium. (2009b). *Web Services Activity Homepage.* World Wide Web Consortium (W3C). Abgerufen am, unter: http://www.w3.org/2002/ws/.

Zentner, F. (2007). *Formen und Farben für das Web-Design.* Studienarbeit, Institut für Telematik, Universität Karlsruhe, Karlsruhe, 43 Seiten.

Zimmermann, O., P. Krogdahl und C. Gee. (2004). *Elements of Service-Oriented Analysis and Design.* IBM Corporation. Abgerufen am 29.05.2005, unter: http://www.ibm.com/developerworks/webservices/library/ws-soad1/.

Index